职业教育·铁道运输类专业教材

铁路客运乘务工作实务

主　编　李培锁　陶雪艳
副主编　黄艺娜　周　阳　张　玮
主　审　刘沛文　王丽仙

人民交通出版社股份有限公司
北　京

内 容 提 要

本书为职业教育铁道运输类专业教材，是依据“全国铁道行业职业教育教学指导委员会”讨论通过的铁路客运乘务实务课程教学大纲编写的教材。本书系统、全面地介绍了铁路旅客运输过程中与乘务作业相关的设施设备、作业标准、作业流程以及安全与应急处理流程，主要内容包括旅客旅客列车设备设施运用、旅客列车列车员基本要求、旅客列车客运业务、旅客列车客运乘务作业、旅客列车行包运输、旅客列车安全与应急处理等。

本书是职业院校铁道交通运营管理、高速铁路客运服务专业核心课教材，也可作为铁路成人中专、技工学校运输专业及客运段教育室的教学用书，并可供从事铁路客运工作的干部、职工学习参考。

＊为便于教学，本教材配有多媒体教学课件，任课教师可加入职教铁路教学研讨群（教师专用QQ群：211163250）获取。

图书在版编目(CIP)数据

铁路客运乘务工作实务/李培锁，陶雪艳主编. —
北京:人民交通出版社股份有限公司,2021.8 (2024.12重印)
ISBN 978-7-114-17371-4

Ⅰ.①铁… Ⅱ.①李… ②陶… Ⅲ.①铁路运输—旅客运输—客运服务—高等职业教育—教材 Ⅳ.①U293

中国版本图书馆CIP数据核字(2021)第106130号

职业教育·铁道运输类专业教材
Tielu Keyun Chengwu Gongzuo Shiwu

书　　名：铁路客运乘务工作实务
著 作 者：李培锁　陶雪艳
责任编辑：司昌静
责任校对：孙国靖　宋佳时
责任印制：刘高彤
出版发行：人民交通出版社股份有限公司
地　　址：(100011) 北京市朝阳区安定门外外馆斜街3号
网　　址：http://www.ccpcl.com.cn
销售电话：(010) 85285911
总 经 销：人民交通出版社股份有限公司发行部
经　　销：各地新华书店
印　　刷：北京市密东印刷有限公司
开　　本：787×1092　1/16
印　　张：17
字　　数：386千
版　　次：2021年8月　第1版
印　　次：2024年12月　第5次印刷
书　　号：ISBN 978-7-114-17371-4
定　　价：49.00元

前言

◆ 编写背景

高速铁路技术发展方兴未艾，并逐渐成为我国的一张闪亮国际名片。伴随着社会发展的步伐，人们对轨道交通出行要求呈现快捷、安全、舒适、绿色、智能化的趋势。为了适应社会需求和专业发展需要，在总结工作实践基础上，结合国家相关客运规程要求和岗位需求，本教材基于校企合作，以岗位技能要求设置模块化教学单元。通过系统学习，有助于学生建立对铁路乘务岗位技能的整体认知。

◆ 教材定位

本教材适用于铁道交通运营管理专业和高铁客运服务专业，主要培养学生良好的服务意识和为旅客提供旅行服务的专业素质，掌握铁路客运专业知识以及分析和解决旅行中可能发生的各类情况处理技能，具备团队协作和应急处理方面的综合素质。

◆ 编写特色

1. 对标行标、专标、课标，设计理实一体教学结构。本教材围绕职业岗位能力要求，以动车组旅客列车不同工种工作内容为核心，结合专业教学标准的课程内容要求，实现课程的培养目标与岗位职业标准对接。选取适合的理论教学单元，设置必要的实训教学单元，构成理实一体教学结构，突出职业教育和铁路行业的融合。

2. 以学生为中心，校企双元，学做一体。在编写过程中，编写团队深入铁路旅客运输生产一线进行调研，根据铁路旅客乘务工作岗位群的任职要求，围绕铁路旅客乘务作业岗位技能要求、生产作业流程及作业标准设计教学内容，引入大量的实际案例，以案例教学激发学习兴趣。

3. 注重基础认知到职业素养的逻辑生长规律。编写内容首先通过知识的引入，使学生掌握必备的理论知识和基础作业要求，同时通过案例分析、拓展阅读等模块，旨在培养团队协作、组织协调、语言表达、责任意识与职业道德、应急处理等综合素质。

◆ 配套资源

本教材同步建设线上开放慕课，配有基础的教学课件、视频等教学资源，任课教师可采用线上线下授课方式，课程资源链接：https://mooc1-1.chaoxing.com/course/205218299.html。本课程资源将不断丰富完善。

◆ 编写团队

本教材由李培锁、陶雪艳担任主编，负责全书大纲设计和统稿工作。具体编写分工如下：陈锦生、靳丽丽负责编写模块一，侯文卿、赵小红负责编写模块二，王淑娇、张玮负责编写模块三，陶雪艳、胡斌负责编写模块四，李培锁、李朝阳负责编写模块五，旷利平、黄艺娜负责编写模块六，邓岚、周阳负责编写模块七。

◆ 致谢

在本教材编写过程中，参考了一些同行专家的图书资料，列在文后参考文献中，编写组在此向相关著作者表达诚挚谢意。限于编者水平，书中难免存在疏漏之处，望广大读者不吝指出，以便进一步修改完善。

作　者

2021 年 5 月

目录

模块1

概　　述

内容描述

铁路既是人类社会文明进步的重要产物，也是促进世界经济社会发展的重要基础设施。铁路的发展史，从根本上说是一个不断提高运输速度的创新发展过程。19世纪蒸汽机车的发明，使铁路成了新型交通工具，对推动社会和经济的发展发挥了重要的作用。随着内燃机车、电力机车的出现，蒸汽机车逐渐退出了历史舞台。

铁路是我国国民经济的大动脉，其主要任务是运输旅客和货物，为工农业生产、国防建设和人民生活服务。旅客运输是整个铁路运输的重要组成部分，随着国民经济的发展、人民生活水平的不断提高、国际往来的日益频繁，铁路客运需求量逐年增长。它对于促进国际和国内各地区的文化交流、密切城乡联系、改善人民生活等方面起着越来越重要的作用。铁路旅客列车是我国完成旅客运输的重要运载工具，通过列车乘务组一系列的服务，将旅客安全、迅速、准确地送到目的地。

当今社会，随着公路和航空业的不断发展，铁路的竞争力明显下降。长途运输受到了航空运输的挤压，短途运输逐渐被公路运输所取代，铁路一度陷入了“夕阳企业”的被动局面。这就迫使铁路行业重新认识提高铁路行车速度的重要性，提高列车运行速度是铁路赖以生存和适应社会发展的唯一出路，而发展高速铁路是世界铁路的发展趋势。

教学目标

1. 能力目标

能熟练制作关于国内外高速铁路发展概况的PPT；能概述世界高速铁路发展历史；能熟练掌握高速铁路的主要技术经济优势；能概述我国高速铁路近几年的发展概况以及未来的发展模式；了解旅客列车乘务组组成、职责分工；掌握旅客列车乘务组、乘务员需要数的确定方法；熟悉旅客列车乘务组的乘务制度和工作制度。

2. 知识目标

国内外高速铁路发展史；高速铁路主要技术经济优势；我国高速铁路发展历程及未来

发展模式；旅客列车乘务组组成、职责分工；旅客列车乘务组、乘务员需要数的确定方法；旅客列车乘务组的乘务制度和工作制度。

3. 素质目标

通过学习高速铁路发展历史，为学习高速铁路客运工作知识奠定基础，努力做一名优秀的高速铁路列车员。

单元 1.1 国内外高速铁路发展概况

相关知识

一 基础认知

1. 高速铁路概念

高速铁路在不同国家、不同时代均有不同规定。我国规定：新建设计开行 250km/h（含预留）及以上动车组列车，初期运行速度不低于 200km/h 的客运专线铁路（其特点为新建的、运行速度不低于 250km/h 及客专性）。1962 年，国际铁路联盟把旧线改造速度达 200km/h、新建速度达 250～300km/h 的定为高速铁路。1985 年，日内瓦协议做出新规定：新建客货共线型高速铁路速度为 250km/h 以上，新建客运专线型高速铁路速度为 350km/h 以上。

2. 时速分类八挡法

国际专家做学术研究时，经常根据运行速度进行以下分类：

（1）运行速度低于 120km/h 为常速。

（2）运行速度为 120～160km/h 称为快速。

（3）运行速度为 160～250km/h 称为准高速。

（4）运行速度为 250～400km/h 称为高速。

（5）运行速度 400km/h 以上称为更高速。

（6）运行速度 600km/h 以上称为特高速。

（7）运行速度 1000km/h 以上称为音速。

（8）运行速度 1260km/h 以上称为超音速。

二 国外高速铁路发展概况

1. 日本高速铁路

日本是世界上第一个建成高速铁路的国家。日本早在 1964 年就开始修建高速铁路，直至 20 世纪 50 年代中期，日本国民经济复兴后旅客运输量和货物运输量急剧增长，而东海道既有线运输能力又面临全面饱和，在这种条件下，修建新的东海道铁路运输通道、提高铁路运输能力已成为迫在眉睫的问题。从 1958 年开始，经过 5 年多时间的建设，1964 年 10 月 1 日起，世界铁路运营史上的第一条高速铁路诞生了。“光”号列车以 210km/h 的最高速度行驶在日本东海道新干线上。这条专门用于客运的电气化、标准轨距的双线铁路，代表了当时世界第一流的高速铁路技术水平，标志着世界高速铁路由试验阶段跨入了商业运营阶段。东海道新干线（轨距 1435mm）全长 515.4km，使东京—大阪的运行时间从 6h30min 缩短到 3h10min，票价比飞机票便宜，从而吸引了大量旅客，迫使东京—名古屋间的飞机航班停运，这在世界上也属首例。图 1-1 所示为日本东海道新干线的东站。图 1-2 所示为日本高速铁路列车“隼鸟号”。

图 1-1　日本东海道新干线的车站

图 1-2　日本高速铁路列车“隼鸟号”

东海道新干线的建成和运营，使“铁路是夕阳产业”的论调破灭，给世界铁路的复苏带来了生机，促进了高速铁路发展的进程。继东海道新干线之后，日本又陆续建成了山阳新干线（全长 553.7km）、东北新干线（496.5km）、上越新干线（全长 269.5km）、长野新干线（全长 117.4km）以及长 275.9km 的山形、秋田小型新干线（小型新干线是在既有线上增设第三轨，拓宽轨距，使新干线列车能直通运行到更多城市）等。2013 年，日本铁路客运量已占全国总客运量的 30%，其中，新干线约占铁路总客运量的 30.3%，收入约占总收入的 45%。在准时性方面，尽管接连不断地发生地震等自然灾害，但是新干线列车平均晚点仍保持在 1min 之内，业绩非常突出，成为日本陆地交通运输网的主力。高速铁路新干线不仅是高速度的现代化铁路，而且是日本铁路的发展核心，是支持着日本经济发展的支柱，也成为日本人民的日常生活和文化生活中不可缺少的一部分。进入 20 世纪 60 年代以来，日本就建立起尖端的新干线网络。过去日本曾将新干线技术输出给中国台湾，现在日本政府希望能够凭着这项基础设施技术占领海外市场，包括美国、巴西和越南。不过，日本还得面对中国、法国及德国等国家高速铁路建造商的激烈竞争。

2. 法国高速铁路

铁路作为一种安全快速的交通工具，一直是法国交通运输系统中的骨干。但由于在 20 世纪70 年代受到民航和高速公路的冲击，行车速度一直在 160km/h 的法国高速铁路面临着严峻的挑战，在日本新干线的刺激下，法国也开始思考从提高列车运行速度上来提高高速铁路的竞争力。

法国是世界上从事提高列车速度研究较早的国家，1955 年就利用电力机车牵引创造了 331km/h 的世界纪录，在日本建成东海道新干线之后，法国开始从更高起点研究开发高速铁路并确定了适合本国国情的速度目标值。其目标是要研制一种高性能、高速度并面向大众的新型列车，建造一条高质量的铁路新线，向旅客提供一种安全、舒适、快捷的出行方式，解决铁路干线运输能力饱和及竞争力下降的问题。为此，1976 年，法国开始了东南线高速铁路系统（法国高速列车，TGV）的建设，从此以后，法国的高速铁路系统走上了迅速发展的道路，在技术、经济、商业等方面都取得了巨大的成功，30 多年来，一直处于世界铁路运输技术的前沿。

法国高速铁路对速度目标值的追求是独具特色和遥遥领先的。1981 年，TGV 在东南线南段部分投入运营，试验纪录达到 380km/h，打破了传统高速铁路运行速度的概念。30 多年来，它从未停止过为实现更高的速度目标而进行的一切努力，1990 年 5 月，TGV 列车在大西洋线上的试验速度达到了 515. 3km/h。更值得一提的是，2007 年 4 月法国阿尔斯通公司制造的 TGV3 “V150” 列车在巴黎东南部的一段经特殊加固的铁路线上，运行速度达到了 574. 8km/h，创下新的有轨铁路行驶速度的世界纪录。1990 年建成并投入运营的地中海高速线，列车运行速度可达 350km/h。与此同时，速度为 300km/h 的高速双层列车也已问世。现已研制出性能更高、速度达 350km/h 的第四代动力分散式 TGV 型高速列车。

法国在 1981 年建成了它的第一条高速铁路（TGV 东南线），该线包括联络线在内全长 417km。东南线上运行的 TGV-PSE 型高速动车组允许最高运行速度为 270km/h，超过了当时日本东海道新干线最高速度 220km/h。1990 年 10 月，大西洋 TGV-A 型高速动车组全部投入运营，该线全长 282km，允许最高速度 300km/h，该线采用的高速动车组是第二代 TGV。1993 年，TGV 北方线（也称北欧线）全线开通，全长 333km。TGV 北方线由巴黎以北的喀内斯到里尔，在里尔分为两条支线，一条向西穿越英吉利海峡隧道到达英国伦敦，另一条通向比利时的布鲁塞尔，东连德国的科隆，北通荷兰的阿姆斯特丹，成为一条重要的国际通道。被称为“欧洲之星”的高速列车于 1994 年 11 月在法、英、比三国首都间正式投入运营。1997 年 12 月，以巴黎、布鲁塞尔、科隆、阿姆斯特丹四个城市字首命名的 TGV-PBKA 高速列车开始运行。1994 年 5 月，大巴黎区外环线建成后，TGV 北方线、东南线和大西洋线可绕过巴黎相对联结成为一个高速铁路网系统。后来者居上，法国的高速铁路在一些技术、经济指标上超过了日本居世界领先地位。

图 1-3　法国高速列车（TGV）

从法国第一条高速铁路 TGV 东南线全线通车至今已有 30 多年，在此期间，法国高速铁路获得了前所未有的飞跃发展。1999 年已拥有高速铁路新线 1280km；2001 年地中海高速线开通，法国高速铁路新线里程已达 1575km，TGV 可以提供服务的路网范围达 5900km。图 1-3 所示为法国高速列车（TGV）。

3. 德国高速铁路

德国的高速铁路技术储备不亚于法国，1988 年，德国电力牵引的行车试验速度突破 400km/h 大关，达到 406.9km/h。但是德国的实用性高速铁路直到 20 世纪 90 年代初才开始修建，原因是政府及公众的错误性认识——德国客运量最集中的地区城市密布，高速公路已经发达完善，再修建高速铁路显然达不到吸引客流的目的。无论是东方的日本还是近邻的法国都已经证明高速铁路的优越性，但是德国对发展高速铁路的争论还是持续了几十年。直到 20 世纪 80 年代中期，由于欧洲共同体统一市场的形成，欧洲国家之间的联系越来越密切，为了适应这一国际形势，建立欧洲高速铁路网势在必行，德国才开始着手大力发展高速铁路。德国国家铁路建立的城际高速铁路（Inter City Express，ICE）系统，是一个从列车、接触网、牵引供电、安全系统、线路（曲线、桥梁、隧道）、道床到检测系统各个环节都相互关联和匹配的整体工程。它是一项由德国工业界和铁路合作研制的成果，以不污染环境、快捷舒适为主要目标点，并设定了列车运行速度的目标值：在客货两用的高速线路上，最高速度为 280km/h；在 ICE 客运专线上，运行速度为 300km/h，最高速度达到 350km/h。图 1-4 所示为德国高速列车。

图 1-4 德国高速列车

目前，德国运营线路主要有汉堡—汉诺威—法兰克福—斯图加特、柏林—法兰克福—曼海姆—巴塞尔、波恩—科隆—杜塞尔多夫—汉诺威—柏林、多特蒙德—科隆—法兰克福—纽伦堡—慕尼黑、慕尼黑—维尔茨堡—汉诺威—汉堡、法兰克福—莱比锡—德累斯顿、慕尼黑—斯图加特—曼海姆—法兰克福、慕尼黑—纽伦堡—莱比锡—柏林。此外，德国开通了不少国际高速铁路线路，如法兰克福—萨尔布吕肯—巴黎东站等。

三 我国高速铁路发展概况

1. 中国高速铁路速度纪录

中国高速铁路速度纪录见表 1-1。

中国高速铁路速度纪录 表 1-1

时　　间	动车组类型	试验速度（km/h）	试验线路
1998 年	X2000“新时速”摆式电力动车组	200	广深铁路
1999 年 9 月	DDJ1“大白鲨”电力动车组	223	广深铁路

续上表

时　　间	动车组类型	试验速度（km/h）	试验线路
2000年10月	DJJ1“蓝箭”电力动车组	235.6	广深铁路
2001年11月11日	DJF2“先锋”电力动车组	249.6	广深铁路
2002年9月10日	DJF2“先锋”电力动车组	292.8	秦沈客运专线
2002年11月27日	DJJ2“中华之星”电力动车组	321.5	秦沈客运专线
2008年4月24日	CRH_2C“和谐号”电力动车组	370	京津城际铁路
2008年6月24日	CRH_3C“和谐号”电力动车组	394.3	京津城际铁路
2009年12月9日	CRH3C“和谐号”电力动车组（两列重联）	394.2	武广客运专线
2010年2月6日	CRH_2C“和谐号”电力动车组	394.2	郑西客运专线
2010年9月28日	CRH380A“和谐号”电力动车组	416.6	沪杭客运专线
2010年12月3日	CRH380AL“和谐号”电力动车组	486.1	京沪客运专线
2010年12月5日	CRH380BL“和谐号”电力动车组	457	京沪客运专线
2011年1月9日	CRH380BL“和谐号”电力动车组	487.3	京沪客运专线
2011年12月25日	CIT500（现为CRH380AM）电力动车组	605	实验室滚动台
2017年6月25日	CR400AF、CR400BF“复兴号”电力动车组	400	京沪客运专线

2. 我国已建成的部分高速铁路介绍

（1）秦沈客运专线（现京哈铁路）

秦沈客运专线是我国第一条高速铁路客运专线，是我国铁路步入高速化的起点，通过秦沈客运专线的设计、施工、运营，为建设京沪等其他高速铁路提供大量的数据及资料，加快了中国铁路高速化的进程。

秦沈客运专线是连接秦皇岛与沈阳两座城市的高速铁路，自河北省秦皇岛市起，经辽宁省绥中县、兴城市、葫芦岛市、锦州市、台安县、辽中县（现辽中区）至沈阳市沈阳北站，全线总长404km。自2006年12月31日起，秦沈客运专线和京秦铁路、原哈大铁路哈尔滨至沈阳段合并为京哈铁路。

（2）京津城际铁路

京津城际铁路是中国最早开工建设并最先建成的第一条高标准高速铁路，全长120km，连接北京和天津两大直辖市，于2005年7月4日开工建设，2007年12月15日全线铺通，2008年8月1日运营，启用了代表城际高速列车的C字头车次。图1-5所示为京津城际铁路。

图1-5　京津城际铁路

京津城际铁路线路中有113.5km路段为无砟轨道，采用了从德国博格公司（Max-Bogl）引进的板式无砟轨道技术，全线共使用了36092块博格式轨道板；采用了桥梁替代传统路基，桥梁长度占正线长度的87%。京津城际高速列车开通运营初期同时使用CRH_2型及CRH_3C型两种“和谐号”电力动车组运营，每列列车采用8节编组，定员约600人，2009年4月6日全部京津城际列车车次均改用CRH_3型动车组，动车组的列车检修和整备在北京西动车组运用所进行；在信号与通信方面，京津城际铁路全线采用GSM-R铁路数字移动通信系统，实现了移动语音通信和无线数据传输，采用了CTCS-2级列车运行控制系统，设计最小发车间隔为3min；在运营调度方面，应用分散自律型调度集中系统（CTC），对全线运行列车实现集中调度控制。

（3）京广高速铁路

京广高速铁路于2012年12月26日全线通车，它由京广、石武、武广高速铁路三段组成，是铁路“八纵八横”铁路网中的“一纵”，也是目前世界上运营里程最长的高速铁路。京广高速铁路始于北京西站，经过北京、河北、河南、湖北、湖南、广东6省（直辖市）到达广州南站，全线共设36个车站，全长2298km，设计速度为350km/h，运营速度为300km/h。沿途设有北京西、石家庄、郑州东、武汉、长沙南、广州南站等站点，从北京到广州铁路出行的时间由原来的20多个小时缩短至8h。京广高速铁路的开通运营有效地带动了铁路沿线各地的经济发展。

（4）京沪高速铁路

京沪高速铁路作为京沪快速客运通道，是中国“八纵八横”客运专线网中的“一纵”，是新中国成立以来一次建设里程长、投资大、标准高的高速铁路。线路由北京南站至上海虹桥站，全长1318km，总投资约2209亿元，设24个车站，设计速度为380km/h，一年单向输送旅客可达8000万余人，于2008年4月18日开工，并于2011年6月30日建成通车。目前在线运行的列车主要有CRH380A、CRH380B、CRH380AL、CRH380BL、CRH380C及CRH380CL等车型。

京沪高速铁路线路中，桥梁长度约1140km，占正线长度86.5%；隧道长度约16km，占正线长度的1.2%；路基长度162km，占正线长度12.3%；全线铺设无砟轨道正线约1268km，占线路长度的96.2%；有砟轨道正线约50km，占线路长度的3.8%。京沪高速铁路使用了以无砟轨道和长大桥梁为显著特点的轨道结构，在高速铁路动车组及其检修基地、满足高速运行的牵引供电技术、实现运行速度350km/h且最小间隔3min的列车运营控制系统、调度指挥系统。京沪高速铁路在客运服务系统、经验管理和防灾预警系统等方面均具有开创性的意义。

拓展阅读

中国铁路六次大提速

从1997年铁路第一次提速，到2007年铁路第六次大提速，十年中国铁路提速之路，缓解了铁路运力紧张矛盾，最大限度地方便旅客、货主。以下是中国铁路六次提速的情况概述。

一、第一次大提速

1997年4月1日零时，铁路第一次大面积提速调图全面实施，拉开了铁路提速的序幕。这次提速调图是对中国铁路传统运输组织方式的一次深刻变革，不仅列车运行速度实现了飞跃，列车运行图编制发生了根本的变化，而且对全国铁路的运输组织、经营理念等都产生了深远的影响。

本次提速针对京广、京沪、京哈三大干线，提速运行速度达到了140km/h。全国铁路旅客列车旅行速度由1993年列车运行速度48.1km/h，提高到54.9km/h，运行速度提高了6.8km/h。

首次开行了快速列车和夕发朝至列车。全国铁路以沈阳、北京、上海、武汉等大城市为中心，开行了最高运行速度达140km/h、旅行速度达90km/h以上的40对快速列车；同时，开行了78列夕发朝至列车，被旅客赞誉为“移动宾馆”。

首次开行了发到站直达、运行线全程贯通、车次全程不变、发到时间固定、以车或以箱为单位报价的“五定”货运列车，做到了双线日行800km、单线日行600km以上，实现了货运班列客车化、价格收费公开化、承诺服务规范化。优化了客货列车开行结构。在旅客列车方面，增加了直通特快、直通快车、管内特快、管内快车数量，减少了直通慢车、管内慢车、市郊列车数量；增加了卧铺数量，适当减少了座席数量。在货物运输方面，提高了直达列车比重，减少了货物列车改编作业，加快了车辆周转，提高了作业效率。

二、第二次大提速

1998年10月1日零时，中国铁路第二次大面积提速调图实施。这次提速调图以京广、京沪、京哈三大干线为重点，进一步扩大了提速范围，提高了列车速度，优化了运输产品结构和运力资源配置。

快速列车最高运行速度达到160km/h，非提速区段快速列车最高运行速度达到120km/h。旅客列车旅行速度和技术速度与1997年相比，也都有了一定幅度的提高，直通快速、特快客车平均运行速度达到71.6km/h，提高了4.5km/h。

客货运输产品进一步得到增加和优化。快速列车增至80对；夕发朝至列车增加到228列；首次开行了北京—厦门、哈尔滨—武昌等旅游热线直达列车以及8对行包专列；为适应较大企业货主对大宗物资的运输需求，开行了大宗货物直达列车119列。为方便货主对高附加值货物和适箱货物快捷运输的要求，“五定”班列数量进一步增加。

三、第三次大提速

2000年10月21日零时，中国铁路第三次大面积提速在陇海、兰新、京九、浙赣线顺利实施。京广、京沪、京哈、京九线四条纵贯南北的大动脉以及陇海、兰新线和浙赣线两条横跨东西的大干线，全面地实现了提速，中国铁路提速线路延展里程接近10000km，初步形成了覆盖全国主要地区的“四纵两横”提速网络。全国铁路旅客列车平均运行速度又提高了5.1km/h，达到60.3km/h。

夕发朝至列车达到266列；跨局旅游专列运行线28对；安排行包专列14对；安排五定班列运行线71条；安排大宗货物直达列车运行线138条，比1998年列车运行图增加19条。

四、第四次大提速

2001 年 10 月 21 日零时，中国铁路第四次大面积提速调图开始实施。这次提速的重点区段为京九线、武昌—成都（汉丹、襄渝、达成）、京广线南段、浙赣线和哈大线。经过这次提速后，中国铁路提速线路延展里程达到 13000km，使提速网络覆盖全国大部分省区。

本次提速调图进一步增开了特快列车、优化了运行时刻。北京至上海开行了 4 对夕发朝至特快列车。

五、第五次大提速

2004 年 4 月 18 日零时中国铁路实施了第五次大面积提速调图。本次提速调图，几大干线的部分地段线路基础达到运行速度为 200km/h 的要求，提速网络总里程 16500 多千米，其中运行速度为 160km/h 及以上提速线路 7700 多千米；全国铁路旅客列车平均旅行速度达到 65.7km/h，比 2001 年列车运行图提高了 4.3km/h，其中直达特快列车运行速度达到 119.2km/h，特快列车运行速度为达到 92.8km/h。

六、第六次大提速

2007 年 4 月 18 日零时，中国铁路第六次大面积提速后，铁路客运能力提高 18%。新增动车组列车 257 对，首先开行 140 对动车组；增加 7 对一站直达特快列车，一站直达特快旅客列车总数增加到 26 对；夕发朝至列车也将由当前的 305 列增至 337 列。

本次提速调图后，全路旅客列车速度普遍有较大提高，主要城市间旅行时间总体压缩了 20% ~30%。

项目训练

【训练目的】

提升学生的检索能力，通过检索中国铁路发展历程、武广高速铁路发展历程、中国高速铁路走出去和“一带一路”倡议提出的历史背景及意义等内容，提升学生的阅读水平与能力。

【训练内容】

课前布置的相关问题，交由学生课后查阅相关资料，课堂由各小组派代表进行汇报。

【考核标准】

小组互评，教师点评。评分标准为百分制（10 分一个等级，如 100 分、90 分、80 分等）。

复习思考题

1. 简述高速铁路的定义。
2. 简述中国高速铁路发展概况。
3. 简述中国高速铁路规划的“八纵八横”内容。
4. 简述中国铁路六次大提速的相关内容。

单元 1.2 高速铁路的技术优势

相关知识

一 中国高速铁路竞争力

中国高速铁路具有三大优势：技术先进、安全可靠；价格低、性价比高；运营经验丰富，中国每建设一条铁路其标准至少保证 20 年不落后。

中国已经成功拥有世界先进的高速铁路集成技术、施工技术、装备制造技术和运营管理技术，具有组团出海的实力，可以挑战任何竞争对手。中国高速列车保有量 1300 多列，世界最多；列车覆盖运行速度 200 ~ 380km/h 各个等级，种类最全；动车组累计运营里程约 16 亿 km，经验最丰富。在施工成本和效率方面，中国企业更具优势。据测算，国外企业修建高速铁路平均成本为每千米 0.5 亿美元以上，而中国只需约一半，且中国企业的工期短，施工效率又是国外企业的一倍以上。成本低，标准却更高。在安全性能方面，中国标准与欧洲标准基本一致，施工标准远高于欧洲标准。中国企业施工中使用的钢筋、水泥等材料等级和用量都偏高。中国铁路装备最大的优势有两个：一是性价比高。性价比高，并不是"故意低价换市场"。中国企业核心竞争力在于对成本的控制力。中国铁路的配套产业完整，包括上下游在内的完整产业链发达，这是一般国外厂商无法做到的。二是交货能力强。中国产品交货及时，工人劳动效率高。同样一列车，国外制造要 18 ~ 22 个月，中国则最多要 12 个月。

二 高速铁路的技术优势

高速铁路之所以受到广泛青睐绝非偶然，主要是由于发展高速铁路是解决大量旅客快速输送问题的最直接、最有效的途径。高速铁路的开通运营产生了巨大的社会效益，对沿线地区经济发展起到了推进和均衡作用，促进了沿线城市经济发展和国土开发，沿线企业数量增加使国税和地税相应增加，且节约能源和减少环境污染。与高速公路汽车运输和航空运输比较，在各项技术经济指标中具有明显的优势，主要表现在以下几个方面。

1. 输送能力大

目前各国高速铁路几乎都能满足最小行车间隔时间 4min 及其以下（中国武广高速铁路采用的 CTCS-3 级列控系统，满足最小行车间隔时间 3min）的要求，扣除夜间天窗维修时间 4h，则每天可开行的旅客列车约为 300 对；以中国 CRH_1 型动车组为例，仅按 8 节小编组计算，每列车定员 670 人，年均单向输送能力接近 7400 万人；如果采用 16 节长编组动车，年载客量高达 1.5 亿人。4 车道高速公路客运专线，单向每小时可通过小轿车 1250

辆，全天工作 20h，可通过 25000 辆。如大轿车占 20%，每平均乘坐 40 人；小轿车占 80%，每车乘坐 2 人，年均单向输送能力约为 8760 万人。航空运输主要受机场容量限制，如一条专用跑道的年起降能力为 12 万架次，采用大型客机的单向输送能力只能达到 1500 万～1800 万人。

2. 速度快，旅行时间短

高速铁路的最大优势就在于它的速度，速度是高速铁路技术水平的最主要标志，各国都在不断提高列车的运行速度。1988 年，意大利在 TAV 线上试验速度达到了 319km/h；同年德国的 ICE 更是达到了 406km/h；1996 年，日本东海道新干线山阳新干线上的 JR500 型电车试验速度达到了 443km/h；法国 TGV-LGV 东欧线更是在 2007 年创造了 574.8km/h 的世界最高纪录。2010 年 9 月，中国在沪杭客运专线上 CRH380A 跑出了 416.6km/h 的试验速度；2011 年 1 月，CRH380BL 动车创造了 487.3km/h 的国内最快纪录。除最高运行速度外，在旅客的出行中，首先考虑的就是出行的总旅行时间，而旅行时间是由旅行速度决定的。以北京至上海为例，在正常天气情况下，乘飞机的旅行全程时间（含市区至机场、候检等全部时间）为 5h 左右，如果乘高速铁路的直达列车，全程旅行时间则为 5～5.5h，与飞机相当；如果乘既有铁路列车，则需要 15～16h。若与高速公路比较，以上海到南京为例，沪宁高速公路 274km，汽车平均运行速度为 91km/h，行车时间为 3h，加上进出沪、宁两市区一般需 2h，旅行全程时间为 5h，而乘高速列车，则仅需 1.2h。当旅行距离在 200～1000km 范围内时，高速铁路具有巨大的优势。

3. 安全性好

人们在出行的过程中，最关心的就是出行的安全性。有资料表明，各国的交通运输统计中，铁路、公路、民航运输的事故率（每百万人 km 的伤亡人数）之比大约为 1∶24∶0.8。高速铁路由于在全封闭环境中自动化运行，又有完善的列车运行控制系统，所以其安全程度是任何交通工具无法比拟的。高速铁路问世 35 年以来，日、德、法三国共运送了 50 亿人次旅客，除 1998 年 6 月 3 日德国的 ICE 高速列车发生事故外，各国高速铁路均未发生重大行车事故，也没有因事故而引起的人员伤亡。这是各种现代交通运输方式中所罕见的。几个主要高速铁路国家，一天要发出上千对高速列车，即使计入德国发生的事故，其事故率及人员伤亡率也远远低于其他现代交通运输方式。因此，高速铁路被认为是最安全的。与之形成对比的是，其他交通方式事故不断。根据国际道路联合会粗略统计，全世界由于公路交通伤亡事故每年约死亡 80 万～100 万人；国际航空运输协会（IATA）统计数据显示，2014 年 250 家航空公司共计 12 起空难，641 人死亡。2009—2013 年的5 年内平均每年 19 起空难，每年平均死亡 517 人。

4. 受气候变化影响小，正点率高

高速铁路全部自动化控制，可以全天候运营，除非发生地震或山体滑坡等情况。当遇暴风、雨、雪等天气不良情况时，一般只需降速运行即可。例如，当环境风速不大于 15m/s 时，动车组可以按正常速度运行；当环境风速为 15～20m/s 时，运行速度不大于 300km/h；当环境风速为 20～25m/s 时，运行速度不大于 200km/h；当环境风速为25～30m/s时，运行速度不大于120km/h；仅当环境风速大于30m/s时，才禁止动车组进入风区。遇降雨天气，无须停运，但规定重点防洪地段，当1h降雨量达到45mm及以上时，列车限速120km/h；当1h降雨量达到60mm及以上时，列车限速45km/h；当1h降雨量降至20mm及以下、且持续30min以上时，可逐步解除限速。而飞机机场和高速公路等场所在浓雾、暴雨和冰雪等恶劣天气情况下，则必须关闭停运。

正点率高也是高速铁路深受旅客欢迎的原因之一。所有旅客都希望正点抵达目的地，只有列车始发、运行和终到正点，旅客才能有效地安排自己的时间。由于高速铁路各种设备运行的可靠性和智能的调度指挥，在很大程度上保证了旅客列车的正点率。西班牙规定高速列车晚点超过5min就要退还旅客的全额车票费；日本规定到发超过1min就算晚点，1997年东海道新干线列车平均晚点只有0.3min。中国武广高速铁路运行两年的时间里，列车的正点率达到了98.6%。高速列车极高的正点率深得旅客的信赖。

5. 舒适方便

高速铁路车站和列车的设计一般都很人性化，从购票、候车、进站、车内服务等方面都为旅客提供了一个舒适的环境。宽敞、明亮的车站，动车内宽大、舒适的座椅，先进和人性化的卫生间、洗漱间，列车员动人的笑容、亲切的态度让人有着说不出的惬意。高速铁路发车间隔也很短，如长沙南到广州南，平均每13min就有一趟高速铁路列车，非客流高峰时段，旅客基本上可以随走随到，不需要长时间候车。为方便旅客乘车，高速列车运行规律化、站台按车次固定化等。高速铁路舒适、方便的特性使得它在与公路和航空运输的竞争中更具有竞争力。

6. 能耗低

根据法国和德国的研究表明，以“人公里”为单位的换算能耗，公路是铁路的1.8～2.4倍。参照日本新干线、公路运输、航空运输能耗有关资料，按每人km标准计算，各运输方式每人km能耗为：高速铁路为569.4kJ，公路为2641.8kJ，航空运输为2989.4kJ。因此，高速铁路的能耗大大低于小汽车和飞机。尽管高速铁路的能耗一般要高于普通铁路，但是由于高速铁路的作业效率要远远高于普通铁路，就整体而言，高速铁路节能效应要优于普通铁路。

我国高速铁路在节能方面已初见成效，表现在以下两个方面：

（1）高速铁路由于使用动车组，节能效果更为明显。例如，CRH380型“和谐号”动车组，由于采用了流线型车体和轻量化技术，重量比一般铁路客车轻30%以上，降低能耗效果显著。根据测算，CRH380型“和谐号”动车组列车每小时人均耗电仅15kW·h，从北京南站到天津站人均耗电7.5kW·h，是陆路运输方式中最节能的。

（2）高速铁路除了使用电力机车，能实施“以电代油”工程外，其新式的站房设计由于采用了新技术，实现了节能环保。例如，已建成并投入使用的北京南站、天津站均设计了超大面积的玻璃穹顶，在各层地面还做了透光处理，充分利用自然光照明。北京南站还采用了太阳能光伏发电技术，充分利用了太阳能。

7. 环境污染小

高速铁路动车组列车采用电力牵引，相比汽车、飞机等交通工具，具有明显的低碳排放特性。如果以每位旅客每公里的碳排放量计算，高速铁路的碳排放量只是飞机和汽车的15% ~25%，可大大减少对环境的影响。高速铁路电气化及采用无砟轨道后，基本上消除了粉尘、油烟和其他废气污染

在噪声污染方面，根据日本的研究数据显示，若以航空运输每千人公里产生的噪声为1，那么轿车则为0.2，而高速铁路仅为0.1，特别是中国高速铁路，在高速铁路列车经过的噪声敏感地带，如居民区、学校、医院、城区，设置了大量不低于3m的新型吸声式隔音窗、声屏障，加上线路两旁合理的植物搭配绿化带，有效地减少了噪声的干扰，从而达到降噪环保和自然景观的协调。

8. 经济效益与社会效益好

高速铁路备受旅客青睐，其经济效益也十分可观。日本东海道新干线开通后仅7年就收回了全部建设资金。但实际上，高速铁路产生的效益不仅体现在高速铁路本身。在铁路既有线上是客货运混跑，由于存在速度的差别，使得相互影响很大，效率很低。修建高速铁路，除了高速铁路自身的盈利点外，可使普通铁路的货运能力释放出来。既有线上1列客车要影响3列货车，京沪铁路一年货运量将近3000万t，客货分离以后，运量可以从3000万t提高到1亿t。

从中国已经开通运营的几条线路分析来看，高速铁路沿线已经成为中国经济发展最活跃和最具潜力的地区。高速铁路在支撑区域协调发展、优化资源配置和产业布局、构建高效综合运输体系、降低社会物流成本、促进城镇一体化进程和经济可持续发展等方面，都将发挥巨大的作用。

项目训练

【训练目的】

提升学生的检索能力，通过检索当前国内外新技术、新设备相关知识，提升学生的阅读水平与能力。

【训练内容】

课前布置的相关问题，交由学生课后查阅相关资料，课堂由各小组派代表进行汇报。

【考核标准】

小组互评，教师点评。评分标准为百分制（10分一个等级，如100分、90分、80分等）。

复习思考题

1. 中国高速铁路核心竞争力体现在哪些方面？
2. 中国高速铁路技术经济优势有哪些？试举例说明。

单元1.3 旅客列车客运乘务组工作概述

相关知识

一 客运乘务工作的意义

铁路旅客运输生产既有组织管理工作，也有客运服务工作。组织管理工作包括编制旅客运输计划、铺画列车运行图、开行旅客列车、制定客运规章以及具体组织旅客乘车等；客运服务工作包括旅客从购买车票、托运行李包裹、问询、小件寄存、候车，到乘车旅行、饮食、旅途文化生活。铁路旅客运输生产离不开客运基层生产单位——车站和列车的服务工作。

全国铁路有四千多个客运营业站，每天开行两千多对旅客列车，有几十万客运职工日夜奋战在工作岗位上。旅客交通出行的大部分时间是在列车上度过的，列车员从迎接旅客上车、安排坐席、吃饭用水，到安全下车出站；从一般接待，到照顾重点旅客，都洒满了列车员辛勤劳动的汗水，他们的工作是平凡的，但也是伟大的。

旅客列车乘务工作的主要任务是输送旅客和行李、包裹。乘务员每天和旅客打交道，不仅要负责倒水、拖地、送饭，还要帮助旅客解决旅途中遇到的各种困难，更重要的是通过自己的劳动和热情服务，使车厢充满温暖。乘务员对旅客要一视同仁，做到热情周到、勤勤恳恳，体现铁路客运职工的素质和风采；对回国观光、探亲访友的海外侨胞、港澳台同胞，更要处处体现祖国的温暖和进步，激发他们对伟大祖国的热爱之情；对国际友好人士，要体现我国的文明礼貌，增进与各国人民之间的友谊。列车员要树立全心全意为人民服务的思想，想旅客之所想、急旅客之所急、帮旅客之所需，主动热情、态度和蔼、礼貌周到地为旅客服务。同时，由于旅客列车受流动分散、客流多变、远离领导、设备条件等方面限制，给运输组织和客运服务带来诸多困难，就要建立严密的列车乘务组织，制定完善的乘务工作制度，有一整套规范列车员工作行为的作业标准，尽可能为旅客提供各种优良服务，让旅客放心、满意。

客运服务工作包括以下具体内容：

（1）使车内经常保持整齐清洁，设备处于良好状态，温度适宜，照明充足。

（2）对老、幼、病、残、孕等重点旅客，通过访问做到心中有数，主动迎送，重点照顾。

（3）通告站名，照顾旅客上下车，及时妥善地安排旅客座席、铺位。

（4）维护车内秩序，确保安全、准点。

（5）搞好列车饮食供应。

二 旅客列车客运乘务组工作内容

（一）旅客列车乘务组的组成和职责分工

旅客列车乘务组是客运部门的基层生产班组。乘务组的建立是按列车运行图中列车开行对数确定的，主要由客运、车辆、公安和其他部门的乘务员共同组成，分属不同单位领导，在一个旅客列车上共同承担乘务工作，由列车长统一指挥。

1. 动车组列车

动车组列车乘务组由列车员、随车机械师、司机、公安乘警、随车保洁人员和餐服人员组成，简称为“六乘人员”。“六乘人员”必须在列车长的统一领导下（除行车救援指挥外），分工负责，各司其职，共同做好旅客服务工作。

动车组列车客运乘务组由1名列车长和2名列车员组成。动车组重联时，按两个乘务组安排人员；编组16辆的动车组按1名列车长和4名列车员配备。对运行时间较长的动车组可适当增加。动车组司机实行单司机值乘制，随车机械师按每组1人配备。其各自职责分工如下。

（1）列车员的职责

①贯彻执行铁路安全生产及旅客运输的规章制度、命令、指示，落实上级布置的各项工作。

②负责检查列车客运安全服务设施设备、卫生保洁、整备质量、餐饮供应的检查和“六乘一体”的协调。

③负责与司机、随车机械师等岗位保持作业联控，发现设备故障及时反馈给随车机械师处理。

④负责办理列车上的客运业务及站、车交接，做好旅客服务工作。

⑤负责列车非正常情况下实施应急处置，并及时汇报。

⑥负责落实“首问首诉负责制”。

（2）随车机械师职责

①贯彻执行有关安全生产及旅客运输的规章制度、命令、指示，服从列车长指挥，落实上级布置的各项工作。

②负责监控列车运行中的技术状态，发现故障及时通知司机和列车长，并采取措施妥善处理。

③在司机的指挥下，参与处理有关行车、列车防护和事故救援等工作。

④在非正常情况下，协助列车长实施应急预案。

⑤负责落实“首问首诉负责制”。

（3）司机职责

①贯彻执行有关安全生产及旅客运输的规章制度、命令、指示，服从列车长指挥，落实上级布置的各项工作。

②负责指挥处理有关行车、列车防护和事故救援等工作；在非正常情况下，协助列车长实施应急预案。

③在列车发生故障时，会同随车机械师按规定程序处理。

④负责与调度日常联络，接受、传达上级命令指示。

（4）公安乘警职责

①贯彻执行有关安全生产及旅客运输的规章制度、命令、指示，服从列车长指挥，落

实上级布置的各项工作。

②负责维护列车治安秩序，保障旅客生命财产安全。

③负责列车司机室的安全保卫工作。

④在非正常情况下，协助列车长实施应急预案。

⑤负责落实“首问首诉负责制”。

（5）随车保洁人员职责

①贯彻执行有关安全生产及旅客运输的规章制度、命令、指示，服从列车长指挥，落实上级布置的各项工作。

②负责列车运行中、折返站的车内卫生保洁和垃圾处理。

③负责车厢内保洁备品的配置、定位、补充及更换。

④在非正常情况下，协助列车长实施应急预案。

⑤负责落实“首问首诉负责制”。

（6）餐服人员职责

①贯彻执行有关安全生产及旅客运输的规章制度、命令、指示，服从列车长指挥，落实上级布置的各项工作。

②负责餐饮及商品供应，以满足旅客需求；确保饮食安全，做好旅客服务、接待工作。

③负责餐车区域卫生保洁，设备检查和安全管理。

④负责按规定向“六乘人员”供应乘务餐。

⑤在非正常情况下，协助列车长实施应急预案。

⑥负责落实“首问首诉负责制”。

2. 其他旅客列车

与动车组列车不同的是，一般旅客列车乘务组由客运乘务组、车辆乘务组、公安乘警组三个乘务组组成，称为“三乘”（加挂行李车的还有列车行李员，即为“四乘”）。客运乘务组包括列车长、列车值班员、列车员、广播员、供水员及餐服人员；车辆乘务组包括检车员和车电员，其中一人兼任检车组长；乘警组一般由两名公安乘警轮流担当工作。其各自职责分工如下。

（1）客运乘务组

①组织旅客安全乘降，维护正常的运行秩序。

②查验车票，纠正违章，查堵“三品”（易燃品、易爆品、危险品），防火防爆，保证列车和旅客、行李包裹的运输安全。

③开展优质服务和路风建设，做好列车饮食供应，保持车厢卫生洁净，车容整洁，文明服务，礼貌待客。

④爱护车内各项设备，正确使用和管理好设备、备品，严格进行交接。

⑤加强班组管理和业务培训，健全各项生产管理台账，积极开展“三乘一体”管理和列车治安联防工作。

（2）车辆乘务组

①按技术作业过程对客车设备进行技术检查，掌握车辆技术动态和故障处理情况。

②按包乘工作范围整修好车辆上部设备，保证各项设备安全、状态良好、功能正常。

③加强列车运行途中的安全巡视和停站的检查工作，负责列车尾部标志灯的摘挂和维修，参加列车制动机实验。

④积极落实列车“三乘一体”管理工作，协助列车长做好治安联防和消防工作，维护路风路誉。

(3) 公安乘警组

①依法做好治安管理，维护旅客列车治安秩序，预防和打击犯罪分子的破坏活动，查处各类治安事件，查禁走私、贩卖国家管理物资等非法行为。

②查缉通缉犯、逃犯，协助公安、安全、司法等部门在列车上执行公务。

③做好乘车首长、外宾的安全保卫工作。

④组织列车员、旅客同自然灾害、治安事件等做斗争，协助列车长处理各种突发事件。

⑤负责所乘列车的消防监督工作，抓好防火、防爆、防盗、防破坏工作，督促列车员查堵“三品”，严格警风，维护路风。

⑥协助列车长抓好列车治安联防工作。

(二) 旅客列车乘务组、列车员需要数的确定

1. 计算乘务组一次往返出乘的作业时间 $t_{往返}$

具体计算如下：

$$t_{往返}=t_{值乘}+t_{出退勤}+t_{双班}+t_{清扫}+t_{看车} \tag{1-1}$$

(1) 值乘时间为值乘旅客列车往返一次实际工作时间（列车单程运行12h以上的乘务组因双班作业，则往返一次所需时间为实际工作时间的一半）。

(2) 出退勤时间计算标准见表1-2。

(3) 始发、终到、途中双班作业每人每次按30min计算。

(4) 本、外段入库清扫工时，见表1-3。

出退勤工时计算标准 表1-2

指 标	单程运行时间（h）		
	>12	6~12	<6
本段出勤时间（min）	90	90	70
外段到达时间（min）	30	30	20
外段出勤时间（min）	70	65	60
本段到达时间（min）	60	30	20
合计	250	215	170

本、外段入库清扫工时 表1-3

指 标	单程运行时间（h）		
	>12	6~12	<6
入库清扫时间（min）	360	360	180
作业人数（人）	2	1	1

(5) 车底在本、外段停留，必须派人看车。看车人数：软硬卧、软座车各1人，餐车2人，硬座车1人（冬季采暖期间，硬座车每三辆或不足三辆时均1人）。

$$看车工时 = \frac{(列车停留时间 - 出退勤时间 - 库内清扫时间)}{全车班人数} \times 看车人数 \quad (1\text{-}2)$$

2. 计算乘务组每月值乘次数 K

(1) 目前我国实行8小时工作双休日制度，全年12个月，日历日365天，周末休息日104天，法定节假日11天（元旦1天、春节3天、清明节1天、劳动节1天、端午节1天、中秋节1天、国庆3天）。乘务员每月工作小时为

$$(365-104-11)\ 天 \div 12\ 月 \times 8h/天 = 166.7h/月$$

(2) 乘务组每月值乘次数 $K = 166.7/t_{往返}$。

3. 计算一对列车所需要的乘务组数 B

设一个月为 D 日，每天开行 N 对列车，则一个月需要开行 $D \cdot N$ 对列车。所以，需要的列车乘务组数 B 为

$$B = D \cdot \frac{N}{K} \quad (1\text{-}3)$$

4. 计算列车员的需要数量 M

根据列车编组及乘务组编制即可计算乘务员的需要数量。

(1) 乘务员的编制标准是根据劳动部门制定的计划岗位人员编制标准确定的，旅客列车单程运行时间长短决定编制人员的需要数 m。如单程运行时间为18h以上的，一般情况下旅客列车乘务员编制为：列车长（正、副）2人、列车员每车2人、广播员2人、餐服人员7~10人（单程一餐7人、两餐8人、三餐9人、22h以上的10人）、供水员每辆茶炉车1人。

(2) 乘务员的编制定员乘以乘务组数，即得所需要的乘务员人数。

$$M = mB \quad (1\text{-}4)$$

(3) 根据以上计算结果，后备和机动人数可以做一定幅度的调整。

拓展阅读

旅客列车乘务组的乘务制度和工作制度

一、乘务制度

为了保证旅客列车安全，旅客列车乘务组实行固定班组制。按照既有利于保养车辆又合理使用劳动力的原则，根据列车种类和运行距离，分别采用包乘制和轮乘制。

(一) 包乘制

包乘制是指按列车行驶区段和车次由固定的列车乘务组包乘。根据使用车底的不同，又分为包车底制和包车次制。

包车底制是指乘务组不仅固定区段、车次，而且固定包乘某一车底。包车底制的优点是有利于加强车辆设备和备品的管理，有利于乘务员熟悉列车沿途情况和旅客乘降规律，以便更好地安排自己的工作，提高服务质量。包车底制的缺点是长途旅客列车需挂乘务员休息车，浪费了运能，乘务工时一般难以保证，工时不足时采用乘务员套跑短途列车或长途列车套跑短途列车的方法，这样既可节省车底又可弥补乘务工时的不足。目前，既有线路上运营的旅客列车大都实行包车底制。

包车次制是指一个车次由几个乘务组包干值乘，不包车底。包车次制的优点是便于管理，可保证服务质量；包车次制的缺点是交接手续复杂，不利于车底保养。

（二）轮乘制

轮乘制是指在列车密度大，且列车种类和编组基本相同的区段，为了紧凑组织乘务交路和班次，采用乘务组不包车底而按照出乘顺序、轮流担当乘务工作的制度。轮乘制的优点是乘务员单班作业，一般在本局管内值乘，对线路、客流及交通地理情况比较熟悉，工作时方便联系；同时，不需要挂乘务员休息车，节约了运能。轮乘制的缺点是增加了交接次数，不利于车辆保养。目前，客运专线上开行的动车组列车较多采用轮乘制。

二、工作制度

为了更好地完成乘务工作任务，旅客列车乘务组必须在列车长的统一领导下建立必要的工作制度，以保证旅客、行包的安全运输和服务质量。

（一）动车组列车乘务组工作制度

1. 工作协调制度

（1）动车组列车出库后，列车长要及时了解“六乘人员”工作准备情况，重点把握卫生保洁质量、配餐数量以及各岗位人员的到岗情况；遇有重点任务及时布置。

（2）列车长每趟组织召开随车机械师、公安乘警、餐饮组长、保洁组长参加的工作协调会，沟通信息，提出本趟工作重点和要求。

（3）遇有设备故障、列车晚点等情况，司机或随车机械师要主动向列车长通报故障情况、晚点或停车原因。列车长要及时逐级汇报，按指示向旅客通告，并组织列车员、餐服人员、保洁人员做好服务和解释工作。

（4）客运段应每月组织“六乘”单位召开动车组一体化管理联席会议，旨在总结工作，加强协调，统一步调，提高效率。

2. 信息传递制度

（1）动车组列车“六乘人员”要掌握列车运行、设备状况、旅客服务和餐饮供应等信息，及时相互通报。

（2）在动车组列车运行中遇有各类非正常情况时，“六乘人员”应按照各自职责逐级汇报，列车长应积极协调处理。

（3）“六乘”单位之间应建立日常联络机制，加强相互之间的信息沟通。

3. 其他制度

（1）动车组列车实行“首问首诉负责制”“六乘人员”必须及时解答旅客问询、受理旅客投诉、解决旅客困难。

（2）“六乘人员”必须严格遵守铁道部、各局集团公司有关规定，严禁私带无票人员上车；如需要安排重点旅客乘坐餐车、多功能室、乘务员室等位置时，必须经列车长同意。

（二）其他列车乘务组工作制度

1. 出退勤制

乘务员在本段出乘时，要按规定由列车长带队到派班室报到，听取派班员传达有关事项；列车长摘抄有关电报、命令、指示。到达折返站或由折返站出乘时，列车长必须向折返段派班室报告乘务工作，接受任务。

每次乘务结束，列车长应召开班组会议，向派班室汇报往返乘务工作情况，提交书面乘务报告。

2. 趟计划制

列车长每次出乘前要编制趟计划。其主要内容包括：

（1）上次乘务工作中的优缺点及改进措施。

（2）本次乘务工作中的重点工作安排。

（3）贯彻上级指示、命令、通知、规章的具体措施。

（4）针对接车时发现的问题应采取的措施。

3. 验票制

为保证旅客安全、避免误乘，维护铁路运输秩序和正当收入，列车内应检验车票。检票由列车长负责，公安乘警、列车员协助。检票次数原则上是列车每运行400km一次，不足400km的列车每单程不得少于一次；无票人员较多的区段可以增加检票次数。

4. 统一作业制

列车长应根据值乘列车的运行时刻、线路、客流、换班、餐饮等情况编制统一作业过程。

此外，还应建立健全以岗位责任制为中心的各项管理制度，如安全生产、备品管理、库内看车、旅客意见处理、列车环境卫生等。

案例分析

致歉诚意真　旅客终原谅

某年12月6日，G43次列车返程回杭州东站。

由于客流量较大，餐车服务员小孟推小推车下车厢时特别小心，每隔两排就提醒着旅客注意安全。当推到14号车厢时，不小心撞到了一位熟睡中的男性旅客。小孟连忙道歉，可那位旅客骂骂咧咧，一把将小孟的工号牌扯了下来。

小孟见那位旅客的膝盖有些红肿，关照14号车厢列车员小谢帮忙照看小推车，自己则跑回餐车拿来冰袋帮他冷敷，可那位旅客还在气头上，对小孟不依不饶，故意刁难。周围的旅客有点看不下去了，纷纷替小孟打抱不平，差点与那位旅客发生冲突，小孟及时劝阻，并留了旅客手机号，该旅客不再吱声了。

下班后，小孟主动给那位旅客发了慰问短信。

不多时，小孟的手机收到了回信："我态度不好，对不起。"

项目训练

【训练目的】

提升学生检索能力，通过检索相关知识，提升学生的阅读水平与能力。

【训练内容】

课前布置的相关问题，交由学生课后查阅相关资料，课堂由各小组派代表进行汇报。

【考核标准】

小组互评，教师点评。评分标准为百分制（10 分一个等级，如 100、90、80 等）。

复习思考题

1. 简述"六乘人员""三乘人员"的职责及具体分工。
2. 如何确定其他旅客列车乘务组及列车员数量？
3. 试分析包乘制与轮乘制的优缺点。
4. 试简述其他旅客列车乘务组的工作制度。
5. 通过教材内容相关案例，谈一谈对列车员岗位的认知。

模块 2

旅客列车设备设施运用

内容描述

为完成好铁路乘务服务工作，必须了解旅客列车，本模块主要介绍旅客列车的分类、构成、技术特点及要求、车型介绍、列车编号规则，同时介绍旅客列车基础设备、服务设备以及安全设备，掌握旅客列车基础设备、服务设备和安全设备的使用是列车乘务岗位职工及管理人员必备的技能。

教学目标

1. 能力目标

能准确掌握旅客列车的分类及主要车型；能准确掌握动车组列车基础设备、服务设备及安全设备的功能及使用；能模拟演练动车组列车安全设备的操作使用；能掌握动车组服务设备的操作使用。

2. 知识目标

学生通过本节课内容的学习，了解旅客列车的基本车型和分类；掌握动车组的主要技术特点；了解我国动车组常见类型；能准确掌握动车组列车基础设备、服务设备及安全设备。

3. 素质目标

通过学习旅客列车设备设施，要求学生掌握动车组列车内部设备实施功能及使用，满足当前旅客对列车乘务服务的要求。

案例导入

做好车上排查工作　为安全出行加分

列车开车前都要进行班前会，列车长会介绍本次出行的一些注意事项和工作要求，以及各岗位分工和沟通协助情况。“大家上车后要注意安全设备的检查，特别是一些阴暗角落的查看，等到旅客上车后也要注意巡查。"这是列车开车前的班前会时列车长给同行乘务员和安全员经常重复的一句话。旅客列车服务设施和安全设施的管理和使用不当造成的安全问题更是层出不穷。

一、事件描述

×年×月×日，从××站始发的××次列车，硬座车厢定员为702人，实际旅客人数为1299人，超员85%；列车长在××站拍发超员电报。列车运行在××至××区间时，6号车厢一处车门突然打开。旅客发现后，找到6号车厢列车员丁某（职教基地学员），丁某来到风挡和旅客一起试图将车门关闭，但未能成功。丁某让旅客将7号车厢列车员周某找来通知车长。周某走后，丁某为了确保旅客的安全（因列车超员，此风挡站有十几名旅客），拉下了紧急制动阀，列车于1月30日凌晨1:39分在××至××间停车。列车长涂某停车时正在车厢巡视，准备从检车处了解临时停车原因。途中周某跑过来向车长报告停车原因，列车长与检车员、列车值班员一同来到6号车厢门口。列车员丁某反映车门锁、隔离锁均锁闭，运行中不知什么原因车门突然先打开了一半，无法关闭，紧接着车门完全打开。列车员张某上前将车门锁、隔离锁锁闭后，用脚踢了两下后车门又开了。张某再次将车门锁、隔离锁锁闭，用力踢了几下确认车门确实锁闭后，才将紧急制动阀复位；列车于2时03分起动，列车从停车到开车用时24min。

二、原因分析

①6号车厢列车员丁某为武汉职教基地新学员，列车乘务经验不足，对设备设施的管理及使用方法不熟练，应急处置能力较差，在列车严重超员的情况下发生紧急情况时，未能采取有效措施及时疏散旅客，对列车紧急制动阀的有关使用条件和规定理解不够透彻，拉阀后未及时复位并监视车门，是发生此问题的主要原因。

②车站对新列车员业务较差、乘务经验严重不足的情况预想不足，没有及时地采取有针对性的措施对其加强教育培训，对此问题的发生负有教育管理责任。

单元2.1 旅客列车概述

相关知识

一 旅客列车

（一）列车的概念

按照《铁路技术管理规程》（以下简称《规程》）规定，列车是指编成的车列，并挂有机车和规定的列车标志。旅客列车是指以客车（包括代用客车）编组的，运送旅客、行李、包裹、邮件的列车。

（二）旅客列车的分类

旅客列车根据运行速度、运行距离远近、设备配置、列车等级等基本条件的不同可分为动车组列车（D 字头）、高速动车组旅客列车（G 字头）、直达特快旅客列车（Z 字头）、特快旅客列车（T 字头）、快速旅客列车（K 字头）普通旅客列车、临时旅客列车（L 字头）、临时旅游列车（Y 字头），通勤列车不属于旅客列车。

1. 动车组列车（D）

为适应铁路高速化发展的要求，我国铁路自 2007 年 4 月 18 日提速后开始开行动车组列车。动车组列车就是把带动力的动力车与非动力车按照预定的参数组合在一起，可以概括地讲，动车组是自带动力的、固定编组的、能够两端同时驾驶的、配备现代化服务设施的旅客列车单元。带动力的车辆叫作动车；不带动力的车辆叫作拖车，列车开行速度达到 200 ~ 250km/h。

2. 高速动车组旅客列车（G）

高速动车组旅客列车是指运行速度达到 250km/h 及以上客运专线上的动车组列车，列车开行最高速度达 250 ~ 350km/h。

3. 直达特快旅客列车（Z）

直达特快旅客列车是指列车由始发站发出后，沿途不设停点，直达列车终点站的超特快旅客列车，也称为“点对点”列车。这类列车均采用“夕发朝至”运行方式。目前每日开行对数仅 20 多对。

直达特快旅客列车的车次前冠以“Z”符号，列车运行速度一般保持在 160km/h。全列采用密接式车钩、集便式装置，使旅客乘车更为快捷、舒适。

4. 特快旅客列车（T）

特快旅客列车是目前我国铁路运营线上速度较快的旅客列车，区间运行速度为 140km/h（个别区段列车运行速度达到 200km/h，如广深线的“新时速”列车）。特快旅客列车装备质量优良、服务水平较高、乘车环境舒适，主要在首都与各大城际及国际开行，其车次前冠以“T”符号。这类列车的车底一般都是 25K 型、25T 型车底，也有部分特快列车采用 25Z、S25K、S25B、S25Z 等车底，全部都是新空调车。

5. 快速旅客列车（K）

快速旅客列车的运行速度次于特快旅客列车，一般区间运行速度为 120km/h。列车设备良好，运行在大、中城市之间，经停地级行政中心，其车次前冠以“K”符号。这类列车的车底一般是 25G、25K 型新型空调车，还有大约 10% 的列车车底是 22 型和 25B 型普通列车。

6. 普通旅客列车

普通旅客列车属于经济型旅客列车，它停车次数较多，速度较慢，运行速度一般在 120km/h 以下，车次用 4 位阿拉伯数字表示，分为普通旅客快车和普通旅客慢车两类。普通旅客快车停靠县级市和大部分县级中、大站点，此类列车大约 40% 为空调列车；普通旅客慢车基本上“站站停”，这类列车的车底主要是 22 型普通客车，开行数量很少，一般为短途多站列车。

7. 临时旅客列车（L）

临时旅客列车是指根据市场需求在春运、暑运、国庆长假等客流高峰期临时增开的旅客列车，一般停靠县级市和大部分县级中、大站点。该类列车采用备用客车编组，一般没有空调，其车次冠以“L”符号。

8. 临时旅游列车（Y）

临时旅游列车一般是在节假日和暑假根据旅游客流的需求而临时开行的旅游列车，在名胜古迹、游览胜地所在站和大、中城市之间开行。旅游列车的速度、服务和设备较好，要求使用新型空调车，其车次前冠以“Y”符号。

9. 通勤列车

通勤列车大部分为中国铁路内部用于铁路职工上下班往返于居住地和工作地点的列车。部分通勤列车考虑到城市及沿线居民出行的需要，会在沿线全部或部分站点办理简易客运或乘降业务，并采取较为简易的售票方式进行售票。该类列车车次也用4位阿拉伯数字表示，如7611/2次为武昌南至武汉北通勤。

10. 回送旅客车底列车

回送旅客车底列车是指把客车配属站的空客车车底调送至异地的列车始发站，或者把旅客送至目的地后将空客车回送至原客车的配属站而运行的列车。除有上级特殊指令外，这类列车一般不办理客运业务，接发列车作业时不按旅客列车办理。

11. 混合列车

混合列车是指以运送旅客的车辆为主，与运送货物的车辆混合编成的列车。包括货物列车中编挂乘坐旅客车辆10辆及其以上的列车。

二 动车组

（一）动车组的概念

动车组是指由动力车（动车）和拖车或者全部由动力车（动车）长期固定地连挂在一起组成的车组。除高速铁路、城际客运、市郊客运运用的动车组外，城市中的地铁列车和轻轨电车也属于动车组的范畴。

动车组中带有动力的车辆称为动力车，简称动车（用M表示）；不带动力的车辆称为拖车（用T表示）。列车两端都带有司机室，可在线路上往复运行。

CRH（China Railway High-speed，即中国高速铁路）是中华人民共和国铁道部对中国高速铁路系统（动车组）建立的品牌名称。现在中国高速铁路包含动车组系列为CRH_1、CRH_2、CRH_3、CRH_5、CRH380、CR等，车次前冠以字母“C”“D”“G”。

（二）动车组的分类

动车组按列车动力配置不同，可分为动力分散性和动力集中型；按列车的动力装置不同可分为内燃动车组和电力动车组两类。

（三）动车组的构成

1. 车体

动车组车体可分为带司机室和不带司机室车体两种。车体是容纳旅客和司机驾驶的地方，也是安装与连接其他设备和部件的基础。其涉及的关键技术主要包括优良的空气动力学外形设计、车体结构轻量化通常采用铝合金和不锈钢材料设计。

2. 转向架

转向架置于车体和轨道之间，用来牵引和引导车辆沿轨道行驶、承受和传递来自车体及线路的各种载荷，并缓和其动作用力。转向架是保证列车运行品质和安全的关键部件，一般由轮对轴箱装置、构架、弹簧悬挂装置、车体支承装置和制动装置所组成（图 2-1）。高速列车转向架分为动力转向架和非动力转向架。其中，动力转向架包括牵引电动机及传动装置。

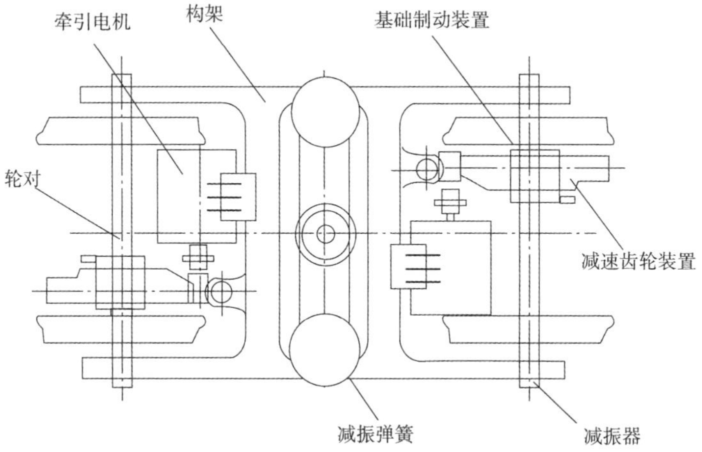

图 2-1　转向架构造

转向架是高速列车走行装置，是高速列车的核心部件，具有承载、导向、缓冲减振、牵引和制动等功能。

3. 车辆连接装置

车辆编组成列车运行必须借助于连接装置，其机械连接不仅包括车钩、缓冲装置和风挡等，还包括车辆之间的电气和空气管路的连接、高压电器连接、辅助系统和列车供电连接以及控制系统连接等。

车辆间的牵引缓冲装置是关系到缓和列车冲击、提高旅客舒适性和列车安全的重要部件，高速列车对牵引缓冲装置提出了更高的要求。目前，世界各国高速列车普遍采用密接式车钩连接装置，该装置两车钩连接面的纵向间隙一般都小于 2mm，上下、左右偏移也很小，对提高列车的运行平稳性和电气线路、风管的自动对接提供了保证。

4. 制动装置

制止列车运动，使其减速或至其停车，称为制动。反之，对已实施制动的列车，解除或减弱其制动作用，称为缓解。为使列车能实施制动和缓解而安装在列车上的一整套设备，总称为制动装置。

制动装置是保证列车安全运行所必需的装置，高速列车常采用动力制动与摩擦制动的复合制动模式，制动控制系统包括动力制动控制系统（再生制动）和空气制动控制系统。此外，制动控制系统还包括电子防滑器及基础制动装置等。

5. 车辆内部设备

车辆内部设备是指服务于旅客的车内固定附属装置，如车内装饰、电气、供水、通风、取暖、空调、座席、车窗、车门、行李架、旅客信息服务系统等。

6. 牵引传动系统

高速列车牵引传动系统的功能就是将电能转换成机械能牵引列车运行，同时在列车制动时将机械能转变成电能回馈电网。

牵引传动系统主要包括受电弓、主断路器、主变压器、牵引变流器、牵引电机及电传动系统的保护等。

7. 辅助供电系统

辅助供电系统的供电设备包括空气压缩机、冷却通风机、油泵/水泵电机、空调调节系统、采暖设备、照明设备、旅客服务设备、应急通风装置及维修用电等。

动车组列车的构成如图 2-2 所示。

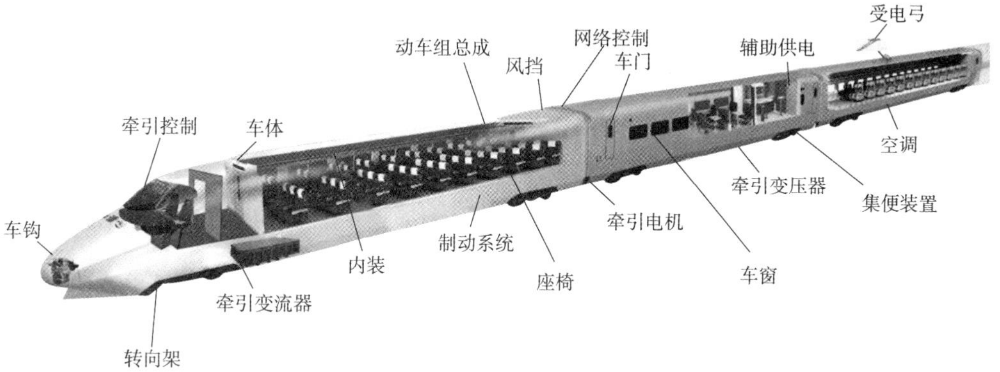

图 2-2　动车组列车的构成

（四）动车组技术特点及要求

1. 动车组技术特点

动车组的核心技术和技术先进性的标志，是衡量技术引进和国产化成功与否的关键，是建立具有技术提升能力平台、提高国内企业自主创新能力、打造中国品牌的重要基础。高速动车组集成了一系列当代高新技术，如牵引控制技术、交流传动技术、复合制动技术、高速转向架技术、车体技术、高强轻型材料与结构、减阻降噪技术、密封技术、高速受电弓技术、网络控制与诊断技术等。

动车组一般普遍具有高速、高效、经济、灵活等特点。

动车组的特点主要包括固定编组、动力集中或动力分散、密接车钩、整体运用、整体保养检修、大修前不解体、采用网络控制、交流传动/液力传动、制动系统完整设计。

高速动车组的特点主要包括：头部流线型；车体轻量化技术；高速转向架；高速受流技术；车厢密闭、空调换气；高功率重量化；低噪声、低轮轨力；配备现代化动车段、综合维修基地。

2. 动车组的基本要求

动车组应有识别的标记，如路徽、配属局段简称、车型、车号、定员、自重、载重、全长、最高运行速度、制造厂名及日期、定期修理的日期及处所等标识。

动车组应具有列车运行安全监控功能，对重要的运行部件和功能系统进行实时监测、报警和记录，并能提前向检修基地传输。动车组须装备 CTCS-2 级列控车载设备，根据需要加装 LKJ。

当动车组制动初速度为 200km/h 时，列车紧急制动距离限值为 2000m；当制动初速度为 250km/h 时，紧急制动距离限值为 3200m。动车组制动机采用计算机控制直通式电空制动系统。制动系统具备动力制动和空气制动的功能，当动力制动能力不足或丧失时，使用空气制动补充，仍须保证规定的紧急制动距离。

动车组须随车配备行车备品和过渡车钩、电气连接线、专用风管及止轮器，并存放在固定地点；动车组应具有良好的密封性；动车组应设集便装置和废水箱，污物、废水应定点集中处理；动车组应设火警分级报警系统并有相应的火灾应急对策。

新造动车组以及检修后按检修规程规定需要试运行的动车组，上线运营前应按规定进行试运行。动车组不得通过半径小于 180m 的曲线，不得侧向通过小于 9 号的单开道岔和小于 6 号的对称双开道岔。

动车组实行计划预防修，分为运用检修和定期检修。检修周期及技术标准，按铁道部检修规程执行。动车组的检修分别在动车段和动车运用所中进行。动车段（所）应设库线供动车组检修，并应配备地面电源及相应设备对转向架、车下设备、车上以及车顶设备进行检查、维护、更换、检修和清洗等作业；动车段（所）应具备各型动车组运用检修，行车安全设备检修，客运整备能力及相应的存车条件；动车段还应具备特定动车组定期检修能力。

动车段（所）设动车组司机派班室、候班室；配备列控车载设备、LKJ、列车无线调度通信系统等的检修、检测设备和数据转储、分析设备，并设相应检修处所。动车组日常运用的整备、清洁、排污等作业原则上应在动车段（所）完成。不在动车段（所）停留的动车组，需进行整备、保洁、上水、排污等作业时，其停留地点根据需要应具备相应的条件。根据需要，应在车站设置吸污设备。

三 我国动车组列车车型

（一）动车组旅客列车的分类

1. CRH 系列动车组

CRH 是 2007 年 4 月 18 日起，在中国铁路第六次大提速后开行的动车组列车。

2004 年 4 月 1 日，国务院审议通过了我国铁路史上第一个《中长期铁路网规划》，明确了“引进先进技术、联合设计生产、打造中国品牌”的动车组生产制造原则。原铁道部重点扶持了国内几家机车车辆制造企业，组织青岛四方—庞巴迪—鲍尔铁路运输设备有限公司（2008 年 12 月，青岛四方—庞巴迪—鲍尔铁路运输设备有限公司改名为青岛四方庞巴迪铁路设备有限公司，本书将前者简称为 BSP，后者简称为 BST）、四方机车车辆股份有限公司（以下简称“四方”）、唐山轨道客车有限责任公司（以下简称“唐客”）、长春轨道客车股份有限公司（以下简称“长客”），研制、生产中国品牌的高速动车组。

2004年10月，原铁道部组织完成了140列运行速度200km/h动车组采购项目合同的签订，成功引进了川崎重工、庞巴迪、阿尔斯通动车组技术。该合同的内容包括：川崎重工与四方合作生产60列CRH_2；阿尔斯通与长客合作生产60列CRH_5；BSP生产20列CRH_1（后又增加20列）。

2005年11月，铁道部又组织完成了60列运行速度300km/h动车组采购项目合同的签订，成功引进了西门子（与唐客合作）的高速动车组先进技术（CRH_3）。

2006年7月31日，国内首列国产化，运行速度200km/h的动车组下线。

2007年2月，中国铁路高速动车组以160km/h的运行速度投入春运。

2007年4月18日，中国铁路第六次大提速，中国铁路高速动车组（200km/h）和“和谐型”大功率机车（7200kW）上线投入运营，它们被正式命名为“和谐号”。

2007年11月24日，运行速度300km/h的国产CRH_2-300型“和谐号”动车组在四方下线。

2008年4月11日，运行速度300km/h的国产CRH_3型“和谐号”动车组在唐客下线。

2008年8月1日，京津城际客运专线投入运营，它是中国首条高速铁路客运专线（300km/h），也是中国进入高速铁路时代的标志。

2008年8月以来，京津、京沪、武广、郑西、沪宁等一批新建、世界一流的设计运行速度300km/h以上的高速铁路相继投入运营。大面积、高密度开行“和谐号”高速动车组列车，标志着中国铁路已走在世界高速铁路发展的前列。

2010年9月28日，四方研制的国产“和谐号”CRH380A新一代高速动车组，在沪杭高速铁路的运行途中，最高运行速度达到416.6km/h。

2010年12月3日，在京沪高速铁路枣庄至蚌埠间的先导段联调联试和综合实验中，CRH380A新一代高速动车组的最高运行速度达到486.1km/h。

2011年1月9日，唐客自主创新研制的新一代CRH380BL高速动车组，在京沪高速铁路运营时速中，运行速度达到了487.3km/h。

当时中国高速动车组的制造技术、管理水平等虽有大幅度地提高，但在发展中也暴露出一些亟待解决的问题：一是在动车组技术引进、消化、吸收的基础上，尚未建立自主创新的技术平台，未完成国际领先水平的中国标准动车组的设计；二是动车组技术来源多样，尚未搭建统一的技术标准体系，截至2015年，我国共有4个技术平台的近20种型号动车组，型号多、技术标准不统一，不能实现互联互通，甚至不能相互救援，动车组备用率高，给运营组织管理带来诸多不便；三是没有做到简统化，零部件尚未统型，每个平台需依赖自己的产品供应链，大量配件为独家供货，价格居高不下，造成维护备件储备量大，占用资金多，多铁路的经营管理效益产生较大的不利影响。此外，由于缺乏自主知识产权使我国高速铁路在走出去的过程中，不断出现商务摩擦等问题。

2. CR系列动车组

为彻底解决目前中国动车组存在的平台多、型号杂，不同厂家生产的车型操作界面、零配件等不统一，维护、采购成本大等问题，按照党中央提出的建设创新型国家的战略，中国国家铁路集团有限公司（以下简称“国铁集团”）根据中国高速铁路发展和“走出去”的要求，组织启动“中国标准动车组”研制项目。“中国标准动车组”研制项目以市场为导向，力求全面提高自主化水平，构建、完善中国动车组技术标注体系，研制具有自主知识产权的标准化、系列化、简统化动车组产品，满足中国铁路事业发展的需求。

中国标准动车组是根据中国铁路特点制定的中国标准，进行自主设计制造的标准化平台性产品，由中国企业全面进行整车设计，软件全面自主化；为适应技术进步要大量应用新技术，以达到世界领先水平。

中国标准动车组采用 CR（China Railway）为英文代号，不再采用 CRH 为代号，中文代号为“复兴号”。2017 年 6 月 26 日，中国标准动车组在京沪高速铁路首发。

（二）中国动车组车型简介

1. 动车组车型

（1）CRH_1——青岛 BSP（庞巴迪），8 辆编组，定员 668 人，运行速度 200～250km/h，牵引功率 5300kW，不锈钢车体，轴重小于 16t。

（2）CRH_2——四方（川崎重工），CRH_2 型动车组有两种列车：一种 8 辆编组，定员 610 人，运行速度 200～250km/h，牵引功率 4800kW，铝合金车体，轴重小于 14t；另一种，运行速度 300～350km/h，总牵引功率 7200kW。

（3）CRH_3——唐客（西门子），8 辆编组，定员 557 人，运行速度 300～350km/h，牵引功率 8800kW，铝合金车体，轴重小于 17t。

（4）CRH_5——长客（阿尔斯通），8 辆编组，定员 622 人，运行速度 200～250km/h，牵引功率 5500kW，铝合金车体，轴重小于 17t。

（5）CRH_6——南京浦镇车辆公司，8 辆编组，运营速度分别为运行速度 200km/h 和 160km/h 两种。

（6）CRH380A——四方，运行速度 350～380km/h，最高试验运行速度超过 400km/h，铝合金车体，轴重小于 15t，8 辆编组（CRH380A），定员 494 人，牵引功率 9600kW；16 辆编组（CRH380AL），定员 1066 人，牵引功率 21560kW。

（7）CRH380B/BL 型动车组是由唐客、长客，在 CRH_3 型动车组的基础上自主研发的动车组，其是以 CRH_3 型动车组产品技术平台为基础，以京津、武广等高速铁路线路的运用实践经验为依托，以“高速列车国家科技支撑计划”为支撑研制开发的，以满足长编组、大运量的需求，其持续运行速度为 380km/h，最高试验运行速度为 487.3km/h。2011 年 1 月，CRH380BL 型动车组在春运前夕投入沪杭客运专线的商业运营。

（8）CRH380CL 型动车组，是原铁道部为营运新建的高速城际铁路及客运专线，要求长客在 CRH_3C、CRH380BL 型动车组的基础上自主研发的动车组。与 CRH_3C 型动车组相比，CRH380CL 型动车组持续运行速度由 300km/h 提高到 350km/h，最高运行速度由

350km/h 提高到 380km/h，最高试验运行速度超过 400km/h，在性能方面，以提高牵引功率、降低传动比及动车组气动外形减阻为优化重点，而在舒适度方面，主要采取提高列车减震性能、车厢降噪、加强车内气压控制等方式进行优化。

（9）CRH380D 型动车组是由 BST 基于庞巴迪 ZEFIRO 平台研发。2013 年 4 月，在宁杭甬高速铁路线路上，CRH380D 型动车组的最高试验运行速度达到 420km/h。

（10）CR 系列中国标准动车组目前生产了 CR400AF（“海豚”）；CR400BF（“金凤凰”）两个型号。

2. 动车组型号及车组号编号规则

动车组型号的命名方式分技术序列代码命名方式和速度目标值命名方式两种。

（1）技术序列代码命名方式

动车组型号及车组号（技术序列代码命名方式）示意图如图 2-3 所示。

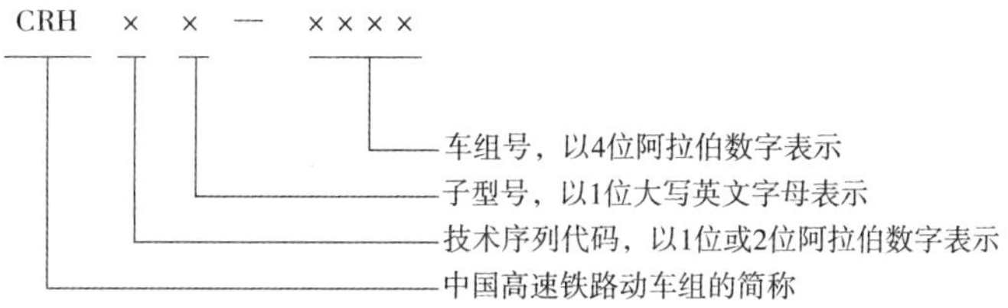

图 2-3　动车组型号及车组号

①CRH：中国高速铁路动车组的简称。

②技术系列代码：以 1 位或 2 位阿拉伯数字表示，由 1 开始顺序排列。（BST 动车组为 1，四方动车组为 2，唐客动车组为 3，长客动车组为 5，四方/浦镇动车组为 6，预留动车组 7 及后续数字）

③子型号：以 1 位大写英文表示，由 A 开始顺序排列。

A——运行速度 200～250km/h，8 辆编组，座车动车组。

B——运行速度 200～250km/h，16 辆编组，座车动车组。

C——运行速度 300～350km/h，8 辆编组，座车动车组。

D——运行速度 300～350km/h，16 辆编组，座车动车组。

E——运行速度 200～250km/h，16 辆编组，卧车动车组。

F——运行速度 160km/h，8 辆编组，城际座车动车组。

G——运行速度 200～250km/h，8 辆编组，耐高寒座车动车组。

H——运行速度 200～250km/h，8 辆编组，耐风沙及高寒座车动车组。

I——预留。

J——综合检测动车组。

K 及后续字母预留。

④动车组车组号：以 4 位阿拉伯数字表示，按照动车组的制造工厂进行号段分配。

BST——运行速度 250km/h 及以下动车组由 1001～1499 顺序排列；运行速度 350km/h 及以上动车组由 1501～1999 顺序排列；检测、试验等特殊用途动车组及非国铁集团控股企业采购的动车组由 0101～0199 顺序排列。

四方——运行速度250km/h及以下动车（CRH$_2$C包含在其中）组由2001～2499顺序排列；时速350km及以上动车组由2501～2999顺序排列；检测、试验等特殊用途动车组及非国铁集团控股企业采购的动车组由0201～0299顺序排列。

唐客——运行速度250km/h及以下动车（CRH$_3$C包含在其中）组由3001～3499顺序排列；运行速度350km/h及以上动车组由3501～3999顺序排列；检测、试验等特殊用途动车组及非国铁集团控股企业采购的动车组由0301～0399顺序排列。

四方/浦镇——四方城际动车组由4001～4499顺序排列；浦镇城际动车组由4501～4999顺序排列；四方检测、试验等特殊用途城际动车组由0401～0449顺序排列；浦镇检测、试验等特殊用途城际动车组由0401～0449顺序排列。

长客——运行速度250km/h及以下动车组由5001～5499顺序排列；运行速度350km/h及以上动车组由5501～5999顺序排列；检测、试验等特殊用途动车组及非国铁集团控股企业采购的动车组由0501～0599顺序排列。

（2）速度目标值命名方式

①CRH系列动车组的速度目标值命名方式示意图如图2-4所示。

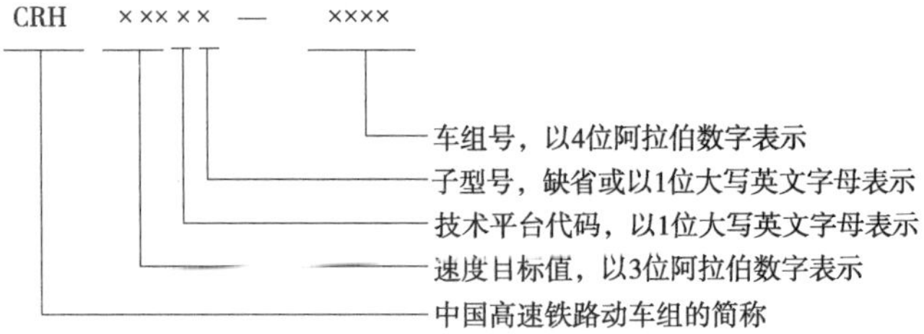

图2-4 CRH系列动车组速度目标值命名方式

a. 速度目标值：速度目标值是以动车组设计的最高运行速度目标值的3位阿拉伯数字表示，如380（设计最高运行速度目标值为380km/h）。

b. 技术平台代码：以1位大写英文字母表示，由A开始顺序排列。

A——四方研制生产，8辆编组，座车动车组。

B——长客/唐客研制生产，8辆编组，座车动车组。

C——长客研制生产（与B采用不同的牵引及控制系统），8辆编组，座车动车组。

D——BST研制生产，8辆编组，座车动车组。

E——预留。

F——预留。

c. 子型号：以1位大写英文字母表示，由G开始顺序排列，缺省时为基本型。

G——耐高寒动车组。

H——耐风沙及高寒动车组。

I——预留。

J——综合检测动车组。

K——预留。

L——基本型的16辆编组动车组。

M——更高速度等级试验列车改为综合检测动车组。

N 及后续字母——预留。

其他同图 2-3。

②CR 系列动车组的速度目标值命名方式示意图如图 2-5 所示。

a. 速度目标值：速度目标值以动车组设计的最高运行速度目标值的 3 位阿拉伯数字表示。

400——设计最高运行速度目标值为 400km/h。

300——设计最高运行速度目标值为 300km/h。

200——设计最高运行速度目标值为 200km/h。

b. 生产厂家：

A——四方生产制造。

B——长客生产制造。

c. 技术类型代码：

F——动力分散式动车组。

J——动力集中式电力动车组。

N——动力集中式内燃动车组。

3. 动车组中的车种及车辆编号规则

动车组中车辆的车种及车辆编号示意图如图 2-6 所示。

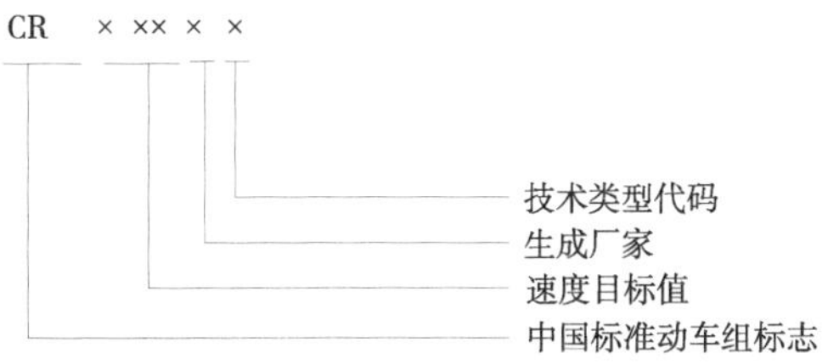

图 2-5　CR 系列动车组速度目标值命名方式

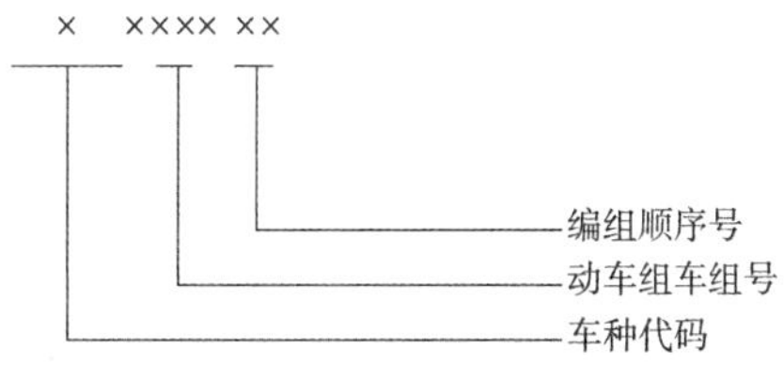

图 2-6　动车组中车辆的车种及车辆编号

动车组中车辆的车种代码是车种名称的汉语拼音缩写，其车种代码、车种名称及车种名称的英文见表 2-1。

动车组中车辆的车种代码、车种名称及车种名称的英文　　表 2-1

序　号	车 种 代 码	车 种 名 称	车种名称的英文
1	ZY	一等座车	First class coach
2	ZE	二等座车	Second class coach
3	WR	软卧车	Soft sleeper coach
4	WY	硬卧车	Hard sleeper coach
5	CA	餐车	Dining coach
6	SW	商务车	Business coach

续上表

序　号	车种代码	车种名称	车种名称的英文
7	ZEC	二等座车/餐车	Second class/Dining coach
8	ZYS	一等/商务座车	First class/Business coach
9	ZES	二等/商务座车	Second class/Business coach
10	ZYT	一等/特等座车	First class/Premier coach
11	ZET	二等/特等座车	Second class/Premier coach
12	JC	检测车	Detection car

示例：

ZYS 264201

ZYS——车种代码，一等/商务座车。

2642——动车组车组号。

01——编组顺序号。

拓展阅读

“复兴号”动车组介绍

“复兴号”动车组列车，是中国标准动车组的中文命名，由国铁集团牵头组织研制、具有完全自主知识产权、达到世界先进水平的动车组列车。英文代号为CR，高于CRH系列。3个级别为CR400/300/200，数字表示最高运行速度，而持续运行速度分别对应350km/h、250km/h和160km/h，分别适用于高速铁路、快速铁路、城际铁路。

2017年6月25日，中国标准动车组被正式命名为“复兴号”。2017年6月26日在京沪高速铁路正式双向首发。2017年8月21日起，京津冀地区将开行22.5对“复兴号”动车组列车。2018年4月，“复兴号”开行再次扩容，从北京始发的“复兴号”辐射省会级以上城市达15个以上。2018年7月1日起，全国铁路开始实行新的列车运行图，16辆长编组“复兴号”动车组首次投入运营。2018年8月1日，京津城际铁路上运行的动车组列车已全部更换为“复兴号”。

“复兴号”是国铁集团组织国内企业、高校和科研机构，按照运行速度350km/h运营研发制造的中国标准动车组，集成了大量现代高新技术，其安全性、经济性、舒适性以及节能环保等性能有较大地提升。“复兴号”大量采用中国国家标准、行业标准、国铁集团企业标准等技术标准，同时采用了一批国际标准和国外先进标准，具有良好的兼容性能，在254项重要标准中，中国标准占84%。中国标准动车组整体设计以及车体、转向架、牵引、制动、网络等关键技术都是由中国自主研发，具有完全自主知识产权。其技术创新及成果主要体现在以下几方面。

一、采用了先进的安全保障技术

设置智能化感知系统，建立强大的安全监测系统，全车部署了2500余项监测点，能够对走行部状态、轴承温度、冷却系统温度、制动系统状态、客室环境进行全方位的实时监测；增设碰撞吸能装置，提高动车组被动防护能力。为适应中国地域广阔、环境复杂(-40℃～+40℃)、长距离、高强度运行的需求，按最高等级（设计寿命30年或1500万km）考核动车组主要结构部件，整车进行60万km运用考核（欧洲一般40万km）。

二、优化了旅客界面

车厢内实现了WiFi网络全覆盖，设置不间断的旅客用220V电源插座；空调系统充分考虑减小车外压力波的影响，通过隧道或交会时减小耳部不适感；列车设有多种照明控制模式，可根据旅客需求提供不同的光线环境；采取减振、降噪措施，改进洗漱设施，设置无障碍设施等，为旅客提供良好的旅途体验。

三、建立了智能化感知系统

采集各种车辆状态信息1500余项，全面监测列车运行状况，实时感知列车状态［包括安全性能、环境信息（如温度）等］，并记录各部件运用工况，为全方位、多维度地诊断、维修故障提供支持。当列车出现异常时，可自动报警或预警，并能根据安全策略自动采取限速措施或停车措施。此外，还采用远程数据传输，可在地面实时获取车辆状态信息，提升地面同步监测、远程维护能力。

四、采用全新低阻力流线型头型和车体平顺化设计

列车阻力比既有CRH380系列降低7.5%～12.3%，350km/h速度级人均百公里能耗下降17%左右，有效地减少了持续运行能量消耗。在车体断面增加、空间增大的情况下，按运行速度350km/h运行，列车运行阻力、人均百公里能耗和车内噪声明显下降，表现出良好的节能环保性能。

高速铁路与动车的区别

一、高速铁路与动车的区别

简单地说，高速铁路指的是路或“路+车”这一系统整体。动车的全称是“动车组列车”，指的是车。

大家乘车时会遇到D字头列车和G字头列车，它们都属于动车组，有什么区别呢？D字头列车，全称是“动车组旅客列车”，简称“动车”。G字头列车，全称是“高速动车组旅客列车”，简称“高速铁路”是错误的，正确的简称应是“高速动车”。

什么是高速铁路？高速铁路在不同国家、不同时代有不同规定，中国铁路分为高速铁路、快速铁路和普通铁路三种。

在中国，高速铁路是指新建的设计开行速度不低于250km/h（含预留）且初期运行速度不低于200km/h的客运专线铁路；快速铁路是指设计开行速度在160～250km/h的铁路，其开行的列车类型多样，一般是客货共线，在城际铁路领域作客运专线；普通铁路是指设计开行速度在160km/h以下的铁路。

二、各型动车组新旧车组号对应表（表 2-2）

各型动车组新旧车组号对应关系　　表 2-2

序号	旧 车 组 号	新 车 组 号	车　型	主 机 厂
1	CRH380A-001	CRH380AJ-0201	CRH380AJ	四方
2	CRH380B-002	CRH380BJ-0301	CRH380BJ	唐客
3	CRH380A-0202	CRH380AJ-0201	CRH380AJ	四方
4	CRH380A-0203	CRH380AJ-0203	CRH380AJ	四方
5	CRH$_5$000A	CRH$_5$J-0501	CRH$_5$J	长客
6	CRH$_1$-001A ~ 040A	CRH$_1$A-1001 ~ 1040	CRH$_1$A	BST
7	CRH$_1$-041B ~ 060B	CRH$_1$B-1041 ~ 1060	CRH$_1$B	BST
8	CRH$_1$-061E ~ 075E	CRH$_1$E-1061E ~ 1075	CRH$_1$E	BST
9	CRH$_1$-076B ~ 080B	CRH$_1$B-1076 ~ 1080	CRH$_1$B	BST
10	CRH$_1$-081A ~ 168A	CRH$_1$A-1081 ~ 1168	CRH$_1$A	BST
11	CRH$_2$-001A ~ 060A	CRH$_2$A-2001 ~ 2060	CRH$_2$A	四方
12	CRH$_2$-061C ~ 110C	CRH$_2$C-2061 ~ 2110	CRH$_2$C	四方
13	CRH$_2$-111B ~ 120B	CRH$_2$B-2111 ~ 2120	CRH$_2$B	四方
14	CRH$_2$-121E ~ 140E	CRH$_2$E-2121 ~ 2140	CRH$_2$E	四方
15	CRH$_2$-141C ~ 150C	CRH$_2$C-2141 ~ 2150	CRH$_2$C	四方
16	CRH$_2$-151A ~ /	CRH$_2$A-2151 ~ /	CRH$_2$A	四方
17	CRH380A-6001 ~ 6040	CRH380A-2501 ~ 2540	CRH380A	四方
18	CRH380A-6041L ~ 6040L	CRH380AL-2541 ~ 2640	CRH380AL	四方
19	CRH380A-6141 ~ /	CRH380A-2641 ~ /	CRH380A	四方
20	CRH$_3$-001C ~ 080C	CRH$_3$C-3001 ~ 3080	CRH$_3$C	唐客
21	CRH380B-6041L ~ 6470L	CRH380BL-3501 ~ 3570	CRH380BL	唐客
22	CRH380B-6471 ~ /	CRH380B-3571 ~ /	CRH380B	唐客
23	CRH$_5$-001A ~ 140A	CRH$_5$A-5001 ~ 5140	CRH$_5$A	长客
24	CRH380B-6201L ~ 6245L	CRH380BL-5501 ~ 5545	CRH380BL	长客
25	CRH380B-6246 ~ 6300	CRH380BG-5546 ~ 5600	CRH380BG	长客
26	CRH380C-6301L ~ 6325L	CRH380CL-5601 ~ 5625	CRH380CL	长客
27	CRH380B-6326 ~ 6336	CRH380BG-5626 ~ 5636	CRH380BG	长客
28	CRH380B-6337 ~ /	CRH380B-5637 ~ /	CRH380B	长客

项目训练

【训练目的】

做到教、学、做一体化，提高学生运用理论知识解决实际问题的能力。

【训练内容】

分小组运用该任务相关知识进行讨论，讨论内容包括动车组列车的技术特点、动车组列车的型号及车组号编号，各小组派代表进行总结汇报。

【考核标准】

小组互评，教师点评。评分标准为百分制（10分一个等级，如100分、90分、80分等）。

复习思考题

1. 简述动车组的基本结构与作用。
2. 简述动车组的主要技术特点。
3. 我国动车组常见类型有哪些？
4. 简述动车组型号、车组号、车种编号规则。

单元2.2　旅客列车内部设施

相关知识

旅客列车内部设备是指服务于旅客的车内固定附属装置。为满足旅客旅行途中的需要，向旅客提供舒适的旅行条件，如车内电气、供水、通风、取暖、空调、座席、车窗、车门、行李架、旅客信息服务系统等。

动车组列车内部设施包括基础设备、服务设备及安全应急设备。

基础设备包括侧门、内端拉门、外端拉门、多功能室拉门、卫生间拉门、座椅、垃圾箱、行李架、乘务员室、机械师室、物品室、水箱。

服务设备包括照明设备、餐吧车设备、多功能室、大件行李处、残疾人服务设施、婴儿护理台、卫生间、电茶炉、影视系统、广播系统、电源插座、宣传镜框、储物室、备品柜。

安全应急设备包括灭火器、紧急逃生窗、紧急破窗锤、紧急按钮、过渡板、乘降梯、紧急开门阀、紧急制动、防火隔断门、气密窗、紧急通风装置。

下文介绍一些主要的服务设备设施。

一　多功能室

多功能室用于对旅客进行紧急救护时使用，使用时分步打开呈铺状。上部墙壁上挂钩可用以悬挂吊瓶。CRH_2 型车多功能室如图2-7所示。

二　大件行李寄存处

大件行李寄存处用于放置体积较大的行李物品。不同车型均设有大件行李寄存处，一般位于车厢端部。行李架用于存放旅客的行李物品。动车组列车大件行李寄存处如图2-8所示。

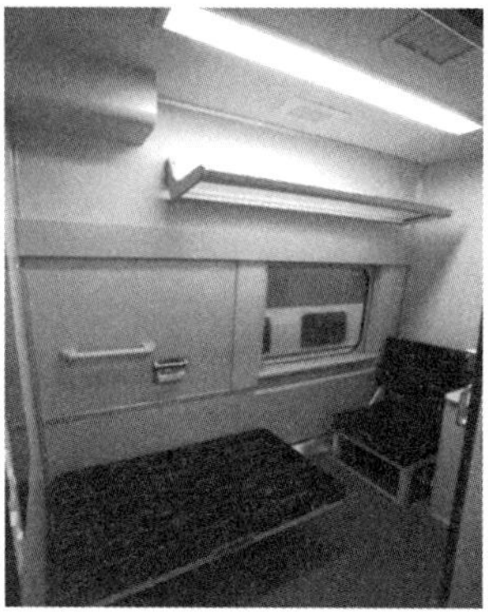

图 2-7　CRH_2 型车多功能室

图 2-8　动车组列车大件行李寄存处

三　无障碍服务设施

为方便残疾旅客，动车组列车设有无障碍服务设施。同时设置残疾人轮椅固定设施，不同车型轮椅固定设施位置不同，用固定带的设置提升了残障人士乘车旅行安全系数。残疾人卫生间位于无障碍座椅同侧的车厢端部。CRH_2 型车残疾人卫生间如图 2-9 所示。

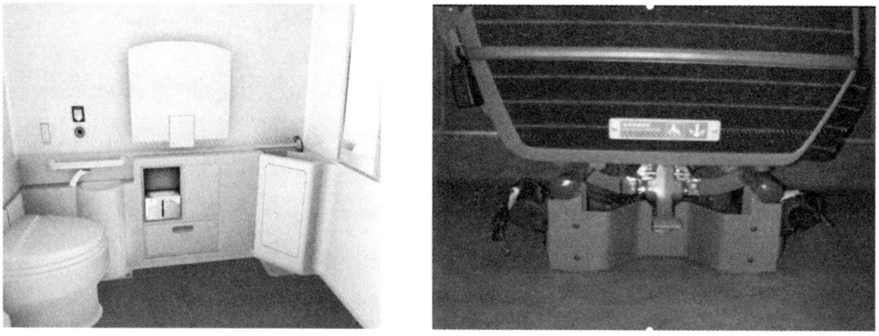

图 2-9　CRH_2 型车残疾人卫生间

四　婴儿护理台

为方便带小孩的旅客，动车组列车设有婴儿护理台。位于卫生间内墙壁上。使用时抬起把手将婴儿护理台打开，使用安全带进行婴儿固定。CRH_2 型车婴儿护理台如图 2-10 所示。

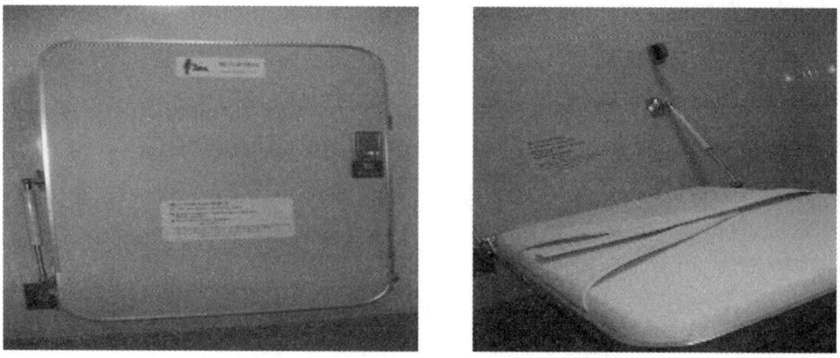

图 2-10　CRH_2 型车婴儿护理台

五　影视、音乐播放系统

CRH_2 型车设置11台显示屏，一等座车厢两端墙壁上3台，顶棚每2台为一组共3组6台（可折叠），餐车就餐区和休闲区两端墙壁上各1台。

CRH_3 型动车组列车设影视、音乐播放系统6个，一等座车两端墙壁上各1个，共2个；顶棚每2台为1组，共2组4台。一等座车每个座椅右侧扶手内侧设有音乐、影视控制器，可自主调节电视及音乐音量。CRH_2 型车影视、音乐播放系统如图2-11所示。

图2-11　CRH_2 型车影视、音乐播放系统

六　电源插座

为满足旅客旅行途中的用电需求，CRH_2 型车设置38个电源插座，2、4、6、8号车厢每车3个分别位于每节车厢两端第一排座席下方对角设置。CRH_3 型动车组设置电源插座47个。1~8号车厢一、二位端墙壁下方各设1个，共16个；4号车厢餐吧内5个，乘务室1个；5号车厢每排座椅靠近通道一侧座椅下各设1个，共25个。CRH_2 型车电源插座，如图2-12所示。

图2-12　CRH_2 型车电源插座

七　电子显示屏

车厢外部的电子显示屏显示列车运行区间、车次、车厢顺号等信息，车内电子显示屏显示列车运行区间、车次、车厢顺号、停站、运行速度、温度、中国铁路客户服务中心客户服务电话（区号+电话号码）、安全提示等信息，显示及时、准确。动车组电子显示屏如图2-13所示。

a)　　b)

图2-13　动车组电子显示屏

八 卫生间

动车组旅客列车卫生间分为蹲式便器和坐式便器两类。卫生间设有洗手盆、感应器、感受器、烟雾报警感应装置、扶手、垃圾箱、触摸式冲水按钮、卷纸、坐便垫储放箱等设施，卫生间门设有“有/无人”显示装置。CRH_3 型车卫生间设施如图 2-14 所示。

a)　　b)　　c)

图 2-14　CRH_3 型车卫生间设施

九 电茶炉

电茶炉也称为热饮水机，其功能是提供饮用热水。电茶炉设置有电源、加热、缺水指示灯、绿色出水按钮、红色解锁按钮、置杯格。

图 2-15　CR400AF 动车组电茶炉

操作方法：使用时需先按压红色解锁按钮，待电茶炉解锁后再按压绿色出水开关按至底部（起防烫伤作用）；当缺水显示灯亮起时，表示水箱内缺水。CR400AF 动车组电茶炉如图 2-15 所示。

十 PIS 广播通信装置

联络电话分为Ⅰ型和Ⅱ型两种。

Ⅰ型联络电话安装于司机室、乘务员室和机械师室，作为列车工作人员联络的终端，可以实现对全列人工广播和单车人工广播。本车电话广播时，电话外接的扬声器静音。Ⅰ型联络电话还能实现司乘人员之间的通话，司乘人员之间的通话包括司机和司机、司机和随车机械师、司机和列车员、随车机械师和列车员、列车员和列车员通话。

Ⅱ型联络电话安装于二等座车车厢，作为列车员联络的终端，可以实现对全列人工广播和单车人工广播。本车电话广播时，电话外接的扬声器静音。此外，Ⅱ型联络电话还能实现司乘人员之间的通话。司乘人员之间的通话包括司机和列车员、随车机械师和列车员、列车员和列车员通话。CR400AF 动车组联络电话如图 2-16 所示。

其他服务设施包括垃圾箱、水箱、储物柜、衣帽钩、遮阳幕等。

图 2-16　CR400AF 动车组联络电话

拓展阅读

揭秘长编组“复兴号”内部高端大气列车设施

2018 年 7 月 1 日，中国北京动车段南所，G7 次长编组“复兴号”列车准备驶向北京南站。当日，长编组“复兴号”动车组在京沪高速铁路首次投入运营，分别担当 G3/2 次、G11/10 次、G149/118 次、G7/14 次共 4 对列车的运输任务。

16 辆长编组“复兴号”在 1 号车设有单独的商务座车厢，可为商务座旅客提供更舒适的乘车体验（图 2-17 ~ 图 2-20）。

图 2-17　列车员整理车厢

图 2-18　崭新的洗漱台

图 2-19　商务座座椅

图 2-20　随车机械师检查车上设备

长编组“复兴号”动车组采用 8 动 8 拖配置，总长度超过 415m，总定员 1193 人，可满足运行速度350km/h运营要求。

16辆编组“复兴号”在1号车设有单独的“商务座车”车厢，全部为商务座布局，可为商务座旅客提供更舒适的乘车体验。长编组“复兴号”照明系统可对车厢内的色温进行变换，灯光可在“冷光”与“暖光”之间平滑调节，为旅客打造更加舒适的车厢氛围。

长编组“复兴号”动车组采用8动8拖配置，总长度超过415m，总定员1193人，可满足运行速度350km/h运营要求。

（来源：南方周末）

旅客列车内部其他服务设施

为满足旅客旅途中的需求，为旅客提供舒适的旅途条件，在客车内部设有专门的服务设施，包括给水装置、通风装置、空气调节装置、取暖装置。

一、给水装置的种类

根据水箱在客车上安装的位置不同，客车给水装置分为车顶水箱和车底水箱两种。目前，除多数动车组客车采用车底水箱给水装置外，部分动车组客车和普通客车采用车顶水箱给水装置。车顶水箱给水装置是将水箱设在车顶顶棚内，依靠水的自重向各处供水，因其结构简单、故障少、使用方便，又由于其他配管非常靠近采暖系统的管路，所以冬季不必安装防寒设备。但水箱之间的管路较细，上水速度慢，水箱又在车顶，其容积受到限制，提高了车辆的重心，从而降低了车辆运行的平稳性。

动车组列车给排水系统主要由水箱装置（包括水泵及控制系统）、供水管路、饮水机、多功能洗面器、排水管路、自动感应水阀等主要部件组成。车上用水采用水泵供至各用水点，由压力开关和流量开关根据管路的水压机流量控制水泵工作。

二、客车取暖装置

客车取暖装置是冬季客车运行中为旅客创造车厢内适宜的温度，以满足旅客冬季旅行需要而设置的。目前，非空调客车主要采用燃煤锅炉独立温水取暖装置，在新型客车上则采用电热取暖装置。

（一）燃煤锅炉独立温水取暖装置

燃煤锅炉独立温水取暖装置是利用安装在每一辆客车内的燃煤温水锅炉，将水加热后送入车内散热后，通过温水在锅炉与散热管之间不断地流动循环，达到提高车内温度的目的。由于这种取暖装置的各部件都装置在一辆客车内，温水仅在一辆车的循环系统内循环，与机车及其他客车无任何联系，因而称为独立温水取暖装置。

（二）电热取暖装置

电热取暖装置是一种新型的、比较先进的取暖方式。这种方式基于电流热效应原理，利用电热器通电后，将电能转变为热能使车内空气温度升高，因此这种取暖方式热效率高、工作可靠、容易控制和调节发热量，同时使用的取暖装置结构简单，并能按需要分散布置。但这种供暖方式耗电量大，因此电热取暖装置通常用于电气化铁道接触网供电的列车和由发电车集中供电的整列全空调列车上。

在严寒地区，单靠热风取暖满足不了要求，还必须采用其他地面式的取暖设备对客室内热损失进行补偿。在由发电车集中供电的新型空调客车上，采用电加热器进行热损失补偿。电加热器分散安装在客室、走廊、洗脸间、厕所等内侧墙下端。为了使用安全，在电加热器上安装安全外罩。操作电流配电箱的相关开关、按钮，电流通过电加热器，使将车内空气加热，使车热保持一定温度。

在使用电加热器取暖时必须注意：

（1）电加热器不能淋水，特别是洗脸间、厕所内的电加热器更应注意防水。

（2）不得将物品堆放在电加热器的外罩上。

（3）不能将纸屑、棉丝等易燃物品塞入外罩内，以免引起火灾。

（4）更不能用力踩踏外罩，以免引起漏电或其他事故。

三、客车电气装置

铁路客车的电气装置（简称“车电装置”），是为旅客旅行生活提供必要的照明、空调和其他用电需要而设置的一套电气设备，由供电设备（包括电源和控制设备）、用电器、电气附件及车体配线等组成。

客车一般采用的供电方式有车轴发电和集中式供电两类。

（一）车轴式供电

车轴式供电就是在客车的底架或转向架上吊挂发电机，通过皮带与安装在车轴上的皮带轮连接，当列车运行时，车轮滚动，由皮带带动发电机转动而发电，供车上各种电气负载使用，并使蓄电池充电。当列车停靠时，车轮不动了，发电机就不再发电，此时利用蓄电池供电。

（二）集中式供电

新型空调客车采取的供电方式是集中供电，就是在列车中的某一节车厢内设置发电站或在列车上设立变电站，向整个列车供电。

四、客车通风装置

为了使客车车厢内有充足的新鲜空气，客车都装有通风装置。

通风装置有自然通风装置和机械强迫通风装置两种。普通客车一般采用自然通风装置，具有结构简单和制造、维修方便等优点。新型空调客车则采用机械强迫通风装置，这是一种比较完善的通风系统。

（一）自然通风装置

自然通风装置是指圆柱形立式通风器（又称切式通风器），安装在车体顶部侧板上，由变向器和连接筒等组成。变向器呈圆柱形，能接受任何方向的风力；调节器包括调节器体、调节板和调节手柄，通过转动调节手柄可以得到全开、半开、关闭三个位置，以调节通风断面大小，控制通风量。

（二）机械强迫通风装置

机械强迫通风装置由通风机组、空气通道、送风口、进风口和滤尘器等组成。这种装置利用通风机造成的空气压力差，借助空气管道输送而达到通风换气的目的。

五、客车空气调节装置

《铁路旅客运输服务质量规范》（列车部分）中关于客车空气状态的要求：有空调设备的室温在夏季为26～28℃，在冬季为18～20℃。人体感觉舒适的空气湿度为30%～

70%，而这样的列车环境只有客车空气调节装置才能实现。

空气调节是指把经过处理之后的空气，以一定方式送入室内，使室内空气的温度、相对湿度、气流速度和清洁度等控制在适当范围内。一般来讲，客车空调装置由通风系统、空气冷却系统、空气加热系统、空气加湿系统和自动控制系统组成。

项目训练

【训练目的】

做到教、学、做一体化，提高学生运用理论知识解决实际问题的能力。

【训练内容】

分小组运用该任务相关知识进行角色扮演，介绍动车组列车内部基础设施、服务设施，落实现场处理主要环节，各小组派代表进行总结汇报。

【考核标准】

小组互评，教师点评。评分标准为百分制（10分一个等级，如100分、90分、80分等）。

复习思考题

1. 动车组列车内部设施包括哪些？
2. 动车组列车内部服务设备主要包括哪些？

单元2.3　旅客列车安全设施

相关知识

动车组旅客列车安全设施主要包括如下。

一　灭火器

各型车每节车厢均配备1个干粉灭火器和1个手提式水雾灭火器。配备具体位置各车型有所不同，基本都在车厢端部方便拿取的地方。

干粉灭火器由于充装干粉灭火剂不同，适用场所也不同。碳酸氢钠和碳酸氢钾干粉灭火器适用于扑救易燃液体、可燃气体的初期火灾；磷酸铵盐干粉灭火器除可扑救上述物质的初期火灾外，还可扑救固体物质的初期火灾。总之，干粉灭火器适用于扑救石油、石油产品、油漆、有机溶剂和一般电气设备等火灾。

手提式水雾灭火器可扑灭A类（可燃固体）、B类。（可燃液体）、C类（可燃气体）及电器火灾，保质期3年。该灭火器具有抗3.6万V电压的特点，是现阶段比较适合铁路电气化区段的新型灭火器。使用方法与干粉灭火器相同。扑灭电器火灾时，灭火距离不少于1m。灭火后处理现场时，必须切断电源。

灭火器使用方法（图2-21）：取出灭火器并检查其功能是否良好；拔取保险销；左手

握住喷管将喷嘴对准火源根部，右手提着压把用力压下压把，左手拿着喷管左右摇摆，喷射干粉覆盖燃烧区，直至把火全部扑灭。

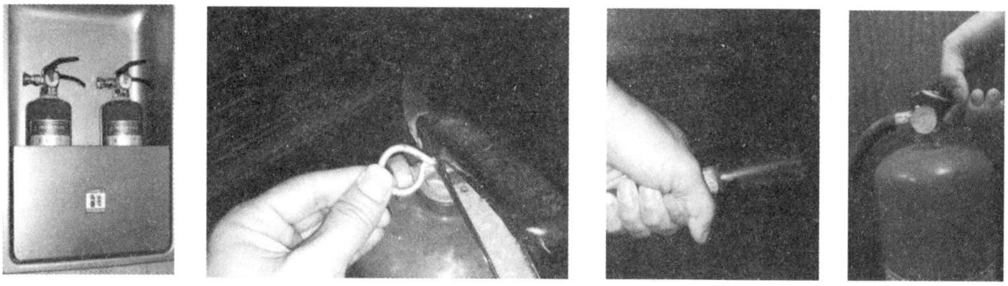

a) b) c) d)

图 2-21 灭火器使用方法

在判断灭火器有效性时，查看有效期以及压力表指针指向：当压力表指针指到红色部分时，说明瓶内压力不够，灭火器不能正常使用；当压力表指针指到黄色部分时，说明压力过大（指针不得超过黄色部分的 1/2 处），容易发生危险；当压力表指针指到绿色部分时，说明灭火器正常。

二 紧急停车装置

动车组列车都配备紧急停车装置，具体位置和性能及使用方法不尽相同。

当列车发生火灾等紧急情况需停车处理时，按下“紧急停车”按钮，蜂鸣器报警以及司机室和乘务员室的 MON 显示屏显示报警信息，司机根据情况进行停车处理。同时，乘务员应通知列车长、随车机械师、公安乘警赶赴现场，进行处理。

（一）紧急制动阀如何使用

当动车组列车发生紧急情况需要停车时使用，使用时先打开防护罩（有的没有），不必先行破封，只需直接将手柄向下拉至底部，列车停稳后应将紧急制动阀上提复位。

（二）紧急停车装置的设置位置

CRH_2 型动车组在各车厢客室门上方显屏左边，有紧急制动按钮和防火应急按钮。

CRH_3 型动车组列车紧急停车装置设在 1～8 车车厢内一、二位端各 1 个，1、8 车观光室各 1 个，4 车乘务室内 1 个，每组列车设置 19 个。

CRH_5 型动车组的紧急制动阀设置在列车客室两端短座席对面的墙壁上。

CRH380A 型动车组列车紧急停车装置设在乘务员室和机械师室各 1 个，共 2 个。使用时不必先行破封，打开保护盖，拉下紧急制动。在动车组完全停车前，不得松手，迫使动车组就地制动。

CRH380AL 型动车组列车紧急停车装置设在乘务员室和机械师室各 1 个，共 2 个。使用时不必先行破封，打开保护盖，拉下紧急制动，在动车组完全停车前，不得松手，迫使动车组就地制动。

CR400AF 为应对突发状况，在车辆内部界面设置了紧急制动操作设施，主要分为旅客紧急报警装置、乘务员室紧急制动拉闸和监控室（机械师室）紧急制动拉闸。

不同型号动车组列车紧急制动装置如图 2-22 所示。

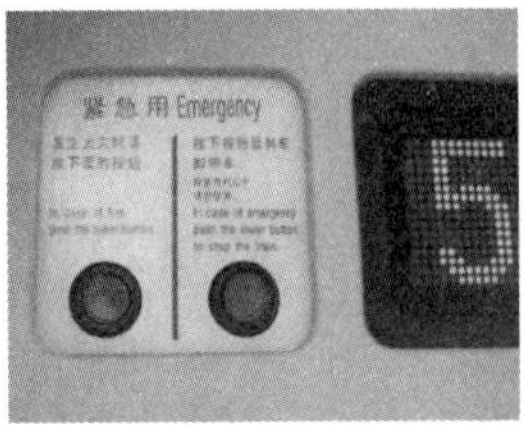

a)CRH_2 型紧急制动按钮

b)CRH_2 型紧急制动阀

c)CRH_3 型紧急停车装置

d)CRH380AL 型紧急停车装置

e)CR400AF 型紧急制动装置

图 2-22　紧急制动装置

三　紧急用梯子

在紧急情况下要将旅客疏散到地面上时，需要使用应急梯。在动车组运行中途因故障不能继续运行时，将旅客从故障动车组上转移至相邻线路上的列车时使用，或者在必要时旅客可以从列车上下到站台上。它们既可用作一个桥来连接停靠在旁边的列车，也可以用作一个梯子下到地面上。

（一）使用方法

（1）取出应急梯，放到指定位置。

（2）打开车门。

（3）架设应急梯。

（4）确认稳固。

（5）专人防护。

注意：使用应急梯时，列车员必须先下车，协助旅客安全下车疏散。

（二）应急梯的配备数量和位置

CRH_2 型动车配备 2 套应急梯，放置在 1、8 车司机室或 7 车备品柜内，列车需向车下疏散旅客时使用，使用时由随车机械师协助将伸缩梯打开，固定放好，列车员做好防护。

CRH_3 型动车配备 1 套应急梯，放置在 4 车二位端逃生梯室内。

CRH380A 型动车配备 2 套应急梯，放置在 1、8 车备品柜各 1 套。

CRH380AL 型动车配备 2 套应急梯，放置在 1、16 车备品柜各 1 套。

大编组动卧全列共配备 4 套应急梯，分别放置在 4 车二位端 1 个，8 车二位端 2 个，12 车二位端 1 个。

动车组列车应急梯如图 2-23 所示。

图 2-23　紧急用梯子

四　紧急逃生窗及紧急破窗锤

紧急破窗锤是在紧急情况供旅客逃生使用的。每节车厢四角均设有逃生窗，用于突发紧急情况需要迅速组织逃生时作为疏散通道。

（一）使用方法

当列车发生火灾爆炸等紧急情况时，等列车停稳后选择没有线路的一侧，握住紧急破窗锤把手，用力向外侧拔出，拔出时铅封即开，对准紧急逃生窗上击打位置标记或车窗玻璃，用力击打，利用把手外侧将未完全脱落的玻璃推向车体外侧，操作时注意手的安全。

（二）紧急破窗锤配备数量和位置

CRH_2 全列共 32 个，放置在各车厢两端两侧墙壁上共 4 个，每节车厢四角的车窗玻璃可以击碎。

CRH_3 全列共 42 个，放置在 8 车四角，4 车座席区四角各 1 把，其余车厢四角及中部各 1 把。

CRH_5 全列共 32 个，放置在各车厢行李架两端两侧共 4 个，餐吧车在餐吧区两侧墙壁上设置两个，客室行李架两端两侧各 1 个。

CRH380A 全列共 32 个，每节车厢内两端角部共设置 14 个紧急破窗锤。

CRH380AL 全列共 65 个，分别位于 9 号车四角及中部各 1 把，其余每车座席区四角各 1 把。

大编组卧铺动车组全列 52 个，软卧 3 个设在每节车厢走廊的墙壁上，软座 4 个设在车厢四角的墙板上，餐车 5 个，车厢走廊 1 个，车厢四角各 1 个。

紧急逃生窗、紧急破窗锤、位置标记如图 2-24 ~ 图 2-26 所示。

图 2-24　紧急逃生窗

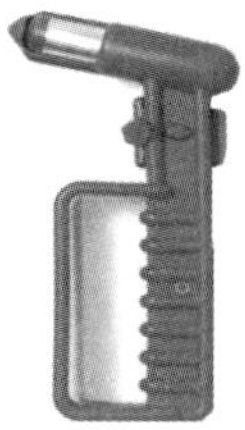

图 2-25　紧急破窗锤

图 2-26　位置标记

五　安全渡板

遇动车组列车发生故障，需要将旅客从故障动车组转移车相邻线路的动车组时使用，实现故障动车组上的人员平移到救援动车组。

（一）使用方法

使用时取出渡板，拿到指定位置，由随车机械师协助将伸缩渡板打开，旋紧旋钮加固，把防护栏装置好（防护栏为绳状装于防护杆上）固定于渡板上的槽内，确认支撑牢固，架设渡板连接两车，两端加固防护，乘务员做好防护。

注意：过渡板梯身自带扶手，向上拉起，用套管将扶手固定即可。

（二）配备数量和位置

CRH_2 型动车组配备 2 套过渡板，按规定分别放置在 3 车和 7 车备品柜内。

CRH_3 型动车组配备 1 套过渡板，放置在 4 车二位端逃生梯室内。

CRH_5 型动车组不配备过渡板。

CRH380A 型动车组配备 2 套过渡板，按规定分别放在 3 车和 7 车备品室内。

CRH380AL 型动车组配备 4 套过渡板，按规定分别放在 4 车、8 车、10 车、15 车备品室内。过渡板如图 2-27 所示。

a)

b)

图 2-27　过渡板

六　防火隔断门

使用具备防火性能的不锈钢材质，发生火灾时，阻止或延缓火势蔓延隔断起火车厢与其他车厢时使用防火隔断门，最长阻燃时间为 15min。

当需要隔离起火车厢时，拽出隐藏在车辆连接处两侧的防火隔断门，关紧并使用车钥匙加锁。当使用防火隔断门时，必须确认需要隔离的车厢内所有人员已全部撤离方可锁闭隔断门。防火隔断门如图 2-28 所示。

a)

b)

图 2-28　防火隔断门

七　站台补偿器

为防止旅客上下车时跌落或携带品掉落高站台，动车组在车门踏板装有一个电驱动可伸缩站台补偿器，用于搭接在高站台和门口之间。站台补偿器位于车门踏板边缘，列车停稳开门后，站台补偿器自动伸出或落下，补充站台与车体之间的空隙，防止旅客下车时因踩空发生意外。

使用方法：站台补偿器应随车门开启或关闭自动落下或收起，自动装置故障时应使用手动开关。手动落下时，使用钥匙手动打开补偿器，站台补偿器方可落下；手动收起时，需用手将补偿器搬起并不得松手，同时用钥匙将手动开关闭即可，此操作必须在车门关闭前完成，否则车门无法关闭。CRH_3 型动车组、CRH_5 型动车组列车设置站台补偿器。站台补偿器如图 2-29 所示。

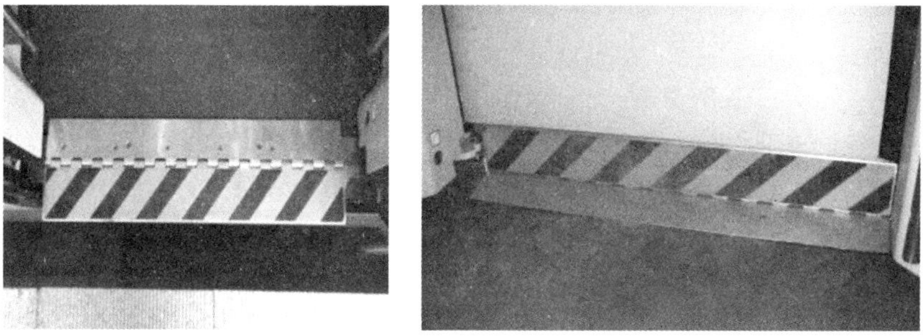

a)　　b)

图 2-29　站台补偿器

八　卫生间紧急按钮

残疾人在如厕时如需要紧急求助，可按下座便器一侧或内门上的“SOS”（残疾人紧急求助）按钮。紧急呼叫显示在机械室、司机室或乘务员室显示屏内，同时机械室（司机室、乘务员室）和车厢内扬声器会发出提示音，再次按下“SOS”按钮，可取消紧急呼叫。卫生间紧急按钮如图 2-30 所示。

a)　　b)　　c)

图 2-30　卫生间紧急按钮

九 紧急通风装置

遇动车组发生断电空调系统故障时，紧急通风装置可以通过蓄电池供电，使客室内的通风换气系统能继续正常运转。用来维持车内空气流通。

CRH_2 型、CRH380A 型、CRH380AL 型动车组在一位端及二位端备品柜内侧墙壁上设开风口，在开口位置设有气密阀机构、风机及通风格栅，CRH_3 型动车组设置在每节车厢顶棚处。紧急通风装置如图 2-31 所示。

CRH_2 型、CRH_3 型动车组最长可维持 30min 的车内通风，CRH380A 型、CRH380AL 型动车组持续时间约为 2h。

十 气密窗

气密窗供机械师瞭望时使用。气密窗如图 2-32 所示。

a)

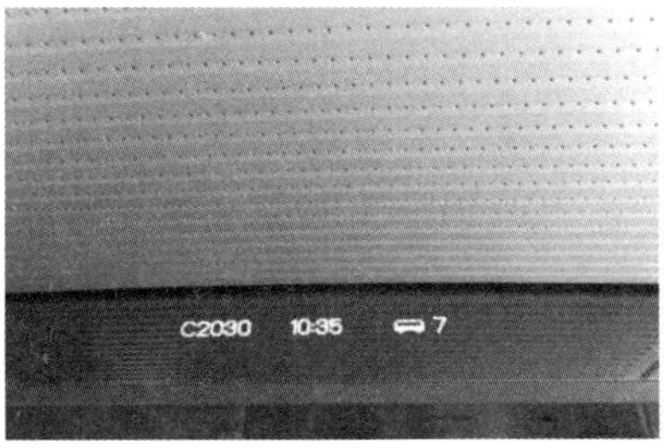

b)

图 2-31 紧急通风装置

十一 烟雾报警器

烟雾报警器的主要功能是烟火报警主机通过电流环与终端装置通信，将每个感烟探头的状态发送给终端装置，起到报警和及时应对的作用，这些信息并应在随车机械师室的显示屏上显示。烟雾报警器分布贯通整列车，在司机室、乘务员室和厕所内、客室区、厨房区域车顶上设有探测器。

动车组列车上吸烟会引发烟雾报警器报警，造成临时停车，影响本列动车组的运行秩序，甚至影响后续列车的运行秩序，使旅客不能正点到达；而且未熄灭的烟头，投放在垃圾箱或其他处所易引发火情，危及旅客人身财产安全。所以，动车组各部位均不允许吸烟。烟雾报警器如图 2-33 所示。

图 2-32 气密窗

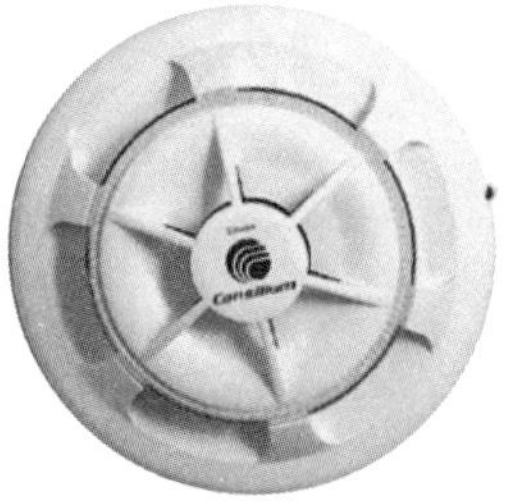

图 2-33 烟雾报警器

十二 应急照明灯

应急照明灯的目的是用于在事故、灾害（特别是火灾）的情况下的照明。在火灾工况时需要强制切断非消防电源，以防止发生电气火灾，扩大火灾范围。应急照明灯可用于紧急情况下的逃生、疏散照明。

十三 防护网

安全防护网目的是在动车组空调失效时，解决车内通风透气时安装的一种防护措施。动车组列车空调失效超过20min，需要开门通风时，必须安装防护网加以防护。防护网如图2-34所示。

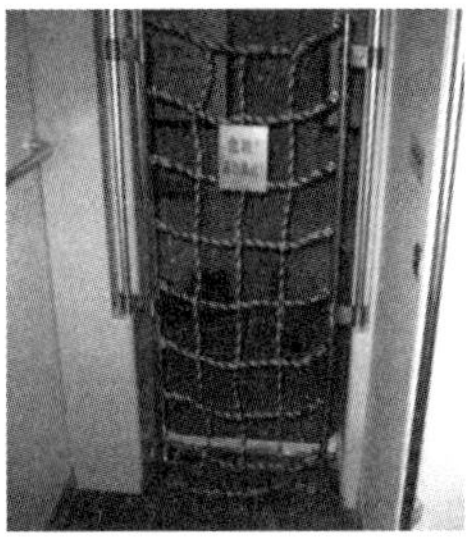
a)

b)

图2-34 防护网

（一）使用方法

（1）打开防护网。

（2）检查防护网状态。

（3）固定防护网。

（4）随车机械师确认。

（5）开启车门。使用时必须由随车机械师确认是否安装牢固。

（二）配置数量和位置

CRH_2 型车配备8套安全防护网，分别放在3车、7车的备品柜内，各放4套。

CRH_3 型车配备8套安全防护网，放在4车逃生梯室内。

CRH_5 型车配备8套安全防护网，分别放在1车、8车的备品柜内，各放4套。

CRH380A型车配备8套安全防护网，放在5车备品室内。

CRH380AL型车配备20套安全防护网，分别放在4车、9车备品室内。

大编组卧铺动车组全列共配备16套安全防护网，分别放在4车5套、8车5套、12车6套。

案例分析

男子动车上躲到厕所吸烟导致列车缓行被处罚

一、事件描述

2019年2月26日14时左右，扬州站派出所接到D5522次列车长的电话报称，一名男性旅客在5号车厢内厕所吸烟，请派出所派民警将其带下车处理。据了解，47岁的王某是东北人，烟龄几十年。当日13时20分，他从南京站乘坐D5522次列车到扬州。上车后，因为购买的是无座席票，一直站在5号车厢和6号车厢的连接处。列车临近扬州站时，他烟瘾犯了，由于广播一直在循环播放列车禁烟的安全提示，王某不敢贸然在车厢抽，于是想到了厕所。王某在5号车厢的厕所内点燃了香烟，开始吞云吐雾，很快烟雾扩散触发了烟雾报警系统，导致列车自动降速缓行。列车长找到王某的时候，王某当即就承认了自己的吸烟行为，但否认听到报警，称没有想到后果这么严重。

二、事故原因

因为动车组列车运行速度快、车厢全封闭，车上的机车车辆设备对烟、明火非常敏感。为保障运行的安全，列车上安装多个烟雾报警器，一旦触发报警，列车将会自动减速运行甚至紧急停车。

三、现场处置

最终，王某被依法处以500元罚款并接受安全教育。依据《铁路安全管理条例》有关规定，在高速铁路动车上或者在其他列车禁烟区域吸烟，将被处以500～2000元行政罚款。旅客吸烟导致列车出现火灾等严重后果的，还将被依法追究刑事责任。

拓展阅读

旅客列车安全设施

一、旅客列车制动设施

列车制动，泛指运行中的列车经操纵或启动制动装置后，使列车停止运行的一种状态。旅客列车的制动系统，一般分为正常制动和非正常制动。正常制动是指司机使列车正常减速或停车的列车制动。非正常制动包括司机操作的紧急制动、自动停车装置启动后的紧急停车、有关列车员使用紧急制动阀或手制动机迫使列车停车等多种状态的列车制动。

（一）旅客列车正常制动

旅客列车正常制动的相关要求：牵引机车、编入的车辆必须达到运用状态。旅客列车在客车整备所检修作业、出库前以及始发站出站前，应按规定进行列车自动制动机实验。在列车运行中，遇列车在区间内停车防护、列车分部运行或紧急制动停车后再启动前，司机都要进行制动机试验。此外，不同的运行速度条件下紧急制动距离也不同。

（二）旅客列车非正常制动

列车运行需要采取非正常制动措施的，往往是遇到了突发性、临时性且对列车运行产生了一定影响，有时甚至还具有严重的危险性，如发生自然灾害、行车设备故障、列车火灾、有人或物体进入轨道以及列车违章行驶等。

1. 列车员使用紧急制动阀

为确保旅客列车运行安全，每辆客车内均设置了紧急制动阀和风压表，并保持作用良好。车辆部门定期进行检查、校对、施封。

列车员应对紧急制动阀熟知，必须知道其位置性能，同时应会正确使用，以确保旅客列车的安全。紧急制动阀一般位于乘务间门边的板壁上，如图2-35所示。

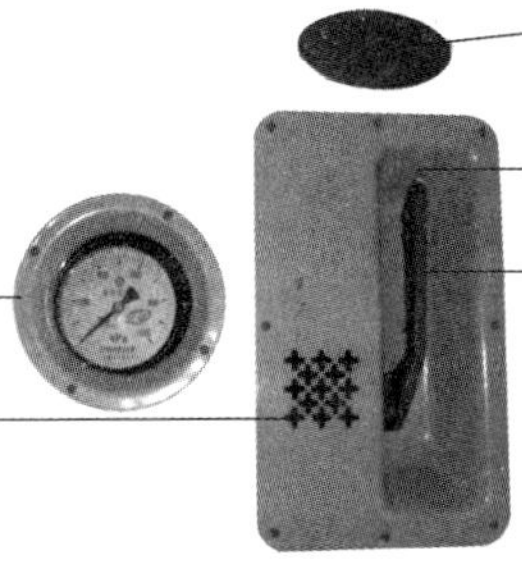

图2-35 紧急制动阀

当发现下列危及行车和人身安全发情形时，应使用急制动阀停车：

（1）车辆燃轴或重要部件损坏。

（2）列车发生火灾。

（3）有人从列车上坠落或线路内有人死伤（特快旅客列车不危及本列车运行安全时除外）。

（4）能判明司机不顾停车信号，列车继续运行时。

（5）列车无任何信号指示，进入不应进入的地段或车站。

（6）其他危及行车及人身安全必须紧急停车时。

紧急制动阀的使用方法：不必先行破封，立即将阀手把向全开位置拉动，直到全开为止，不得停顿和关闭；如果是弹簧手把，在列车完全停车以前，不得松手；在长大下坡道上，必须先看压力表，如压力表指针已由定压下降到100kPa时，不得再行使用紧急制动阀。

当遇到列车发生火灾爆炸事故时，应注意使列车停在安全地带；当遇有上下行线路疏散旅客时，应注意避开邻线来车，打开另一侧车门疏散旅客，防止邻线来车发生意外。为救护方便应避开桥梁、隧道以及线路两边建筑物，以防止火源蔓延，便于旅客疏散。

2. 列车员使用手制动机

客车手制动机的操作手柄，一般设置在车厢一端，并涂成醒目红色，在其上方墙板上涂印或钉固“危险勿动”标记或警示牌。

当列车运行途中遇自动制动机故障时，司机应通知运转车长（无运转车长时为列车长），运转车长（列车长）根据机车鸣笛三短声的信号要去，立即组织列车员拧紧（顺时针旋转）全列的手制动机，保证列车就地制动，如果机车鸣笛两短声，则要求列车员缓解（逆时针旋转）手制动机。

二、旅客列车报警设施

为保证旅客列车运行安全，当列车出现事故隐患或发生危险时，列车上的报警设施或列车员利用汽笛、口笛、广播等立即向列车发出警报信号，以便列车员迅速组织，及时妥善处理，防止事故发生或最大限度地降低事故损失。

（一）轴温报警器

轴温报警器是一种以感温探头装置持续监测车辆轮轴外表温度，当温度达到规定限度时，传输轮轴高温信息并同时发出音响警报，以提示作业人员预防热切事故的重要设施。

轴温报警器位于乘务间内配电箱处，如图2-36所示。当轴温高于车外气温40℃时，通过声响和屏幕闪烁报警，一旦轴温报警器报警列车员要立即通知车辆乘务员或列车长。

列车运行途中，轴温报警器应始终保持通电状态。为保证设备良好，非专业人员不得随意操作和拆卸轴温报警器及其相关配件。

（二）漏电报警器

我国普通客车中有相当一部分采用直流48V电压制，停车由蓄电池供电、开行由发电机供电，电压常在44～64V浮动。客车编入列车后，各供电系统一般为全列并联。由于负线漏电起火而烧毁客车的事故时有发生，现在旅客列车上采用的漏电报警器就是为了探测各车电线线路是否漏电而研制的。漏电报警系统显示界面如图2-37所示。

图2-36　轴温报警器

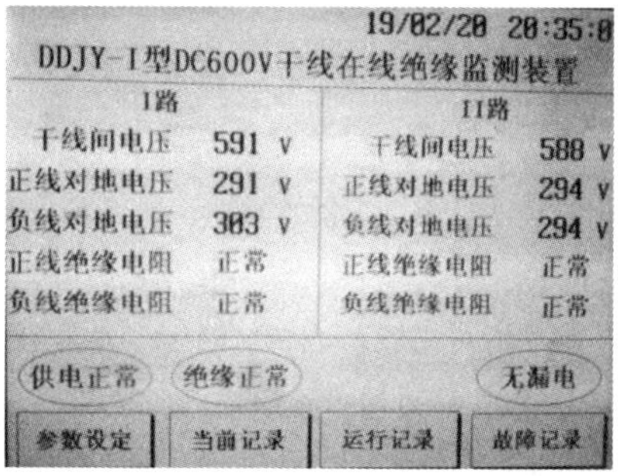

图2-37　漏电报警系统显示界面

漏电报警器一般安装在48V供电客车配电盘的中间位置，4只发光二极管（2红2绿）明显凸于盘面，当关上配电盘面门，合上主电源开关后，2只绿色二极管全部点亮，说明漏电器工作正常，线路绝缘良好。但由于客车供电线路破损裸露、电器松脱、设备老化等原因，导致发生客车供电线路短路、接地等非正常供电工作时，漏电报警器面盘显示红绿色灯光交替闪烁信号，同时发出音响报警，以提示有关工作人员迅速查处设备故障，消除隐患。

列车运行途中，当客车漏电报警器报警时，列车员应立即向车辆乘务员或列车长报告。车辆乘务员发现或接到漏电报警报告后，应迅速地仔细检查、认真判断，确认引起报警的车辆及故障位置，准确处理。

项目训练

【训练情境】

×年×月×日×时，由××站发出的某次动车组列车，运行到××到××区间时，突发故障停车，空调失效。

提示：

（1）故障短时不能排除、空调失效超过20min，列车长与司机、随车机械师沟通后决定打开运行方向左侧（无会车侧）的1、3、5、7号车厢车门，安装防护网。

（2）安装防护网、打开车门由列车长组织列车员进行，司机、随车机械师配合。安装防护网时两人一组，相互配合。

（3）1h 后，故障排除、空调恢复，关闭车门，组织列车员拆除防护网并交由随车机械师保管。

【训练目的】

做到教、学、做一体化，提高学生运用理论知识解决实际问题的能力。

【训练内容】

分小组运用该任务相关知识进行角色扮演，模拟动车组列车空调故障情境进行训练，落实现场处理主要环节，各小组派代表进行总结汇报。

【考核标准】

小组互评，教师点评。评分标准为百分制（10 分一个等级，如 100 分、90 分、80 分等）。

复习思考题

1. 动车组列车上的安全设施有哪些？
2. 简述站台补偿器的功能及使用方法。
3. 简述烟雾报警器的功能。
4. 简述防护网的功能及使用方法。

模块3

旅客列车列车员基本要求

内容描述

铁路运输属于服务行业，无论产品是什么，归根结底都是为人民服务。如何能在工作中体现出服务行业的特点，是对从业人员的基本要求。本模块主要介绍了：客运服务的内涵、特点及服务原则；旅客列车乘务组的组成和职责分工；旅客列车乘务组的乘务制度和工作制度；旅客列车日常礼仪规范；列车服务工作的技巧；客流高峰期的旅客服务。

教学目标

1. 能力目标

能了解客运服务的内涵、特点及服务原则；能完成乘务岗位的岗位职责；能掌握接待旅客的基本常识；能准确使用列车员的日常礼仪规范；能掌握旅客列车突发情况的处理技巧；能掌握高峰期客流的特点及服务方法。

2. 知识目标

了解铁路客运服务内涵及特点；掌握旅客列车乘务组的组成和职责分工；掌握接待旅客的基本常识；掌握旅客列车员的日常礼仪规范；掌握旅客列车服务及处理特殊情况的技巧；掌握客流高峰期旅客服务方法。

3. 素质目标

通过学习动车组列车列车员的基本要求，进一步提升学生的业务技能与综合服务能力，满足当前旅客对列车乘务服务的要求。

案例导入

“爱心”列车情暖春运

2019年2月22日，由襄阳客运段担当的十堰至广州K644次列车从湖北省谷城开车后不久，列车长贾艳荣像往常一样开始巡视车厢，当走到6号车厢时，一名拿着无座车票的中年女士找到贾车长寻求帮助，希望能为她患病的丈夫补一张卧铺票。

原来旅客姓邓，一家人在谷城务农，丈夫一年前被确诊为脑瘤，由于恶化必须立即前往广州治疗；她的孩子患有唐氏综合征。没有稳定收入来源的他们，为了治病全家已欠债几十万元，家境十分困难。为了节省开支，一家三口只买了无座票，但是担心丈夫受不了长时间乘车的劳累，邓女士决定为丈夫补一张卧铺票。

贾车长在得知了相关情况后先将他们安置到餐车坐下休息，并让列车值班员优先为邓女士补办卧铺票，当看到邓女士从包里掏出一把褶皱的零钱时，贾车长心中泛起一阵酸楚，想到邓女士一家的不易，她决定帮助这位大姐。她没有立即为邓女士补票，而是推着轮椅将邓女士一家带到了空余卧铺休息，并破例允许邓女士陪同看护。随后便与副车长潘汉香商量，发动列车员为这一家人募捐。得知情况的列车员们，纷纷伸出了援手，不一会贾车长便收到了大家的募捐款600多元。当贾车长把用捐款为邓女士补办的卧铺票和余下的300元交到邓女士手中时，邓女士忍不住内心的激动，泪水夺眶而出。一路上，贾车长不仅叮嘱列车员多关注帮助邓女士一家，还为他们送来了热气腾腾的饭菜和新鲜的水果。

2月23日，当列车到达广州站后，贾车长和同事们一起帮助邓女士将行动不便的丈夫送上站台办理交接，此时的邓女士忽然拉住贾车长的胳膊不放手，连声感谢贾车长及工作人员对他们一家人的关心照顾。这一幕感动了很多人，在场的旅客都对现场的工作人员竖起了大拇指。

对于贾车长来说，这只是多少年春运中再平常不过的一次出乘，她也深知对于邓女士一家的帮助改变不了他们现实的困境，但正是这份情意，却体现了客运人的价值所在，这也让寒冬中的春运显得暖意浓浓。

（来源：武铁新闻）

单元3.1　旅客列车客运乘务工作概述

相关知识

一　铁路客运服务的内涵及特点

（一）铁路客运服务的内涵

铁路旅客运输的“产品”，就是旅客的“位移”。在旅客从甲地到达乙地的旅途过程中，铁路职工提供的运输和服务与旅客对旅途和服务的消费是同时进行的。可见，铁路客运服务，就是通过列车员向旅客提供一定的劳动，即提供安全、迅速、舒适的服务，满足其旅途中的愿望和旅途生活方面的需要。

铁路客运服务又分为有形服务和无形服务两大类。其中，有形服务包括车站的售票服务、检票服务、引导进站服务等；无形服务主要指列车员的思想品德、职业道德、社会公德、礼貌修养、言谈举止、服务精神、工作态度等。

乘车旅行，理应享受铁路客运部门热情的服务，做好服务工作是客运职工应尽的职责，少数职工把旅客服务看作是一种给予和付出，这种认识是极不正确的。随着改革发展，法制建设也在不断完善，每个客运职工都应该清醒地认识到旅客也是消费者，凭票乘车旅行，理应得到相应的服务，消费者的合法权益应受法律保护。谁侵害了旅客的合法权益，不仅仅是路风问题或服务态度问题。为此，每一位客运职工不但要本着为人民服务的宗旨全力做好服务工作，还应该把服务思想上升到旅客也是消费者这个高度来认识问题，每一位客运职工都应尽心尽力、尽职尽责地工作，这是宗旨的要求、职务的要求，也是作为消费者的旅客的要求。

（二）铁路客运服务的特点

铁路客运的服务方式灵活、人性化，主要具备以下特点：

(1) 为旅客提供安全、舒适、快捷、准时、优质的服务是铁路服务的主要特点，列车员言谈举止的严格规范、服务态度的好坏直接影响国内外旅客乘坐中国铁路列车的第一印象，从这个角度也可以说列车员的服务水平在一定程度上体现了国家形象、民族素质。

(2) 铁路乘务服务是反映铁路旅客运输质量的窗口，它直接代表着中国铁路的新形象。在激烈的市场竞争中，列车员服务质量的好坏直接关系到铁路的专业品牌形象和良好的社会声誉。

(3) 列车员服务的对象是来自不同国家、不同地区、不同文化层次、不同职业、不同年龄、不同地位、不同风俗习惯的旅客，因为其服务内容的特殊性以及要满足国内外不同旅客的多样化需求，要求列车员必须具有较高的自身文化修养，掌握丰富的铁路专业知识、礼仪规范与服务技巧。

二 高速铁路乘务服务的基本原则

（一）旅客至上

随着市场经济的不断深入，铁路运输企业面对的是一个竞争的运输市场，铁路服务必须树立“旅客至上”的理念。高速铁路列车员要变“以我为主”为“以客为主”，真正地从内心深处把旅客当成我们的“衣食父母”。同时，称旅客为“上帝”，是对旅客的尊重，突出旅客在铁路运输企业中重要和特殊的地位。作为“上帝”，无论什么种族、什么性质和性格的旅客，满足其服务要求是我们服务的第一任务。因此，在实际工作中，按章办事要做到有礼、有仪、有节，学会尊重旅客，一切为了旅客。

（二）用心服务

铁路运输每天要接待数以万计的旅客，特别是春运、节假日等特殊时期，旅客出行的人数更多，如何在繁杂劳累的工作中保持良好的服务礼仪，必须从内心去感受和体会礼仪服务的重要性和必要性，养成礼仪服务的职业习惯，做到服务发自内心。同时，用心服务还包括通过各种方式获知旅客的需求信号，主动了解服务需求，并提供及时、恰当、满意的服务，以满足旅客的高期望值。

（三）持之以恒

服务礼仪作为规范化服务的重要内容之一，不会自发形成，而是需要进行岗位培训，规范岗位纪律和要求。为此，动车组站车服务人员要善于保持心理平衡，维系一种良好的服务心态，才能将职业要求逐步形成职业习惯，并持之以恒。只有长久地保持良好的服务礼仪，才能从根本上形成良好的服务规范。

三 高速铁路乘务服务心理

（一）列车员服务心理的基本原则

1. 服务的内涵

服务的内涵即尊重他人，理解他人。很多矛盾冲突往往是由于在双方交际的过程中缺乏对彼此的尊重所造成的。例如，列车员对有意见的乘车旅客反唇相讥，拿旅客的言行当谈资，以貌取人，造成旅客对列车员服务态度的投诉等。因此，列车员首先要学会尊重旅客，从旅客的角度看待和处理问题。

2. 热情待客

列车员在工作中不仅不能怠慢、排斥、挑剔旅客，而且应当积极、热情、主动地接近旅客，淡化彼此之间的戒备、抵触和对立的情绪，将旅客当作朋友来看待。

3. 重视旅客

列车员对旅客的尊重应表现为认真对待旅客，并且主动关心旅客的需求和感受。

4. 赞美旅客

列车员应善于捕捉旅客的优点并发自内心地加以赞美。从心理学的角度来讲，每个人都希望自己能够得到他人的欣赏与肯定，获得他人的赞美，就是对自己最大的肯定。

（二）高速铁路列车员的角色定位

（1）列车员是旅客的秘书，大部分旅客对动车组设施设备和服务内容没有列车员清楚，列车员所应该做的就是向旅客耐心解释和热情服务，消除旅客的疑虑，为旅客提供满意的服务。

（2）旅客是铁路及列车员的衣食父母，列车员的工作职责就是为旅客提供满意的服务，让旅客感觉到“宾至如归”，想旅客之所想、急旅客之所急，这样才能提升旅客的满意度和信任度。绝不能对旅客不理不睬，置若罔闻。

（3）列车员还应根据所在行业的服务特点，在服务内涵方面准确定位，按照社会对自己所应扮演的既定角色的常规要求、限制和看法，对自己的形象进行设计。

（三）高速铁路列车员的服务意识

（1）服务意识是指满足旅客潜在需求的服务能力。列车员能否及时、准确地发现旅客的潜在需求，列车员主动关注旅客，学会察言观色，主动与旅客沟通，通过旅客的言行举止来发掘旅客的潜在需求，主动地并尽可能满足旅客的要求。

（2）积极主动地为旅客着想。列车员身负为旅客服务的责任，应该积极主动地想旅客之所想，为旅客排忧解难。

（3）耐心周到地为旅客服务。列车员应该根据不同旅客的性格特点，耐心地为旅客办理业务、解答咨询，用心为旅客服务。

（四）高速铁路列车员的服务心态

很多列车员在旅客服务的过程中受到旅客的情绪波动或由于生活中不顺心的事情而影响了为旅客服务时的态度和质量，牢骚满腹，甚至将不高兴的情绪传递给旅客，必然会对旅客的感受产生影响，导致旅客不满意。我们应清醒地认识到为旅客服务好是每一位列车员的基本职责，不应该把自己的不良情绪带到工作中来，不能影响铁路对外的形象。遇到这种情况时，如果列车员不积极调整自己的情绪，没有大局观念，就会直接影响到旅客的满意度。

（五）高速铁路列车员的服务技能

（1）列车员应该掌握的基本技能包括服务礼仪、专业知识、业务技能等。

（2）对于一名列车员来说，仅仅具备很好的工作态度和服务意识是不够的。如果不具备工作职责所要求的基本技能，就不能很好地为旅客服务，工作中出现的差错同样是造成旅客投诉非常重要的因素。

（六）高速铁路列车员的自我改进

（1）铁路运输行业在日益激烈的市场竞争的环境下，企业之间产品和服务日趋同质化，服务的创新已成为各企业争取和挽留旅客的有力武器。列车列车员服务素养的自我改进既是铁路维系和拓展市场份额、应对激烈竞争的重要举措，也是服务创新的基础。

（2）自我改进是列车员提高服务质量永恒的主题，不进则退，这是众所周知的发展规律，列车员面对旅客群体不断提升的期望和需求，只有不断总结、取长补短，学习新的服务理念和服务模式，以提升自身的服务技能和服务素养，才是赢得旅客信任的有效途径。

案例分析

点滴小事映衬出“最美列车长”

在济南铁路局党委开展的“讲身边事、赞身边人，寻找最美班组长”活动中，青岛客运段成都车队的列车长用道德、责任和急旅客所急的拾金不昧精神诠释了“最美”的含义。一个个意想不到的电话打给失主，一幕幕难忘的旅途场景在青岛客运段成都车队屡屡上演。

【镜头一】

一、事件描述

旅客在乘车途中因为大意遗失千元现金。

二、事件处理

列车长到站巡视车厢时，发现旅客遗失的钱包，细心的列车长与失主联系如数归还。旅客收到钱包后专程打来电话，感谢青成七组工作人员拾金不昧，全心全意为旅客服务的精神。

【镜头二】

一、事件描述

青岛某市公安局民警刘某执行任务乘坐昆明至成都的 A 次列车时不慎遗落了警察证，上了成都至青岛的 B 次列车后才发现。

二、事件处理

刘警官情急之下找到 B 次列车长侯某，侯车长了解情况后立即通过成都客运段派班室与 A 次列车的列车长取得联系，最终将警察证物归原主。

项目训练

【训练目的】

做到教、学、做一体化，提高学生运用理论知识解决实际问题的能力。

【训练内容】

分小组运用该任务相关知识进行角色扮演，模拟旅客列车不同岗位进行训练，了解不同岗位的职责分工，各小组派代表进行总结汇报。

【考核标准】

小组互评，教师点评。评分标准为百分制（10 分一个等级，如 100 分、90 分、80 分等）。

复习思考题

1. 简述铁路客运服务的内涵及特点。
2. 简述高速铁路客运服务的基本原则。
3. 简述高速铁路列车员服务心理的基本原则。

单元 3.2　旅客列车列车员日常礼仪规范

相关知识

一　铁路客运服务礼仪的概念和意义

铁路客运服务礼仪，主要指的是铁路车站的工作人员、列车员在服务工作中向旅客表示敬意的一种仪式，是服务工作中形成的、得到共同认可的礼貌、礼节和仪式的统称，是列车客运人员必须遵守的服务行为规范。准确掌握服务礼仪，礼貌待客，是做到铁路客运服务工作的先决条件。礼仪礼貌不仅是列车员的工作需要也是个人文化修养的直接表现。服务礼仪的推广有利于提高列车员的自身素质；有助于列车员更好地对服务对象表示尊重；有助于进一步提高列车员服务水平和服务质量；有助于塑造并维护铁路运输企业的整体形象；有助于服务企业创造更好地经济效益和社会效益。

列车上的客运服务礼仪，主要是指在旅客旅行途中，通过列车员规范化服务、列车硬件设施、软件设施之间的配合，最大限度地满足旅客旅途中的各种需求。

对广大铁路列车员来讲，文明、规范、优雅的服务礼仪能够展示列车员的外在美和内在修养，能够更容易拉近与旅客的距离，提高旅客的满意度和忠诚度，提升铁路运输企业的形象，实现铁路优质服务产品的增值。

二 接待旅客的基本常识

（一）问候

问候，即问好、打招呼。乘务问候，是指列车员以语言或动作向旅客致敬的一种方式，常见于乘务工作中的迎客阶段，是列车员和旅客打交道的开始，在很大程度上决定着二者之间第一印象。

1. 问候的次序

为了表示敬意与热情，列车员要先于旅客进行问候；如果同时遇到多人，这时列车员可以笼统地加以问候，如“大家/各位好”，也可以逐一问候。当逐一问候时，可以由尊而卑、由长而幼、由女士而男士，也可以由近而远，依次进行。

2. 问候的态度

主动——问候别人，列车员要积极、主动。当他人首先问候自己之后，要立即予以回应，不要不理不睬，摆架子。

热情——问候的时候，列车员通常要表现得热情、友好。毫无表情或者表情冷漠的问候不如不问候。

自然——问候的时候，列车员必须表现得自然而大方。矫揉造作、神态夸张，或者扭扭捏捏，都会给人留下虚情假意的不好印象。

专注——问候的时候，列车员要面含笑意，以双目注视对方的两眼，以示口到、眼到、心到，专心致志。列车员不要在问候对方的时候，眼睛却看往别处，让对方不知所云。

3. 问候的方式

乘务工作中的最佳问候方式是语言和动作相结合。

问候的语言：“您好，先生/女士！”“早上/上午/中午/下午/晚上好！”“见到您很高兴！”“欢迎乘坐本次列车！”……

问候的动作：鞠躬。

（1）面部表情

面部表情是仅次于语言的一种交际手段，是所有仪态中最引人注目的部分。在千变万化的表情中，眼神和微笑最具有表现力。列车员在和旅客打交道时，面部表情的基本要求是热情、友好、诚实、稳重、和蔼。

（2）眼神的运用

眼神是人在交往时，一种深情的、含蓄的无声语言，往往可以表达有声语言难以表现的意义和情感。人们在日常生活中借助于眼神所传递的信息，可被称为“眼语”。“眼语”

的构成一般涉及时间、角度、部位等方面。

在人际交往中，特别是在与他人进行面对面的谈话、谈判、讨论时，注视对方，尤其要尽量平视对方。如果你的目光不注视对方或游走不定，对方就会觉得你态度冷淡、心不在焉、缺乏诚意和耐心，易引起对方的误解。列车员标准注视示范图如图 3-1 所示。

图 3-1 列车员标准注视示范图

①注视部位。

在交流过程中目光所到之处就是注视的部位。不同的注视部位，不仅说明自己的态度不同，也说明双方的关系有所不同。

在公事活动中，用眼睛看着对方脸上的以双眼为底线、前额为上顶角的三角部分，就会显得很严肃认真，别人会感到你很有诚意，从而把握谈话的主动权和控制权。

在社交活动中，用眼睛看着对方脸上的以两眼为上线，嘴为下顶角的三角部分，当你看着对方这个部位时，会营造出一种社交气氛，可以让对方觉得你亲切随和、易于交往。

②注视方式。

视线向下：一般表示对晚辈的宽容、怜爱，也可表示轻视、歧视。

视线向上：一般表示尊重、敬畏之意，适用于面对长辈之时表示服从。

视线水平：一般用于普通场合与身份、地位平等的人进行交往，表现客观和理智。

③注意事项。

在乘务工作中，当列车员无意中与旅客的目光相遇时不要马上移开，应自然对视 1 ~ 2s，然后慢慢离开。当列车员与异性目光对视时，不可超过 2s，否则会引起无端的猜测。当列车员与旅客交谈时，自始至终地注视对方是不礼貌的，一般情况下，应有一半的时间注视对方，另一半的时间在对方脸部三角区域移动，这样比较自然、有礼貌。

（二）微笑

微笑是一种健康的、文明的举止，是无声的语言，是人际交往中的润滑剂，是人们表达愉快感情的心灵外露，是善良、友好、赞美的象征。同时微笑也是列车员的一项基本功，只有对工作、对旅客怀有真挚的感情，才会露出真心的微笑。所以，微笑服务必须以真诚为基础，对旅客笑脸迎送，并将微笑贯穿于服务工作中的每一个环节。微笑服务提供高层次的精神愉悦和心理享受，可以最大限度地满足服务者的需求，也往往给企业和服务工作者带来意想不到的收获。

1. 微笑的种类

微笑可分为开口笑和含唇笑。开口笑是一种含笑较深的笑，特点是面部已有明显变化，唇部向上移动，略呈弧形，牙齿稍外露；含唇笑是一种最浅淡的笑，它不出声、不露齿，仅是面含笑意。

2. 微笑的价值

感染旅客，创造温馨和谐的氛围；表现真诚友善；表现乐业敬业；表现心境良好，对自己的能力有充分的信心，以不卑不亢的态度与旅客交往，使人产生信任感。

3. 微笑的原则

发自内心；与眼睛、语言和身体动作结合。

4. 自然微笑法

试着对着镜子说“E（衣）”，轻轻浅笑减弱“E（衣）”的程度，重复练习前两个动作微笑的三结合：与眼睛的结合、与语言的结合、与身体的结合；掌握微笑的“五到”技巧：眼到、口到、心到、神到、情到。

总之，微笑＋服务＋用心＝微笑服务从心开始。

（三）仪容仪表

仪容仪表即人的外表，包括容貌、服饰、姿态、个人卫生等方面，是一个人精神面貌的外观体现。一个人的仪表往往与其生活情调、思想品质、道德修养密切相关。列车员应注意自己的仪容仪表，维护好自身形象，这不仅反映了个人的精神面貌，也代表了铁路运输企业的形象。

首先，注重仪表美应认识到仪表美是自然美和修饰美的和谐统一，人的容貌、形体、姿态协调优美属于自然美，后天的修饰也是必不可少的。通过得体的服饰打扮、恰当的容貌修饰、整洁美观的外形设计，才能具备仪表美。其次，要强调内在美的重要作用，一个人缺乏文化修养、文明礼貌，那么外表美会显得肤浅、做作，缺乏深度和内涵。慧于中才能秀于外，所以个人要加强内在修养，提高审美水平，才能真正具有仪表美。最后，仪表美还应符合行业规范和标准，铁路客运服务行业要求仪表端庄、举止大方、打扮得体、训练有素。

1. 注重仪容仪表的重要性

（1）注重仪容仪表是列车员的基本素质。

（2）列车员的仪容仪表反映着铁路运输企业的管理水平和服务水平。

（3）注重仪容仪表是尊重旅客的表现。

（4）注重仪容仪表是自尊自爱的表现。

2. 列车员仪容仪表美的规范

仪容——身体各部位，尤其是口腔的清洁。

服装——展现职业特点，突显本单位特色。

妆饰——化淡妆，适当合理的配饰。

3. 列车员车厢仪表的注意事项

（1）进入车厢服务之前，列车员应该将头饰、头发稍做整理，不要当着旅客的面整理头发。

（2）当列车运行时间较长时，列车员要保持完整的妆容，注意及时补妆，但不要当着旅客的面补妆。

4. 服务态度

列车员在服务中所持有的态度，直接决定着其服务质量的高低。

（1）列车员在车厢服务中应该采取的态度是耐心、热情、谦逊、真诚。

（2）注意事项：

①列车员对旅客提出的要求，能做到的情况下应尽量满足；不能做到时，应耐心解释，不能怠慢旅客。

②列车员应允旅客的事情一定要做到，不能言而无信。

③列车员如无意中碰撞或影响了旅客，应及时表示歉意，取得对方谅解，下车送客时还应再次道歉。

④在车厢里遇到熟悉的旅客，列车员应主动打招呼问候，表示欢迎。

⑤对爱挑剔的旅客列车员也要耐心解释，绝不能发生口角。

⑥对举止不端的旅客，列车员要沉着冷静，态度不能粗暴或盛气凌人，必要时可报告列车长或公安乘警。

三 旅客列车列车员日常礼仪规范

（一）仪容仪表规范

1. 着装

（1）女性列车员

①穿着得体，不得随意改变服装款式。

②制服应干净，熨烫平整，无污渍、斑点、皱褶、脱线、缺扣、残破、毛边等现象。

③制服上不得佩戴任何饰物；着制服当班时，必须佩戴职务标志。

④在非工作时间，除集体活动外，不得穿制服出入公共场合和乘坐动车组列车。

⑤穿着夏装时，女性列车员连裤袜的颜色应统一为肉色或浅灰色，不得出现破洞和抽丝等现象；统一佩戴领花或丝巾；制服上装每天都需水洗；不得将笔插放在衣服前襟处内。

⑥女性列车员穿着春秋装、冬装时，外套、上衣、裙子、裤子的纽扣拉链等应扣好、拉紧；统一佩戴领带、领花或丝巾；衬衣应束在裙子或裤内，衬衣的衣袖不得卷起；裤装必须干净、平整、有裤线，不可有光亮感；穿着风衣、大衣时，必须佩戴工作帽（但在车厢、室内、送餐时可不戴）；不得将笔插在衣服前襟处。

⑦餐服人员服务时，应穿着围裙。穿着围裙的时间为餐饮服务前；脱围裙的时间为收完食品包装物后。餐服人员应保证围裙干净、平整、整齐，穿戴完毕后应互相整理；围裙结一律系成蝴蝶结状。

（2）男性列车员

①穿着得体，不得随意改变服装款式。

②制服应干净，熨烫平整，无污渍、斑点、皱褶、脱线、缺扣、残破、毛边等现象。

③制服上不得佩戴任何饰物；着制服当班时，必须佩戴职务标志。

④在非工作时间，除集体活动外，不得穿制服出入公共场合和乘坐动车组列车。

⑤袜子的颜色应统一为深蓝色或灰色。

⑥穿着夏装时，统一佩戴领带，衣领上的扣环必须扣好，上衣应束于裤内；制服必须每天清洗；裤子必须保持干净、平整、有裤线，不可有光亮感。

⑦男性列车员穿着春秋装、冬装时，外套、上衣、裤子的纽扣和拉链等应扣好、拉紧；统一佩戴领带，衬衣应束于裤内，衬衣的衣袖不得卷起。衬衣一般 1 ~2 天清洗 1 次，可根据制服质地进行水洗或干洗。着裤装时，必须干净、平整、有裤线，不可有光亮感；穿着风衣、大衣时，匆扣好纽扣，系好腰带；穿着外套、风衣、大衣时，必须戴工作帽（但在车厢、室内（送餐）时可不戴）。

⑧使用的对讲机应在出乘时携带并使用；耳麦放置于耳中，对讲机主机插放在后腰右侧，机体朝外。

2. 标志佩戴标准

穿着制服时，列车员应佩戴职务标志；职务标志应佩戴在左胸上方，与上衣第二颗纽扣平行。帽徽佩戴在帽子前端居中处；列车长职务带环套大檐帽佩戴；佩戴臂章时，臂章上缘应当于左袖肩下四指处；列车长以外的其他人员佩戴胸牌，胸牌应端正地佩戴在左胸上方，与上衣第二颗纽扣平行。餐服人员穿着围裙时，不可将职务标志佩戴在围裙上。

3. 发型

（1）女性列车员

①每天清洗头发，保持干净，有光泽，无头皮屑。

②女性列车员短发最短不得短于 7cm，发长最长不得超过衣领底线，刘海应保持在眉毛上方，禁止埋奇异发型。

③任何一种发型都应梳理整齐，使用发胶、摩丝定型，不得有蓬乱的感觉。

④头发应保持黑色或自然棕黄色，不得使用假发套。

⑤发夹、发箍、头花应为无饰物黑色。

（2）男性列车员

①每天清洗头发，保持干净，有光泽，无头皮屑。

②男性列车员发型要修剪得体，轮廓分明；头发应梳理整齐，使用发胶、摩丝等定型，不得有蓬乱的感觉。

③头发两侧鬓角不得长于耳垂底部，刘海不遮盖眼睛，发尾不长于衬衣领。

④不得剃光头、烫发和剪板寸头。

⑤头发应保持黑色或自然棕黄色，不得使用假发套。

4. 化妆

（1）女性列车员

女性列车员当班前，必须按标准着淡妆，工作中还应注意及时补妆，补妆应在洗手间或乘务员室进行。

①唇线的颜色应与口红颜色一致，不得使用珠光色口红和不健康色的口红。

②眉毛的颜色应接近头发的颜色，应修剪秀丽、整齐，眉笔应使用黑色、深棕色。

③使用眼影的颜色应与制服颜色一致。

④画眼线时，颜色应使用黑色、深棕色。

⑤香水以清香、淡雅型香水为宜，不可过香、过浓；可喷口香剂保持口气清新。

⑥双手要保持清洁健康，指甲修剪整齐美观，指甲保持肉色，可涂透明色指甲油，但不得有脱落现象；涂色指甲长度不超过手指尖3mm，不涂色指甲不超过2mm，手指甲长度应保持一致。

（2）化妆的原则和禁忌

①化妆原则：美观、自然、协调。要根据不同的社交场合选择合适的妆容，如较为正式的社交场合，淡妆比浓妆艳抹效果更好，更突显人的修养和审美情趣的高尚。化妆时，粉底、眼影、腮红、口红的颜色应与人的皮肤、服饰的颜色相协调，才能给人和谐的美感。

②化妆的禁忌：不要当众化妆。当众化妆有卖弄或吸引异性之嫌；化妆不要过浓、过重、香气四溢、令人窒息，这对他人会造成妨碍；若妆面出现残缺，应及时避人补妆，否则，会让人觉得低俗懒惰；借用他人化妆品不卫生，应当避免。

（3）男性列车员

①男性列车员不得留胡须。

②双手要保持清洁健康，手指不得有抽烟留下的熏黄痕迹，指甲应保持清洁，修剪整齐，无凹凸不平的边角，长度不超过手指尖2mm。

③工作中始终保持面部的清洁卫生。

④可喷口香剂保持口气清新。

5. 皮鞋

皮鞋必须是深色系，款式应简洁朴素，不得有任何装饰物，保持光亮无破损。女性列车员鞋跟高度不超过3.5cm，跟径不小于3.5cm。

6. 饰物

（1）必须佩戴走时准确的手表，手表款式、颜色简单不夸张，宽度不得超过2cm，不得系挂怀表。

（2）可佩戴一枚设计简单地金、银或宝石戒指。

（3）女性列车员可戴一副式样和形式保守的金、银质或镶嵌物直径不超过3mm的耳钉，不得佩戴耳环、耳坠等。

（4）男性列车员不准佩戴任何饰物。

（二）服务语言规范

1. 基本要求

（1）当与旅客交谈时，列车员要面对对方，保持适当距离（45～100cm）。

（2）站姿端正，可采取稍弯腰或下蹲等动作来调节身体的姿态和高度。

（3）目光要注视对方的眼睛，以示尊敬。

（4）要注意听取对方的谈话，不可东张西望。

（5）口齿清楚、语气温和、用词文雅、简洁适中、态度诚恳，给对方以体贴、信赖感。

(6) 如果不得已需要打断旅客说话时，应等对方讲完一句话后，先说“对不起”。

(7) 当无意碰撞或影响旅客时，列车员应表示歉意，取得对方谅解。

(8) 遇到经常乘坐列车的旅客，列车员应主动打招呼问候，表示欢迎。

(9) 为旅客发送物品时，列车员应主动介绍名称，严格遵循发放原则：先左后右、先里后外、先宾后主、先女后男。

(10) 对旅客提出的合理要求，列车员应尽量满足，不能做到时，应耐心解释。

(11) 列车员应允旅客的事情，一定要落实，要言而有信。

(12) 不打听旅客的隐私，特别是外国旅客的年龄（多为女宾）、薪金收入、衣饰价格等。

(13) 尊重旅客的生活习惯和风俗习惯。

(14) 未经旅客的同意，列车员不能擅自闯入旅客的卧铺间。

(15) 列车员拿物品给旅客时不能“扔”而一定要“递”。

2. 恰当的服务

满足旅客需求是铁路客运服务的根本出发点，“旅客至上”应该成为列车员的座右铭。但是，列车员在微笑、礼貌、文明服务的同时，要尊重旅客的千人空间。在无特殊服务需求的情况下，列车员尽量不要打扰旅客，更要重视保护旅客的私密性。好动机不一定有好的结果，热情、周到的服务也要把握一个度。提倡主动迎送旅客，但不是越主动、越热情越好，这里有一个度的问题。列车员要充分考虑服务先后、服务对象等问题。

3. 有助于表现专业形象的说话方式

(1) 声音柔和而清晰并具有亲和感，语言简单明了，语速快慢适当，音量高低适中，特殊情况下可使用方言。

(2) 常用的文明用语：请、您好、谢谢、辛苦了、对不起、请原谅、早上好、中午好、晚上好、晚安、再见。

(3) 时刻注意自己的仪容、仪表、举止、言谈。

(4) 不食用大蒜、大葱和韭菜等有强烈刺激性气味的食品。

(5) 不在公共场所修指甲、挖鼻孔、剔牙齿、掏耳朵、伸懒腰，不用手指人。

(6) 不随地吐痰，不乱扔杂物。

(7) 不要大声喧哗、谈笑和影响他人；不在旅客面前接打手机；在公共场所接打电话时，声音不宜过大。

(8) 打喷嚏和打哈欠时要用手捂住口鼻，面向一旁。

(9) 离开列车员公寓时，应整理房间，保持整洁。

(10) 进入餐厅时，不将手提包或衣、帽等放在餐桌上；不可穿拖鞋、着睡衣进入餐厅；就餐时要坐姿端正；咀嚼食物要慢，不要发出声音。

4. 不应有的说话方式

(1) 声音使人感觉粗俗、刺耳；声音过大或过小；声音慵懒倦息；呼吸声音过大，使人感到局促不安和犹豫；鼻音过重。

(2) 口齿不清，语言含糊，令人难以理解。语速过慢，使人感觉烦闷；语速过快，使人思维无法跟上。

(3) 语言平淡，气氛沉闷；使用过于专业的术语；使用责备的口吻，甚至粗鲁的语言。

(4) 随意打断旅客的说话；表现出厌烦的情绪和神色；边走边讲或不断地看手表；手放到口袋里或双臂抱在胸前；手扶着座椅靠背或坐在扶手上。

(5) 谈论与工作无关的事情；与旅客嬉笑玩闹，对旅客评头论足。

(6) 无论什么原因，无论在什么条件下，列车员都不能挖苦和辱骂旅客。

(7) 列车员禁止大声喧哗、高声谈笑、打电话、上网聊天等。

(三) 姿态礼仪规范

姿态又称体姿、仪态。不同的姿态显示人们不同的精神状态。用优美的姿态表达礼仪，比用语言更让受礼者感受到真诚、美好、生动。人们的形体姿态包括立、坐、行的姿势和手势、面部表情以及相应的动作等。“站如松、坐如钟、行如风、卧如弓”，这是我国古人对人体姿势的要求。从现代礼仪的角度来考虑，也必须刻意训练自己的立姿、坐姿和走姿等。标准站姿示范图如图 3-2 所示。

图 3-2 标准站姿示范图

1. 站姿

(1) 站姿的要求

①头正、双目平视、嘴唇微闭、下颌微收、面容平和自然；双肩放松，稍向下沉，身体有向上的感觉，呼吸自然；躯干挺直，收腹，挺胸，立腰；双腿并拢立直，身体重心放在两脚中间。

②男性列车员双脚分开，与肩同宽，脚尖略向外张，双手握与腹前、自然下垂或双手放在身后，左手半握拳，右手握左手手腕处。

(2) 站姿的禁忌

一忌身体歪斜，即站立时不得偏头、弯腰、驼背、肩斜、腿曲，这些都会影响线条美；二忌前伏后靠，在工作中不得伏在桌子上，也不应该倚墙靠柜；三忌动作过多，工作时不要有多余的小动作，如摆弄衣角、头发、双腿轮换站立、腿脚抖动等；四忌手脚位置不当，双手抱胸、叉腰、插袋、双脚间距过大、歪脚站立等。

2. 坐姿

（1）坐姿的要求

入座前，腿与座椅应有 30cm 的距离；就座后，上身挺直，略向前倾，不得斜肩、倾背、抱胸、曲腰或闭目；不得打趣、玩笑和直接面对旅客整理个人仪容仪表，注意保持专业坐姿和良好的精神面貌。在正式社交场合，一般只坐满椅子的三分之二或二分之一；入座时，自然地将右腿先靠近椅子，测试一下椅子的高低远近，除可稳定重心外，还可避免将臀部翘起，使入座姿态优美；起立时平稳自然，右脚向后收半步，而后站起。

①女性列车员：从左侧入座，坐椅子的三分之二。右手轻抚后裙摆（手心向上），左手自然放在身体一侧，坐下后右脚略向前移，左脚跟上，双膝、双脚并拢，大小腿之间成不小于 90°夹角，双手五指并拢自然放在腿上。

②男性列车员：两腿自然分开入座。坐下后，双脚略分开，膝关节分开与之同宽，双手五指伸直或轻握拳放在双腿之上。

列车员的标准坐姿示范图如图 3-3 所示。

a) b)

图 3-3 列车员标准坐姿示范图

（2）坐姿的禁忌

一忌落座有声，入座应避免碰撞椅子发出噪声；二忌前趴后仰，入座后头不应该靠在椅背上，上身不趴向前方或两侧，保持身体正直；三忌手位不当，入座后双手不应抱拳，不应将肘部支于桌上，也不应该将双手压在大腿下或压在双腿之间；四忌腿脚动作不雅，坐下后要避免大腿分开过大、抖动、跷二郎腿、脚尖朝天、脚踏其他物品；五忌在公共场合脱鞋子，将脚架在桌面上，跷到自己或他人的座位上。列车员的坐姿禁忌示范图如图 3-4 所示。

a) b) c) d)

图 3-4 列车员坐姿禁忌示范图

3. 蹲姿

在较低位置取拾物品时，不得弯腰，必须下蹲。

（1）蹲姿的要求

上身尽量保持挺直、立腰；蹲时，右脚退后一小步，如女性列车员应用手先拢一下裙摆，左膝盖稍向内侧斜，然后缓缓蹲下，实行两膝高低不一致的半蹲式，男性列车员双手放于两腿上，女性列车员右手捂群口；起身后，收回右脚。

（2）蹲姿的禁忌

一忌膝盖正对着对方；二忌如小孩子般随便地蹲下去，这样的正面形象看上去不美，腿会显得短而粗；三忌突然蹲下去，蹲下勿过快。

4. 行姿

（1）行姿的要求

①挺胸收腹，颈部正直，目视前方，身体自然挺直，双臂自然摆动（女性列车员在旅客周围巡视时，双手可自然相握，抬至腰间），双脚内侧在同一直线上行走，不左右摇摆，脚步不过重、过大、过急（特殊情况除外）。

②行走要礼让，与旅客走对面时要主动停下，伸手示意让路，不与旅客抢道、并行。

③列车员集体进出站车时，要列队行走，女性列车员在前，男性列车员在后，列车长在队列尾部同步行走。

④携带箱包行走，拎（背）包或拉箱时，应队列整齐，步伐一致，箱（包）应在同一侧。列车员标准行姿示范图如图3-5所示。

图3-5 列车员标准行姿示范图

（2）行姿的禁忌

一忌驼背、低头、东张西望、双脚脚尖向内或向外歪、或拖着脚走；二忌制造噪声，行走时脚步声过重或拖着鞋行走，都会发出令人厌烦的声音；三忌不守秩序，行走时横冲直撞、与人抢道、阻挡通道等违反公共秩序，妨碍他人行走，也有损自身形象。

注意： 男女同行时，女方应走在内侧，男在外，一男两女同行，两女在内，男在外。尽量不要在拥挤的人群中超越他人，如确有急事，应对前面的人说“对不起”后再从他身边过去。

5. 鞠躬

（1）鞠躬是表示对他人敬重的一种礼节，鞠躬时必须立正、脱帽、行礼，或者边鞠躬边说礼貌的问候语。鞠躬时应面带微笑，双脚并拢，脚尖略分开，双手四指并拢，交叉相握，右手叠放在左手之上，自然垂于腹前，身体向前，腰部下弯成15°，头、颈、背自然呈一条直线，上身抬起时，要比向下弯时稍慢些，视线随着身体的移动而移动，视线的顺序是：旅客的眼睛—脚—眼睛。

（2）同事之间、熟人之间打招呼或列车员在服务的迎客和送客阶段，如“你好”“请稍等”等。

（3）表示感谢、迎送客时和行还礼时，身体鞠躬为30°。列车员鞠躬礼仪示范图如图3-6所示。

（4）给旅客道歉时说“对不起”“非常抱歉”“十分感谢”并身体鞠躬为45°。

（5）深度表示感谢或歉意身体鞠躬90°。

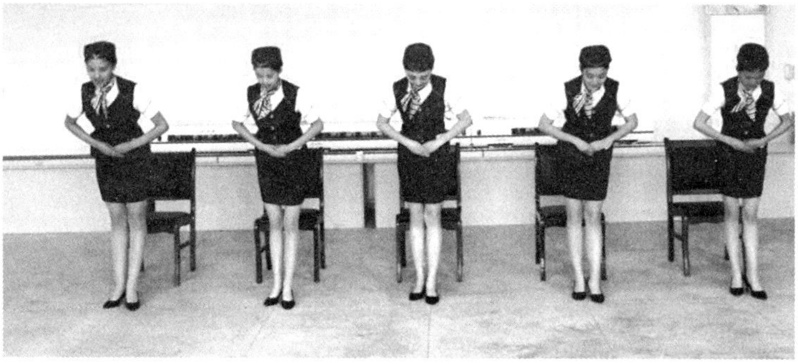

图3-6 列车员鞠躬礼仪示范图

6. 指示方位

当列车员为旅客指示方位时，应五指并拢，小臂带动大臂，根据指示距离的远近调整手臂的高度，身体随手的方向自然转动，目光与所指示的方向一致；收回时，小臂向身体内侧略成弧线自然收回。忌用单个手指指示方位。列车员指示方位示范图如图3-7所示。

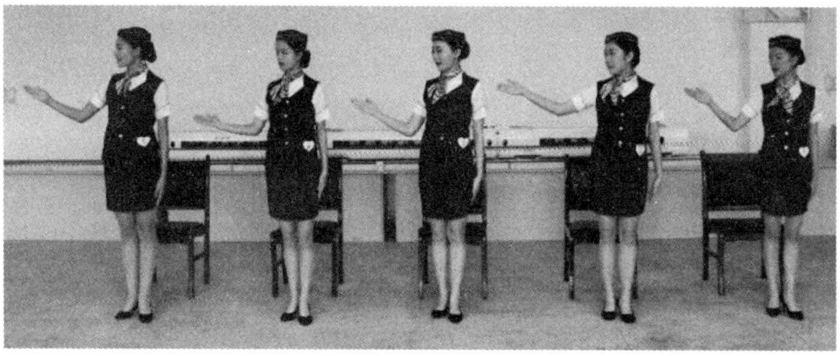

图3-7 列车员指示方位示范图

7. 握手

握手作为一种人际交往形式，无论是公务，还是私交场合，都是不可或缺的礼节，是一种礼貌性的行为。通常情况下，主人、长辈、上司、女士主动伸出手，客人、晚辈、下属、男士再相迎握手。在乘务工作中，列车员可遵循该原则并结合实际情况。

图3-8 列车员握手礼仪示范图

一般情况下握手时的规范动作，如图3-8所示。握手时距对方约一步距离，上身稍向前倾，两足立正，伸出右手，四指并拢，拇指张开，掌心向里；握手时应用力适度，上下稍许摇动两三下，礼毕即松开恢复原状；握手的时间以1～3s为宜；注视对方，微笑、问候、致意。

一般情况下握手过程中的注意事项：在上下级之间，上级伸手后，下级才能伸手相握；在长辈与晚辈之间，长辈伸手后，晚辈才能伸手相握；在男女之间，女人伸手后，男人才能伸手相握；握手时应该伸出右手，决不能伸出左手与人相握；戴着手套握手是失礼的行为（女士个别场合例外）；禁止掌心向下握住对方的手；控制好握手的力度，不能太重也不能太轻；握手时，不要将左手插入衣袋或裤袋里；握手时，不要东张西望，漫不经心，更不能与第三者谈话；握手时不能将对方的手拉过来、甩过去，或拉着手抖动不停。

8. 端、拿、递、送

（1）列车员在车厢内递送物品时，本着从前至后、先里后外、先女后男、先身份高后身份低的原则；递送东西时用双手递送，如果有商标或者标识，则将有商标或者标识的一面对准旅客。

（2）列车员端托盘时，双手端住托盘的后半部分，大拇指握紧托盘内沿，其余四指托住托盘底部；托盘的高度应在腰间以上胸部以下，托盘端平，微向里倾斜；托盘上放置的物品不应过高，以不超过胸部为宜。

（3）列车员拿东西时，应轻拿轻放。拿水杯时，应该一手握住水杯把（无把手水杯应拿水杯的下 1/3 处），一手轻托水杯底部。

（4）列车员递送东西时，应站在旅客的正面与之成45°的地方，双手递送；递送东西应到位，当对方接稳后再松手。

9. 拾捡物品

（1）在较低位置取拾物品时，不得弯腰，必须下蹲。下蹲时，一腿在前一腿在后，双腿并拢，腿高一侧的手轻抚在膝盖上，腿低一侧的手取拾物品，背部尽量保持自然挺直，轻蹲轻起，直蹲直起。列车员拾捡物品示范图如图 3-9 所示。

图 3-9　列车员拾捡物品示范图

（2）收垃圾时，手拿空托盘，竖置于身体一侧，盘内侧靠近自己身体。

（3）捡拾物品时不能深弯腰，上身保持挺直，右手捡时右腿低，左手捡时左腿低，托盘在身体的一侧，捡起后起身把托盘端起，把物品放在托盘上。

（4）拾过垃圾的手没有经过清洗不要直接接触旅客食物和杯子。

案例分析

服务礼仪流程样例

广播员：“旅客朋友们，由青岛开往厦门的 G241 次列车马上就要开车了，请未上车的旅客抓紧时间检票上车。”

列车员："您好，女士，请出示一下您的车票。"（仔细检查）"好的，谢谢您的配合。"（微笑着将车票还给旅客）

这时，有一位年迈的老妇人找不到自己的座位，列车员上前帮忙。一名旅客感冒，随手将卫生纸丢在地上。

列车员开始巡逻，将清洁袋递给扔垃圾的旅客："女士您好，座位前面夹层有清洁袋，请您将杂物丢弃在袋子里。"旅客尴尬地笑了笑，应声道："好的，好的。"

一名旅客随意地叠放了行李，列车员："女士您好，列车马上就要开了，为了避免行李叠放会跌落砸伤旅客，请将您的行李按顺序放好，谢谢合作！"

广播员："旅客朋友们，大家好！今天是2018年12月26日，欢迎乘坐由青岛开往厦门的G241次列车。我是济南铁路局青岛客运段乘务组，在这里，我代表全体列车员向您问好，并祝愿您旅途愉快！"

列车员："本次列车在优美、欢乐的音乐声中离开了西安北站，您的旅途和我们的服务工作同时开始了，在旅行中，如果朋友们有什么困难和要求请随时与我们联系，我们将竭诚为您服务。预祝大家一路有个好心情，轻轻松松度过旅行生活。"

列车员："旅客朋友们，列车前方到达枣庄站，枣庄是一个历史悠久的城市，位于山东省南部，东依山清水秀的沂蒙山区，西临碧波荡漾的微山湖，南枕京杭古运河，北连孔孟之乡——曲阜。枣庄旅游资源丰富，'天下第一崮'抱犊崮国家森林公园是令人向往的天然生态氧吧；冠世榴园依山傍水，是生态观光休闲胜地；滔滔古运河，宏伟壮丽，运河古镇风情浓郁；湖光山色的岩马湖是枣庄市最大的水库；熊耳山国家地质公园风景奇绝；滕州微山湖湿地被誉为'江北第一湿地'和中国'荷都'；以'旱海奇观'闻名的莲青山林荫如海，奇石林立；省级地质公园龟山自然风景迷人。"（旅客聚精会神地听着，说罢鼓掌）

广播员："旅客朋友们，枣庄车站就要到了，有在枣庄车站下车的旅客，请您提前携带好车票和行李物品到车厢两端等候下车。"（车又开了）

广播员："旅客朋友们，前方到站武夷山东站。"

列车员："关于武夷山介绍……"

广播员："旅客朋友们，由于线路故障，列车临时停车，请各位旅客在自己的座位上坐好，不要随意到车向两端的接口处，以免发生意外。耽误了您宝贵的时间，我代表本次列车全体工作人员向您致以诚挚的歉意。"（旅客慌了神）

旅客1："这叫什么事啊！"（不高兴）

旅客2："哎呀呀，列车员，这是怎么回事啊，为什么停下，你们光说是突发情况，到底是什么情况啊。不知道我这是赶着去谈生意啊，迟了怎么办，你赔得起吗？你不知道我们分分钟几百万上下吗？"（用埋怨的语气向列车员大声说，翻了一个白眼）

列车员（歉意的微笑）："女士您好，请您不要着急，列车线路临时出了一些故障，我们相关随车机械车已经去处理了，列车长也正与有关部门联系，我们代表本次列车全体工作人员向您致以诚挚的歉意，请您谅解，耐心等候，谢谢。"

这时餐服人员："各位旅客，你们好！我是青岛高速铁路餐饮管理公司青岛至厦门线路第9包乘组的餐车服务员，我们为您准备了本公司自主研发所生产的'高速铁路营养快餐’和多种多样的小食品，您有什么需要，我们将竭诚为您服务。”

餐服人员：“这位旅客，您要点什么？我们有海鲜套餐和牛肉套餐两种。”

旅客3：“啊，我对海鲜过敏，要一份牛肉套餐吧。多少钱?”

餐服人员：“40元。”

旅客3：“好的，给你钱。”

餐服人员：“祝您用餐愉快!”

旅客1：“我一点也吃不下东西，你们有茶水吗?”

餐服人员：“有的，女士，10号车厢有我们的高速铁路茶吧，有多种茶水供您选择，还有专业的茶艺师为您服务，请随我来。”

旅客1到了茶吧，看茶艺、品茶。

茶艺表演人员：“你好，请坐，您想要喝点什么？我们这里有绿茶、红茶、乌龙茶、黑茶、白茶……”

旅客1：“……快到福建了，就品品武夷山有名的大红袍吧。”

茶艺表演人员：“好的。我为您挑选的大红袍是上等品……”

广播员：“旅客朋友们，刚刚由于线路故障临时停车35分钟，耽误了您的行程，我们感到十分抱歉，现在列车已经重新启动，预计1小时后到达终点站。”

列车员：“旅客朋友，大家好！一路旅行辛苦了！终点站到了，请您携带好车票和行李物品到车厢两端等候下车。请注意车体与站台的间隙，以免踩空，发生意外。我代表列车全体工作人员感谢您对我们工作的支持与协助。同时，也希望下次旅行再乘坐我们这趟列车，下次旅行再会!”

到站停车，列车员站立在车门处送别旅客。

拓展阅读

动车组列车服务质量规范（文明服务）

(1) 仪容整洁，着装统一，整齐规范。

①头发干净整齐、颜色自然，不理奇异发型、不剃光头。男性列车员两侧鬓角不得超过耳垂底部，后部不长于衬衣领，不遮盖眉毛、耳朵，不烫发，不留胡须；女性列车员发不过肩，刘海长不遮眉，短发不短于7cm。

②面部、双手保持清洁，身体外露部位无文身。指甲修剪整齐，长度不超过指尖2mm，不染彩色指甲。

③女性淡妆上岗，唇线与口红的颜色一致；眉毛修剪整齐，眉笔和眼线为黑色或深棕色；眼影的颜色与制服一致；使用清香、淡雅型香水。工作中保持妆容美观，端庄大方。补妆及时，在洗手间或乘务间进行。不浓妆艳抹。

④乘务组换装统一，衣扣拉链整齐。着裙装时，丝袜统一，无破损。系领带时，衬衣束在裙子或裤子内。外露的皮带为黑色。佩戴的外露饰物款式简洁，限戴手表一只、戒指

一枚，女性列车员可佩戴发夹、发箍或头花及一副直径不超过3mm的耳钉。不歪戴帽子，不挽袖子和卷裤脚，不敞胸露怀，不赤足穿鞋，不穿尖头鞋、拖鞋、露趾鞋，鞋的颜色为深色系，鞋跟高度不超过3.5cm，跟径不小于3.5cm。

⑤佩戴职务标志，胸章牌（长方形职务标志）佩戴于左胸口袋上方正中，下边沿距口袋1cm处（无口袋的佩戴于相应位置），包含单位、姓名、职务、工号等内容。臂章佩戴在上衣左袖肩下四指处。按规定应佩戴制帽的工作人员，在执行职务时戴上制帽，帽徽在制帽折沿上方正中。除列车长外，其他列车员在车厢内作业时可不戴制帽。

⑥餐车加热、供应餐食时，餐服人员戴口罩、手套；女性餐服人员穿围裙。

（2）表情自然，态度和蔼，用语文明，举止得体，庄重大方。

①使用普通话，表达准确，口齿清晰。服务语言表达规范、准确，使用“请”“您好”“谢谢”“对不起”“再见”等服务敬语。对旅客、货主称呼恰当，统称为“旅客们”“各位旅客”“旅客朋友”，单独称为“先生”“女士”“小朋友”“同志”等。

②旅客问询时，面向旅客站立（工作人员办理业务时除外），目视旅客，有问必答，回答准确，解释耐心。遇有失误时，向旅客表示歉意。对旅客的配合与支持，表示感谢。

③坐姿、行姿端正，行走步伐适中，轻重适宜。在旅客多的地方，先示意后通行；与旅客走对面时，要主动侧身面向旅客让行，不与旅客抢行。列队出（退）勤（乘）时，按规定线路行走，步伐一致，箱（包）在同一侧。

④立岗姿势规范，精神饱满。站立时，挺胸收腹，两肩平衡，身体自然挺直，双臂自然下垂，手指并拢贴于裤线上，脚跟靠拢，脚尖略向外张呈“V”字形。

⑤列车进出站时，列车员在车门口立岗，面向站台致注目礼，以列车进入站台开始，开出站台为止。办理交接时列车员行举手礼，右手五指并拢平展，向内上方举手至帽檐右侧边沿，小臂形成45°。

⑥清理卫生时，清扫工具不触碰旅客及携带物品；挪动旅客物品时，征得旅客同意；需要踩踏座席、铺位时，戴鞋套或使用垫布；占用洗脸间洗漱时，礼让旅客；清洁厕所时，作业人员戴保洁专用手套。

⑦夜间作业、行走、交谈、开关门要轻。列车员进包房先敲门，离开时应倒退出包房。

⑧不高声喧哗、嬉笑打闹、勾肩搭背，定时定点分批用乘务餐，其他时段不在旅客面前吃食物、吸烟、剔牙齿和出现其他不文明、不礼貌的动作，不对旅客评头论足，接班前和工作中不食用异味食品。餐车对旅客供餐时，不在餐车逗留、闲谈、占用座席、陪客人就餐。

（3）温度适宜，环境舒适。

①通风系统作用良好，车内空气清新，质量符合国家标准。始发前对车厢进行预冷、预热，空调温度调节适宜，体感舒适，原则上冬季为18～20℃，夏季为26～28℃。

②车内照明符合规定。夜间运行（22:00—7:00）时，座车照明开关置于半灯位；始发、终到站和客流量大的停站，以及列车途经地区与北京时间存在时差时自行调整。

③广播视频。

a. 广播常播内容录音化；使用普通话；过港列车可增加粤语播音；直通列车可增加英

语播报客运作业信息。

b. 广播语音清晰，音量适宜，用语准确，不干扰旅客正常休息；自动广播系统播报正确。

c. 视频系统性能良好，使用正常，始发前开启系统播放节目，播放内容符合规定并定期更新。

d. 广播、视频内容以方便旅行生活为主，介绍宣传安全常识和车辆设备设施的使用方法，提示旅客遵守安全乘车规定，播报前方停站、到站信息等内容，可适当插播文艺娱乐、文明礼仪、沿线风光、民俗风情、餐食供应、广告等节目。

（4）用水保证供应。

①饮用水保证供应，途中上水站按规定上水。

②在运行途中列车员应为有需求的重点旅客提供送水服务；售货车配热水瓶，利用售货时为有需求的旅客提供补水服务。

（5）在运行途中，厕所吸污时或未供电时锁闭厕所，其他时间不锁闭厕所。厕所锁闭时，为特殊情况急需使用厕所的旅客提供方便。

（6）公共区域的电源插座保证符合标示范围的旅行必需的小型电器正常使用。

（7）通过图形符号、电子显示、广播、视频、服务指南等方式宣传旅客运输服务信息，引导旅客自助服务。

（8）卧具终点站收取，贴身卧具一客一换。到站前提醒卧车旅客做好下车准备，不干扰其他旅客。夜间运行，卧车列车员在边凳值岗，定时巡视车厢。始发后和夜间客运列车员对卧车核对铺位。列车剩余铺位在列车办公席或指定位置公开发售，公布手续费收费标准。

（9）发现旅客遗失物品妥善保管，设法归还失主，无法归还时编制客运记录交站处理。无法判明旅客下车站时交列车终到站处理。

（10）根据旅客乘坐列车等级和席别提供相应服务。

①商务座车配有专职人员，主动介绍专项服务项目，提供饮品、餐食、小食品、小毛巾、耳塞等服务。

a. 饮品有茶水、饮料，品种不小于6种，茶水全程供应。

b. 逢供餐时间的，免费供应餐食。供餐时间为早餐8：00以前，正餐11：30—13：00、17：30—19：00。

c. 正餐以冷链为主，配用速溶汤，分量适中，可另行配备面点、菜品、佐餐料包等。品种不小于3种，配有清真餐食，定期调整。

d. 选用非油炸类点心、蜜饯类、坚果类等无壳、无核、无皮、无骨的休闲小食品，品种不小于6种，独立小包装。

②“G”字头跨局动车组特等座车及一等座车提供饮品、小食品、送水服务。

（11）全面服务，重点照顾。

①无需求、无干扰。通过广播、电子显示屏等方式宣传服务设备的使用方法，方便旅客自助服务。

②有需求、有服务。在各车厢电子显示屏公布中国铁路客户服务中心客户服务电话

(区号+电话号码)。实行首问首诉负责制。受理旅客咨询、求助、投诉，做到及时回应，热情处置，有问必答，回答准确；对旅客提出的问题不能解决时，指引到相应岗位，并做好耐心解释。

③重点关注，优先照顾，保障重点旅客服务。

a. 按规范设置无障碍厕所、座椅、专用座席等设施设备，作用良好。

b. 对重点旅客做到“三知三有”(“三知”即知座席、知到站、知困难，“三有”即有登记、有服务、有交接)；为有需求的特殊重点旅客联系到站提供担架、轮椅等辅助器具，及时办理站车交接。

c. 尊重民族习俗和宗教信仰。

项目训练

【训练目的】

做到教、学、做一体化，提高学生运用理论知识解决实际问题的能力。

【训练内容】

分小组运用该任务相关知识进行角色扮演，模拟旅客列车列车员列车服务作业过程中仪容仪表、服务语言、姿态礼仪要求进行训练，落实现场处理主要环节，各小组分别进行汇报展示。

【考核标准】

小组互评，教师点评。评分标准为百分制(10分一个等级，如100分、90分、80分等)。

复习思考题

1. 简述客运服务礼仪的概念。
2. 简述服务礼仪的意义。
3. 简述列车员车厢仪表的注意事项。
4. 简述列车员仪容仪表规范。
5. 简述列车员服务语言规范。
6. 简述列车员姿态礼仪规范。

单元3.3 旅客列车服务工作技能技巧

相关知识

一 列车服务技能

铁路客运乘务工作面临着客流量大，旅客需求越来越多元化等情况，如何更好地服务旅客，提高旅客的满意度不仅要求列车员掌握相应的业务知识，还要求列车员掌握相应的工作技巧。对于业务知识的“应知应会”，是从事好本职工作起码的要求。

在实际工作中，经常会遇到这样的情况：旅客向值班员或列车员询问某车次的票价、经停站、停站时长；向行车工作人员询问某车次的停靠站台；向售票员询问候车室位置等。列车员有些可以清晰明确地解答，有些不能准确地回答。如果不能准确地回答旅客，不仅让旅客质疑列车员的工作能力，也有损铁路形象。所以列车员对本岗位的知识一定要掌握得足够扎实，同时对票务、行包等相关知识也要主动学习；在日常工作中也应该做个“有心人”，多收集交通、旅游、购物、餐饮、住宿、医疗等方面的资料信息，想旅客之所想、急旅客之所急，在解答服务中做到百问不厌、对答如流，从而推动铁路客运服务水平的不断提升。

列车员需要掌握的服务技能一般有以下几种。

1. 全面服务

（1）作为列车员，你的服务者是全体旅客，实行全方位的服务，即“全体旅客，全面服务”，不能厚此薄彼。

（2）无论旅客是哪个国籍、民族、身份地位，都是旅行消费者，列车员在接待过程中要是一视同仁，没有高低、贵贱之分，平等地享受铁路提供的一切服务。

（3）保证旅客从进站安检到下车车站全程都能享受到细致周到的服务。全程服务对列车员的要求如下：

①“三要”：接待旅客要文明礼貌，纠正违章要态度和蔼，处理问题要实事求是。

②“四心”：接待旅客热心，解答问询耐心，工作认真细心，接受意见虚心。

③“五主动”：主动迎送旅客，主动扶老携幼，主动解决旅客困难，主动介绍旅行活动，主动征求旅客意见。

2. 主动服务

（1）做好客运工作，除了全面服务之外，还必须做好“重点照顾”。我们的旅客是存在差异的，这种差异体现在国籍、民族、宗教信仰、年龄、身体素质、受教育水平等方面，而旅客在旅途中始终处在动态的、不规律的、不熟悉的环境中。尤其是对于老、弱、病、残、孕这些重点旅客需要我们给予更多的关注，实施“重点服务”，这也体现了我们铁路的服务宗旨。

（2）对“重点旅客”要做到“三知三有”。

（3）主动服务。

列车员在车站或列车的服务应该是主动的，在执行任务的过程中应该主动寻求帮助的契机，充分发挥出服务技能，体现出服务的价值。

（4）热情服务。

为旅客提供热情周到的服务是作为铁路列车员具有较高的事业心和责任感的表现。热情服务的表现为积极主动、精神饱满、谦虚谨慎、神情专注、举止大方、热情好客。

二 列车服务及处理特殊情况技巧

（一）铁路服务的一般技巧

列车服务技能技巧，主要包括车门迎接服务技能技巧、列车上的服务技巧和立岗送别服务技能技巧等。

1. 车门迎接服务技能技巧

（1）在车门立岗迎接旅客时，列车员态度要诚恳、热情、礼貌、周到，目光应注视旅客，并用亲切的语言表示欢迎，如“您好，欢迎乘车！请出示车票。”“请注意脚下。”同时，按先来后到的原则快速查验车票。

（2）当车门发生拥挤现象时，列车员应按顺序维持排队秩序，及时提醒旅客看管好自己的行李物品；遇到老人、小孩和行动不便的旅客时，列车员要主动搀扶、给予帮助。

2. 车上的服务技能技巧

（1）致迎宾词

①对于列车员来说，列车就是一个小小的社会。列车员就是这个小社会的“组织者”和服务者，致好迎宾词，做好列车广播，关系到所有旅客的旅途体验以及你能否被大家所认同和接受。

②在致迎宾词和广播时，千万不可面无表情地背诵，可根据实际情况适当调整、突出重点，做到用词恰当、语言清晰、词义明了、表达准确、致辞规范。照本宣科式地背诵，会让旅客感到你在任务式完成某个作业程序，难免会对你服务的诚意产生怀疑。

③广播声音的高低要根据情况而定。车厢内人多嘈杂，要适当抬高声音；车厢比较静，就不必高声致辞。声音的高低，以确保绝大多数旅客都能听到为度。女性列车员的声音应清脆明快、细腻甜美；男性列车员则要洪亮有力、简洁干练。

（2）车厢整容

①旅客上车后，忙于寻找座位和放置行李，列车员应提醒旅客保管好车票以免丢失，放稳行李以免坠落伤人；除直达特快列车外，对乘坐卧铺的旅客，列车员应主动提醒旅客更换卧铺牌。

②当乘车旅客较多，秩序容易混乱时，列车员对乘车经验少的旅客、老弱病残孕的旅客以及行李较多的旅客应主动引导，尽快帮助旅客找到座位，安顿好旅客，使车内秩序尽快平静下来。

③整理行李架时，列车员要事先向旅客解释，以取得旅客的配合，如“旅客们，为了给大家创造安全舒适的环境，现在开始整理车厢，请予以配合，谢谢！”

（3）供应热水

①任何旅客列车在始发和运行途中都要坚持给旅客送开水；有电茶炉的旅客列车，要提醒旅客茶炉的位置；对车厢里的重点旅客，应坚持送水到位；应随时为卧铺车厢里的暖水瓶蓄水。

②旅客接水时，列车员要注意提醒旅客“小心烫伤”；当水没有开时，旅客需要时，列车员可微笑着对旅客解释：“对不起，水还没有开，请您稍等。”；送水时列车员应注意别烫伤了自己或旅客；送水途中，列车员要注意提醒旅客“劳驾，请让一下！”；车厢内旅客较多时，列车员要注意会让，让旅客先行通过。

③给包房里的旅客送水时，列车员要注意礼节，应先征得旅客的同意后才能进入。

（4）清扫卫生

①清扫卫生前列车员应先提醒：“旅客们，为了给大家创造良好的旅行环境，我们开始打扫卫生，请大家给予协助，谢谢！”

②清扫时，动作要轻，需要旅客帮忙时要说“劳驾，请您抬一抬脚”“麻烦，挪一挪您的行包行吗，免得弄脏”“打扰，请把茶杯拿一下，我给您清理一下茶几”；清扫后要把旅客物品或行李放回原处摆放好。

注意：清扫工作不能碰到旅客或物品，遇到有旅客随地扔果皮、纸张，列车员可轻声提醒“请把杂物放在茶几上好吗？我马上过来清理。”若有人往地上倒茶水，列车员应及时劝告“请不要把茶水洒在地上，免得滑倒他人”，要做到不厌其烦地随脏随扫，细心照顾需要帮助的旅客，用优美的环境约束旅客，营造文明舒适的车厢环境。

③清扫厕所时，如有旅客正在使用，列车员不要敲门催喊，要耐心地等待旅客使用完毕后再清扫。

④当旅客对车厢卫生环境不满意时，列车员要及时清扫和整理，并主动说明原因“抱歉，今天超员，打扫卫生不方便，请您谅解，我会尽力清扫干净。”

⑤车厢清扫干净后，列车员要及时整理车厢两端的垃圾袋，装满后及时收取换新；及时清扫茶几或果盘中的垃圾，清理软卧车厢里的垃圾桶。

（5）验票

①列车验票前要事先做好广播或口头通知，如“旅客们，现在开始验票（核对车票），请大家把车票和身份证准备好，谢谢！”

②验票时，列车员应亲切、客气地对旅客说“请出示您的车票。”认真仔细地查验完毕后，要有礼貌地将车票还给旅客，同时说：“请收好您的车票，谢谢！”切忌使用“查票了，把车票拿出来”“为什么不买票”“补票去”等生硬、冷漠的语言对待旅客。

③碰上不予理睬、不予配合的旅客，无论旅客出于什么原因，列车员都不能计较，可适当提高音量，态度和蔼地说“先生（女士），请出示您的车票，如果您没来得及买票，可以办理补票手续。”

④对于无票乘车或是身无分文等各种托词不愿补票的旅客，列车员可在公安乘警的协助下向旅客指出“先生（女士），您实在无法补票列车将按章编制客运记录，请您在前方大站下车，有车站协助当地人民政府为您解决困难。”变换一下列车员和旅客的角色，体现“以人为本”的人文关怀，体现铁路为旅客服务的思想，这样旅客也更能接受。

（6）对重点旅客的服务

①对重点旅客要做到重点照顾，列车员尽可能地为他们提供方便，做到帮拿行李、搀扶上下车、帮助安排卧铺或找座位、联系三餐、端茶送水、协助上厕所等。

②儿童旅客好动，列车员发现其有危险举动时，要及时制止，并提醒其父母看好自己的孩子；孕妇旅客容易疲劳，行动不方便。列车员可安排一个方便走动的下铺或座位，并动员周围旅客轻走动、轻交谈，营造一个安全、良好的休息环境。

③遇孕妇上车时要主动帮助提拿、安放随身携带物品，列车员在前方引导入座，注意调节通风口。根据需要多提供清洁袋，并及时清理，随时给予照顾，提供帮助。

④老年旅客上车时列车员要主动帮助提拿、安放随身携带物品，列车员在前方引导入座并主动介绍车厢服务设备、卫生间的位置，途中经常看望、主动问候，需要开水时，应送水到座位。到站前，提前提醒老人不要遗忘物品，到站主动搀扶下车，与接站人员做好交接。

⑤对于有残疾及患病旅客，列车员应主动介绍车厢服务设施设备、卫生间的位置，帮助残疾旅客将轮椅等用具放置到合适位置。途中经常看望、主动问候、需要饮水时，应送水到座位。如残疾旅客需要用卫生间应及时给予搀扶、引导；如旅客是精神病患者，应告知同行人注意事项；如遇旅客有异常情况，及时采取措施，防止伤害其他旅客。到站前及时提示旅客做好下车准备，不要遗忘物品，并搀扶其下车，与接站人员或车站工作人员做好交接。

3. 立岗送别服务技能技巧

（1）到站后，车门立岗的列车员应以饱满的热情、整洁的形象、标准的姿势以及亲切的态度和话语，有礼貌地向不同的旅客道别，如“请慢走”“欢迎乘坐本次列车”“欢迎下次再来”“下次再见”等。

（2）对于下车旅客，列车员应根据实际情况给予适当帮助，如帮助携带较大行李的旅客提拿一下行李，帮助带小孩的旅客抱一抱小孩，搀扶老人和病、残行动不便的旅客下车，冬季在冻滑的梯子上垫块方布。

（二）处理特殊情况的技巧

旅途中不可避免地会遇到各种不确定因素及突发情况，我们处理的原则是，一切从旅客出发，在符合《客规》的前提下尽量体现人性化服务。面对各种特殊情况，列车员灵活运用各项应急办法和各方面知识，最大限度地满足不同旅客的合理需求。

1. 旅客物品丢失后的处置技巧

在得知旅客丢失物品的消息后，列车员首先应及时向列车长和公安乘警通报，配合询问当事人是否确定物品在列车上丢失。先了解丢失物品的基本特征，然后广播寻物启事并积极配合当事人寻找丢失物品。记录丢失物品的名称、型号、形状、颜色、大小，包括当事人的姓名、联系地址、电话等详细信息。征求旅客的意见，是否需要通知车站公安协助寻找。如需要排查，列车员需对其他旅客做好解释工作，广播说明车上有旅客丢失了贵重物品，到站后请大家协助检查。注意语言技巧，避免引起其他旅客的反感。如部分旅客已经下车，通知公安部门在出站口处对已下车的旅客进行排查。值乘结束后列车长按规定填写“乘务报告”及时反馈乘务值班室及车间，单位有关部门将进行备案。如果是在车站丢失物品，马上报告列车长，联系车站工作人员。将丢失物品特征告知车站并请车站人员协助处理，及时为旅客通报信息并留下旅客姓名、联系方式及有效地址。列车长做好记录。

2. 旅客物品被盗的处置技巧

发生盗窃案后，列车员能在第一时间内将事情报告列车长。密切配合、分工明确、稳而不乱。与周围旅客及嫌疑人交谈言辞得当，同时细心观察其他旅客的表现，锁定嫌疑人。列车长能迅速做出判断，果断处理，并能够及时中止旅客下车，请公安部门对已下车的旅客进行调查，做好车上其他旅客的安抚工作。发生列车盗窃事件后，列车长将旅客信息及事件经过，在值乘结束后1个工作日内，反馈有关部门备案。

3. 旅客在发车前因抢占座位、行李架发生争执

当旅客之间发生争吵时，列车员应主动询问情况，及时疏导劝解。如因行李摆放、重坐引起的矛盾，要妥善安排，平息争执。如劝解无效，列车员要及时报告公安乘警，由公安乘警出面调解，以维护车厢内正常秩序。如争执虽然平息，但矛盾较大，列车员应视情况征得旅客同意，给予调换座位。

4. 避免二等车旅客打扰一等车旅客的处置技巧

一等车列车员随时监控一等车，防止无关人员进入。发现二等车旅客就座一等车座席时，在确定其确实是二等车旅客时，可以友善地询问："请问，您是想办理升级手续吗?"处理过程中有一等车旅客的情况下，尽量不要影响一等车旅客休息。有一等车旅客就座，应委婉地阻止旅客在一等车拍照或参观，无一等车旅客情况，列车员可答应旅客要求，在一等车做短暂停留，需灵活掌握时机，提醒旅客及时返回原座位。

5. 旅客受伤时的处置

列车员发现旅客受伤（癫痫/餐车撞伤/烫伤/行李砸伤等）情况时，应马上道歉（注意语言技巧，体现出列车员的关心和真诚），并及时查看旅客伤情，安抚旅客，根据旅客的受伤情况，按照规定启用应急预案并进行急救处理；及时将事情的经过、处理方法、旅客要求等情况报告列车长。如需要广播找医生时，尽可能多广播两次，让旅客感觉乘务组很尽心。请周围的旅客提供书面证明时，尽量回避当事人，设法留下旅客基本资料、旅客证词，当事旅客有责任的，需在书面材料中应提及旅客责任。留下周围旅客的联系电话。如需要援助，请求列车长联系最近车站医护人员做好处理准备。如旅客提出赔偿等要求时，不能私自向旅客承诺任何要求，应婉言告知旅客将由铁路有关单位出面予以解决。

6. 在车厢遇有旅客接听手机、电脑音乐声较大或大声说话时的处理

在车厢遇有旅客接听手机、电脑音乐声较大或大声说话时，列车员要到旅客旁边，用婉转语言劝其戴上耳机或者把声音尽量调小，劝其尽量到车厢连接处接听手机。说话时要声音适当，尽量不对其他旅客造成影响，最后要对该旅客的配合表示感谢。

7. 旅客投诉的处理

针对节假日车站运能不足（无票可售）、售票窗口开设不足（旅客排长队久候生怨）、硬件设施不足、售票员工作失误、旅客自己误购车票、情绪发泄等原因造成的投诉，处理投诉时的处理技巧如下：

（1）切记不可推卸责任，要做好接待旅客投诉的心理准备。首先，列车员要有"客人总是对的"的思想意识。即使旅客错了，列车员也要把"对"让给旅客，才能减少旅客的对抗情绪。其次，从倾听开始，列车员要保持理智，设法消除旅客的怨气，认真聆听旅客的投诉，让旅客把话讲完，即使遇到一些故意挑剔、无理取闹的旅客，也不要大声争辩或枉"理"欺人，而要耐心听取意见，以柔可抗，使其态度不至于扩大或影响其他旅

客，列车长在处理问题时不要当着全体旅客，尽量把旅客请到车厢连接处或餐车，以免影响到其他旅客或造成围观。最后，列车员要做好旅客投诉登记，如投诉的内容、窗口号、旅客的姓名、联系电话、投诉的时间内容等，这样可以使旅客说话速度放慢，也感受到我们对投诉很重视，缓解旅客愤怒的情绪。

（2）认同旅客的感受，对旅客的心情表示同情、理解和道歉，即使旅客反映不完全属实，或者我们没有先出错，也不要让旅客感觉不舒服或不愉快；使旅客感觉到尊重，从而减少对抗情绪。

（3）表示愿意提供帮助，并解决问题。对旅客反映的问题列车员要立即着手调查和处理，进行录像回放查询和实地调查，尽量在最短时间内给旅客明确的答复，切勿轻易做出权利范围外的许诺。

（4）投诉问题解决后，列车员要向旅客询问其结果是否满意，并要真诚地向旅客致谢，感谢旅客提出的宝贵意见，从而在旅客心中留下美好的印象。

案例分析

旅客返程不慎丢失火车票，车站通过绿色通道将其送上车

节假日、春节回家，返程最怕出岔子。湖北天门一对夫妻从武昌站坐车时就遇到麻烦，但在车站工作人员的帮助下，顺利登上车。

一、事件描述

李先生是湖北当阳人，妻子是天门人。目前，两人均在北京工作。今年春节，李先生在单位值班，没有回乡，妻子史女士独自回天门探亲。大年初五晚上 7 时 30 分许，史女士独自拖着行李箱，来到武昌火车站。正准备进站时，她发现车票不翼而飞。赶上春运返程高峰，史女士万分着急，她在电话中向李先生哭诉。还在工作岗位的李先生也是一筹莫展，思来想去，他想起求助车站的工作人员。

二、事件处理

通过向车站服务台求助，580 服务台工作人员陈某通过史女士提供的车票丢失前的照片和身份证件核对相符后，通过绿色通道，将她送上前往北京的 Z38 次列车，并按规定与列车进行了交接。最后，史女士平安到家。

拓展阅读

服务用语

一、问候用语

通常适用于服务人员的问候用语，主要分为以下两种：

(1) 标准式问候用语。在问好之前，加上适当的人称代词或者其他尊称，如“您好!”“各位好!”“先生好!”等。

(2) 时效式问候用语。在问好、问安之前加上具体的时间，或者在两者之前加上尊称，如“早上好!”“各位下午好!”“小姐早安!”等。

二、迎送用语

(1) 欢迎用语，又称迎客语、常用的欢迎用语有“欢迎光临!”“欢迎您的到来!”“见到您很高兴!”等。

在使用欢迎用语时，通常应使用问候语，必要时还需同时向对方主动施以见面礼，如注目、点头、微笑、鞠躬、握手等。

(2) 送别用语，又称告别用语。常用的送别用语有“再见!”“慢走!”“走好!”“再次乘坐本次列车”“一路平安!”等。

(3) 送别用语一定不要忘记使用，千万不要在对方离去时默不作声。

三、感谢语

(1) 标准式致谢语。例如“谢谢!”等。

(2) 加强式致谢语。有时，为了强化感谢之意，可在标准式致谢用语之前，加上某些副词。最常用的加强式致谢用语有“十分感谢!”“非常感谢!”“多谢!”等。

(3) 具体式的致谢用语。具体式致谢用语，一般是因为某一具体事宜而向人致谢。在致谢时，致谢的原因通常一并提及。例如，“有劳您了!”“让您替我们费心了!”“上次给您添了不少麻烦!”等。

四、请托用语

请托用语，通常是指请求他人帮助时使用的专项用语。

(1) 标准式请托用语。主要就是一个“请”字，如“请稍后!”“请让一下”“请不要在车厢里吸烟”“请您几位说话声音小一些好吗？以免影响其他旅客休息，谢谢”等。

(2) 求助式请托用语。最常用的是“劳驾”“拜托”“打扰”“借光”等。它们往往是在向他人提出某一具体的要求时（如请人让路、请人帮忙等）或打断别人的交谈时才被使用。

(3) 组合式请托用语。组合式请托用语是将前两者混合在一起使用。例如，“请你帮我一个忙!”“对不起，请您站起来给这位旅客让个座，谢谢!”“劳驾您替我扶一下东西!”“请不要把手放在门框上，以免挤伤”“请您看管好自己的物品，以免发生意外”“请您到十三号车厢列车长办公室办理补票手续。”“请您几位说话声音小一些好吗？以免影响其他旅客休息，谢谢!”等。

五、征询用语

在服务过程中，服务人员需要以礼貌的语言向服务对象进行征询。在进行征询时唯有使用必要的礼貌语言才会取得良好的反馈。主要征询语有“需要帮忙吗?”“您有什么事情吗?”“我能为您做点儿什么?”“有什么困难请告诉我”等。

六、应答用语

应答用语，在此特指服务人员在工作岗位上服务于人时，用来回应服务对象的招呼，或者在答复其他询问时，所使用的专门用语。

（1）肯定式应答用语。它主要用来答复服务对象的请求。例如，“好的。”“好的，我明白您的意思。”“很高兴能为您服务。”等。

（2）谦恭式应答用语。当服务对象对于被提供的服务表示满意，或者是直接对服务人员进行口头表扬、感谢时，一般宜用此类应答语进行应答，主要有“请不必客气！”“这是我的荣幸！”“这是我们应当做的！”“请多多指教！”“您过奖了！”等。

（3）谅解式应答用语。在服务对象因故向自己致以歉意时，应及时予以接受，并表示必要的谅解，如“不要紧。”“没有关系。”等。

七、赞赏用语

赞赏用语主要适用于人际交往之中称赞或者肯定他人之时。及时而恰当的赞赏，不但可以激励别人，而且可以促进和改善双方之间的人际关系。

（1）评价式赞赏用语。评价式赞赏用语主要用于服务人员对服务对象的所作所为，适时予以评价，如“太好了！”“真不错！”“对极了！”“太合适了！”“非常出色！”等。

（2）认可式评价用语。当服务对象发表某些见解之后，往往需要由服务人员对其是非做出评价。在对方的见解正确时，一般应对其表示认可，如“还是您懂行。”“看来您是一位内行。”“真是您说的那么回事。”“没错，没错。”等。

（3）回应式赞赏用语。回应式赞赏用语主要适用于服务对象夸奖服务人员之后，由后者回应对方之用，如“哪里，哪里，我做得还很不够。”“我做得不像您说的那么好。”“承蒙夸奖，真是不敢当，不过得到您的肯定，的确让我开心。”等。

八、道歉用语

在工作中，因种种原因而给他人带来不便，或妨碍、打扰对方时，服务人员必须及时地向对方表达自己的歉意。最常用的道歉用语有“抱歉！”“对不起！”“请原谅！”“失礼了！”“不好意思“很是惭愧！”“对不起，您携带的行李已经超重，请您补票。”“对不起，您的减价票不符合规定，请补办差价手续。”“对不起，由于正值春运期间，旅客较多，列车已处于超员状态，请大家互相关照以下，谢谢！”等。

以上这些服务用语是在服务工作中常用到的礼貌用语。在服务过程中，恰到好处地使用服务用语，不仅能够表现出亲切、友好、和蔼与善意，还能够传递对交往对象表示尊重、敬佩的信息，因此，注意语言的规范性和技巧性将有助于相互产生好感，互相达成谅解。

项目训练

【训练目的】

做到教、学、做一体化，提高学生运用理论知识解决实际问题的能力。

【训练内容1】

模拟旅客上车，因抢占座位发生争执时，列车员应如何处理？

【训练提示】

①列车员应先安抚旅客，并了解事情的起因，同时报告列车长和公安乘警。②列车员尽可能为旅客调整座位，协助旅客妥善放置好随身物品，调解、缓解旅客间的矛盾，注意语言技巧，减少对周围其他旅客的影响。③在列车运行途中，列车员要加强监控，以避免

矛盾的再次激化。④列车员提供优质服务，比照重点旅客照顾，以消除旅客不愉快的记忆，缓解矛盾。

【训练内容2】

模拟旅客上车，车厢空调发生故障，列车员应如何处理?

【训练提示】

①做好旅客的安抚解释工作。②立即报告列车长和列检、尽快修复。③无法修复时，把旅客尽量安排到其他车厢，并做好服务工作。④由此产出的票价差，由列车长编制客运记录交旅客到站退款；若人数较多时，列车长应先向到站拍发电报。

【考核标准】

小组互评，教师点评。评分标准为百分制（10分一个等级，如100分、90分、80分等）。

复习思考题

1. 列车员需要掌握哪些服务技能？
2. 简述列车员对重点旅客的服务的技巧。
3. 简述旅客物品丢失处理技巧。
4. 简述旅客投诉处理技巧。

单元3.4 客流高峰期的旅客服务

相关知识

我国铁路旅客运输处于供小于求的紧张的局面，尤其是在春运、暑运、五一、十一黄金周期间，列车超员现象非常普遍。旅客列车拥挤、空气污浊、旅客乘车环境差、突发情况等状况时有发生。为保证旅客的旅途安全，提高旅客旅途中的服务质量，要提前做好高峰期客流组织工作，同时要求列车员提前安排好各项工作，考虑各种突发情况，保质保量地完成运输任务，为旅客提供一个好的乘车体验。

一 高峰期客流

高峰客流是客流的一种特殊形式，它是在一些节假日（双休日、节假日、黄金周、春运及暑运）或其他重大事件时期出现的，在数量上远远超出日常客流的大规模客流。从客流的时间规律来看，高峰客流主要有春运流、暑运流、黄金周和周末流等几种类型。由于其数量的巨大性和出现时期的特殊性，除具有客流的一般特点外，它还表现出其特有的特点。

（一）高峰期客流的组成

节假日是形成高峰期客流的主要时期，在这个时段，大量旅客外出探亲访友或者旅游，这时期的客流组成主要包括：

（1）学生客流。寒暑假是学生流的高峰期，大量学生归家或返校，与其他客流交织构成客流高峰。

（2）旅游客流。旅游客流包括分散型的群体和个人客流，以及由旅游公司等部门承包开行的旅游专列客流。

（3）探亲客流。探亲客流是构成春运高峰期客流的重要部分。

（4）外出务工人员客流。春运期间，外出务工人员客流是构成高峰期客流的主要部分，约占全部客流的30% ~40%，在民工客流发源地或集中地区，最高可达80%以上。

（二）高峰期客流特性

高峰期大量旅客涌向铁路车站，并具有一定的特性。研究高峰期客流的特性，对于组织旅客安全、快速地使用车站设备，完成外出行为等具有重要作用。

1. 客流结构复杂

春运客流中有外出务工人员、学生、探亲、旅游和外出经商流等，它们相互交织形成多个客流高峰。暑运客流中以学生和旅游者为主，时间集中，高峰突出。五一、十一客流中以出门旅游的中短途和团体旅客为主，探亲访友的长途旅客不多。一般来说，高峰期的直通客流增幅大于管内客流增幅。

2. 旅客心理活动复杂，旅行压力大

由于大量旅客涌向车站，旅行的舒适度会较比平时低，旅客总担心能否顺利进站、上车、下车及出站，他们的心理压力很大；特别是不经常出门的老年旅客和随身带有一定数量的现金的民工，他们的心理压力更大，表现为烦躁、多疑甚至导致过激行为。

3. 流向不均衡

春运客流的头几天以学生客流为主，主要是大城市流向中小城市；其后则以民工流为主，主要是从东南沿海地区流向中西部地区；节前两三天则以探亲、旅游流为主，主要是管内短途客流；节日期间，客流相对较少。暑运的客流则集中在学生放假及开学的一段时间内，以学生客流和旅游客流为主。“五一”“十一”节日运输的前三天以从大中城市向旅游点的旅游客流为主，后三天则以从旅游点返回大中城市的客流为主。由于客流地区分布和时间分布上的不均衡，往往造成客流在一定时期的增加是单方向的。

4. 全天候性

由于客流高峰期，特别是春运期间运能与需求的矛盾突出，大多数旅客不得不提前抢购车票、等待进站，在车站的停留时间少则几个小时，多则1 ~2 天。

5. 时间集中，流量大

现阶段的春运和暑运分别为40 天和62 天，但真正的高峰期只有十几天，对某一地区来说甚至只有几天。

6. 出行时间的选择性

中国地大物博，多民族共存，有众多的民俗习惯。旅客出行时，有些地方习惯按农历逢双日出行，有些地方习惯按农历逢三、六、九出行等。

7. 旅客随身携带行李多

旅客平时出行的行李一般都是日常生活用品和少量的其他物品，很少有大量行李，但高峰期时特别是春运时，旅客一般都会携带大量的土特产、礼品和旅游纪念品等，所以行李大增加。

二　客流高峰期的旅客服务

（一）春节旅客服务

春节是我国的传统节日。春运期间，学生回家、农民工返乡、探亲访友、外出游玩，可以说春运是客运部门一年中工作最重要也最繁忙的时期。由于春运工作的特点有客流量大且旅客携带行李多、天气寒冷、运能紧张。因此，做好春运期间的各项服务，对于铁路客运工作人员来说是一场严峻的考验。

学生、民工、探亲访友的旅客、外出游玩的旅客是春运客流的主要组成部分，对于他们来说安全正点地到达目的地就是他们最大的心愿。春运客流来得快，来得猛，比平时增长50%以上，有的车站甚至增长为平时的数倍，且春运期间正值数九寒天，是一年中最冷的时间。因为加开大量临客，列车开行密度增加，需要加班套跑；有的值乘交路延长，这样列车员一次出乘要几个昼夜，顶风冒雪站门岗，不仅要保障旅客安全，还要做好服务和卫生保洁工作，工作和生活条件都很辛苦。所以，列车员必须树立信心，正视困难，努力工作，出色地完成春运任务。春运期间的注意事项如下。

1. 安全管理

安全是春运工作的第一要务。保证安全，首先，要加强车门管理，严格门岗作业，坚持“停开、动关、锁、出站台四门检查瞭望”的制度；其次，加强危险品检查，通过广播宣传各车厢列车员在旅客上车时把关以及在车厢集中查堵等措施，保障列车安全；最后，要加强“两炉一灶一电”的管理，确保用火、用电安全。

在客流高峰期，保证旅客安全，维护旅客乘降秩序非常重要。列车员要熟悉不同类型的门锁，出库前认真检查，到站前早做准备，试开车门。每次列车启动后，应将站在车门口的长途旅客往车厢里面疏导；到达中途站时提醒要下车的旅客提前向车门处移动；提早通报站名，防止出现旅客越站现象。停车后，组织旅客先下后上，避免上不去、下不来的现象，造成列车晚点。列车长和公安乘警应在旅客最多的几节车厢门口帮助维持秩序，遇有突发情况及时处理。

2. 旅客服务

春运人多、天气冷，做好旅客服务的主要任务包括：

（1）尽量让每位旅客喝上开水，吃上热饭热菜。列车在出乘前准备好足够的餐饮；每到上水站，茶水员和卧铺车列车员、餐车炊事员应协助站方上好水，按照操作规程用锅炉及时烧好开水，配置了电茶炉的应保持正常使用，保证旅客随时能喝上开水。

（2）烧好暖气，确保旅客不受冻。除空调车采用电热取暖外，非空调车仍然使用燃煤锅炉取暖。每到冬季，各客运段要配备专职锅炉工上车，上车之前，必须经过培训、考试，取得合格证后方可上岗操作。按照规定，冬季车内温度低于16℃就应供暖；要确保库内有足够的煤；若中途不够时，要联系中途站及时补充；燃烧时，要密切注意焚火情况，保持车内适宜的温度。为保障安全，锅炉间门口和地面不得堆放散煤（装在专用铁柜内），操作前，确认锅炉充满水；途中定时补水，防止干烧；到终点站车底入库，要将锅炉、管路中的水全部排掉，打开排水阀，避免冻车。

（二）其他节假日旅客服务

除春节外，节假日还有暑运、元旦、五一、十一和我国农历传统节日。这些时期旅客运输的特点是客流量大、高峰相对集中。铁路可以采取预约订票、增挂车辆、增加临客等措施。服务工作要求确保安全的前提下细致周到，做好餐茶供应，让广大旅客满意。

1. 暑期客运服务

暑期客运服务的对象主要是学生客流和旅游团体。这些客流的特点是计划性强、旅客思想活跃、文化层次高、服务要求相对较高。针对上述客流的特点，做好暑期客运服务工作，主要从以下几方面努力。

（1）暑期降温和开水供应

暑假天气较热，特别是南方地区，烈日炎炎，酷热难当。许多旅客都是为了避暑而外出旅游，但列车不是天然避暑之处。列车员应设法为旅客提供凉爽的乘车条件。首先，空调、电扇等设备要保持正常工作状态，开车前先预冷，中途注意随时调节温度，让旅客感到舒适；其次，要配合各上水站及时上水，列车烧好开水，确保供应充足；再次，餐车可制作一些冷饮，如冰块、冰西瓜、绿豆汁等，供旅客选用；最后，列车出发前准备一些防暑药品（如清凉油、风油精、藿香正气水等），以备不时之需。

（2）餐饮供应

根据乘车旅客的特点，可预约包餐，结合点菜或盒饭的方式供应。餐车可制作地方风味菜、特色菜、汤菜和点心类。同时，提供一些土特产副食供应，满足旅客的不同需求。

无论是学生客流还是旅游团体，其文化素质都较高、思想活跃、爱好广泛，列车广播应针对这些特点，充分发挥作用。广播时除正常的业务通告外，还可以宣传铁路发展科技，介绍沿途风光、旅游景点、当地美食、风俗习惯，向旅客推荐精品旅客线路，增加音乐、曲艺、节目内容，丰富旅客的旅途生活。

2. 其他节假日旅客服务

我国节假日很多，大致有元旦、春节、清明、五一、端午、十一、中秋等传统节日；双休日；少数民族节日，如广西壮族“三月三”歌会、云南傣族泼水节、藏族的藏历新年等。做好这些时期的旅客服务，要了解客流特点和增长规律，认真研究旅客的心理和兴趣爱好，既可以根据节日的性质、民族民俗，有针对性地做好服务、卫生、餐饮、广播等多项工作，又可以通过出售节日商品、装扮车厢等方式来增添节日喜庆，愉悦旅客的心情。

三 长途旅客列车和超员情况下的旅客服务

长途旅客列车指运行距离1500km以上或运行时间一昼夜以上的列车。除直达特快列车以外，途中各主要车站都有旅客上下车，但从始发局到终点局的旅客约占1/4，这部分旅客为长途旅客。长途旅客特别是老、幼、病、残、孕等重点旅客是列车服务的基本对象。

长途旅客由于“吃、住、行”都在车上，对列车环境、旅途条件等比较关心。他们需要了解列车运行的具体时分、达到沿途各大站的时间及停站时分、到站或主要中转站换乘列车或其他交通工具的衔接时间、旅馆饭店介绍、列车用餐安排等。列车广播要详细地介绍有关情况，列车员要加强卫生和车容整理，主动服务，通过座位访问，了解长途旅客有什么困难和需要，尽量设法解决。

长途旅客列车和超员情况下的旅客服务，主要做好以下两个方面的工作。

1. 旅客安全

除正常的安全注意事项外，对长途旅客安全要特别注意以下几点：

（1）长途旅客长时间乘车容易疲劳，下肢甚至发生水肿。因此，每到大站，他们会下车走动，呼吸新鲜空气或购买商品。列车员应提醒旅客掌握时间，请他们听到开车铃响马上上车，防止漏乘。

（2）列车员要及时提醒旅客注意看管好自己的行李物品，尤其是节假日期间，旅客人数多，要提醒旅客保管好自己的钱包和贵重物品。

（3）列车停站，旅客上车人数较多时，用餐、喝水、如厕都不方便时，旅客容易心情烦躁，要防止旅客因人多无法上车扒车、吊车而发生坠落事故，列车员要协助车站劝阻旅客不要盲目抢上，注意安全。

（4）当旅客上车人数较多，列车员要注意观察客车转向架上的弹簧是否被压死，或者相连车钩中心水平线高差是否超过75mm；如有发现，不得发车，立即向列车长报告。列车长应会同车站疏散旅客，车辆恢复正常后，方能继续运行。

（5）在列车超员、车内盗窃事件频发的区段，列车可适当增派警力，加强治安管理，保障旅客的人身财产安全。

2. 旅客服务

除按正常的旅客列车给予旅客全面、周到的服务外，长途旅客列车的旅客服务还应注意以下方面：

（1）乘车时间长，旅客容易产生烦躁心理，列车员应努力为旅客营造一个和谐、轻松的旅途环境。

（2）充分利用广播播放一些轻音乐、相声、歌曲之类的节目，同时宣传文明乘车，提倡挤座、让座，调节旅客情绪、活跃车内气氛。

（3）当旅客之间因人多拥挤发生纠纷或争抢座位时，列车员应耐心做好劝解工作；解释列车超员的原因，获得旅客的理解；同时宣传“礼为先、和为贵”的理念，动员旅客之间相互谦让，或想办法解决旅客困难，促使旅客和解。

（4）开展延伸服务，满足旅客各种需求。

①组织列车员利用安检、查票机会，或专门到车厢探访重点旅客，进行重点服务。为

旅客提供洗漱用品、图书、报纸、针线、纸笔等，以满足旅客的需求。

②列车可指派列车员学习一些急救知识，如心肺复苏、包扎、常见急症的抢救等；医药箱按规定配齐常用药品和医疗器具。遇旅客中暑、外伤、临产、突发心脏病等情况时，有专业医护人员处理时列车员可充当助手，没有医护人员在场时列车员可以做应急处理，减轻旅客的痛苦，争取治疗时间。

③餐车供应多样化。夜间提供夜宵，如点心、卤菜；夏季供应冷饮，为旅客的旅途提供便利。

④遇到节假日（如除夕），旅客不多时，在保证安全的前提下，列车可以在餐车组织旅客联欢，举行唱歌、跳舞、猜灯谜、说相声等节目，增添节日气氛，减轻旅客在车上过节的落寞感。

⑤对于中转旅客，列车可与终点站和中途大站的交通、旅行部门签订合同，在列车上为旅客办理住宿、游览、车船机票的代办手续，为旅客提供便利。

拓展阅读

旅客列车突发大客流

旅客在春运、暑运、黄金周运输高峰时期，车内超员超过国铁集团规定的超员率时，列车长必须按规定拍发超员电报，遇有旅客列车中途突发大客流时，列车长应及时深入车厢了解车内旅客的流量、流向，根据客流方向，追发超员电报。

列车长要做好车内检查巡视工作，及时掌握车内情况，对重点旅客做到心中有数，对客流量较大和旅客上下车人数较多的车站，到场组织列车员提前组织下车旅客到车门口，打开双门组织旅客安全、有序地乘降，必要时，列车长组织列车值班员、安全员、售货员、餐服人员（特殊情况时公安乘警、检车人员参加），每人负责一个重点车厢，与值乘列车员一起采取分散下车方式，提前组织下车旅客到车门口；列车停稳后，及时打开双门，扶老携幼，组织旅客安全、有序地下车。同时与站台方共同组织和引导旅客分散乘车，均衡各车厢旅客数量，确保旅客列车安全正点。

在列车超员和晚点的情况下，列车广播要及时做好宣传通告（涉及夜间行车时，各车厢列车员做好连环通告），各车厢列车员要提前组织好重点旅客下车前的准备工作；列车停稳后，及时打开车门，扶老携幼，组织旅客安全、有序地乘降。在客流量较大的车站应组织旅客分散下车，双开车门，加快乘降速度，以尽快恢复列车正点。

当突发大客流时，各车厢列车员要加强车内巡视，做好安全宣传，及时疏导通过台、连接处的行李包裹，提醒儿童监护人做好看护，文明服务，礼貌待客。对老、幼、病、残、孕等重点旅客重点照顾，对车站交接和本次列车需要重点照顾的特殊重点旅客，列车长可视情况适当安排在餐车乘车或调整到硬卧车厢通过台处，防止发生危险。

当列车突发大客流时，列车长应及时召开“三乘人员”及班组党团员、骨干会议，针对车内实际情况，进行分工安排，责任到人。列车长要加强对餐车的管理，及时组织餐服人员做好餐饮供应工作，并亲自组织休班人员深入车厢，为旅客突击送水、送饭，确保旅客的饮水和餐食需要；公安乘警要加强对车厢的检查巡视，提醒旅客看管好自己的财务，加强列车治安秩序；检车人员要经常对车内设备进行检查和巡视。

当列车突发大客流，造成车内空气混浊、温度较高时，新型空调列车冬季应及时通知车辆列车员打开列车强通风，调节车内温度；普通旅客列车冬季列车员应打开车窗或通风窗，加强列车自然通风，并做好严禁向窗外抛物宣传，加强车内检查巡视工作，防止发生旅客晕厥事件。遇有旅客因车内空气混浊、温度较高使身体发生不适时，值乘列车员与随同人员或周围旅客迅速将有不适情况的旅客扶到乘务室，打开车窗（非会车一侧），加强列车自然通风，空调列车必要时可打开冷风缓解车内温度；同时通知相邻车厢列车员迅速通过列车广播寻找医生并及时赶赴现场，采取相应措施。当旅客病情得不到缓解时，迅速启动“旅客突发疾病应急处置措施”。

遇有弹簧压死时，应及时通知车辆乘务员。列车长会同车辆乘务员确认弹簧承压情况，确认弹簧压死时，迅速通知车站客运值班员及运转车长（车辆乘务员）不准开车，并迅速组织公安乘警、列车值班员、安全员、车厢列车员等，密切配合车站组织疏导旅客，将车内旅客疏散到邻近车厢，待弹簧恢复时（经车辆检车人员确认）方可开车。

项目训练

【训练目的】

做到教、学、做一体化，提高学生运用理论知识解决实际问题的能力。

【训练内容】

分小组运用该任务相关知识进行角色扮演，模拟车站突发大客流作业情境进行训练，落实现场处理主要环节；各小组派代表进行总结汇报。

【考核标准】

小组互评，教师点评。评分标准为百分制（10分一个等级，如100分、90分、80分等）。

复习思考题

1. 高峰期客流有什么特性？
2. 如何组织好春节期间的旅客服务？
3. 如何组织好长途旅客列车和列车超员情况下的旅客服务？

模块 4

旅客列车客运业务

内容描述

本模块主要介绍旅客列车服务质量管理的重点及质量控制办法；介绍了列车移动补票机与站车无线交互系统的功能及使用方法；介绍了铁路运输收入管理的相关内容和票务处理的几种情况；介绍了列车长编制客运记录、拍发电报的方法。

教学目标

1. 能力目标

能够熟练使用移动补票机完成相应作业；能够熟练使用站车无线交互系统手持终端设备完成相应作业。

2. 知识目标

了解旅客列车服务质量管理的重点及质量控制办法了解列车移动补票机中的补票类型；了解列车移动补票机的操作步骤；了解列车移动补票机的申领与使用要求；了解站车无线交互系统的功能；了解站车无线交互系统的基本操作。

3. 素质目标

通过学习使用移动补票机、站车无线交互系统手持终端，进一步提高学生的业务技能与综合服务能力，满足当前旅客列车乘务服务工作的要求。

案例导入

列车上丢失车票可实名挂失补票

国铁集团从 2018 年 1 月 1 日起进一步完善实名制火车票挂失补办办法，增加了旅客在列车上和到站检票前丢失火车票的补办服务，并开发了在列车运行过程中实时查询旅客购票信息的功能。

2018 年春运期间，在火车上发现丢失火车票的旅客可以在车上进行实名挂失补票。目前相关设备正在匹配中。

业内人士介绍，要想实现列车上的实名挂失补票，需要实现站车客运信息无线交互系统和补票机的联网。也就是说，列车员在列车运行过程中先要可以实时查询到旅客的购票信息，然后再通过无线传输功能（如蓝牙）将获得的信息和列车员手持的补票机联通，这样才能为旅客打印出印有“挂失补”的车票。

现在在列车上丢失火车票是如何操作的呢？据了解，旅客在车上发现车票丢失，在列车员查票后，先要在车上补票。到站前，列车长确认该席位使用正常，会开具客运记录交给旅客作为到站退票的凭证。旅客到站后，凭客运记录、新车票和购票时所使用的居民有效身份证件原件，到退票窗口办理新车票的退票手续。

单元4.1 旅客列车服务质量管理

相关知识

一 铁路客运服务

（一）铁路客运服务的概念

铁路客运服务是指铁路企业为了实现旅客位移而进行的一系列或多或少具有无形性的活动所构成的一种过程。该过程是指在旅客与客运人员、硬件和软件的互动中进行的。铁路客运服务的本质是铁路运输企业为最大限度地满足旅客的需求并为企业自身创造价值。可见，铁路客运服务是站在旅客的角度来强调旅客在消费中的实际体验以及此过程中的满足程度，侧重点在于服务的过程和旅客的满意程度。

铁路客运服务主要包括铁路车站售票、检票、安检、候车，车站及列车上的开水供应、食品提供等有形服务和铁路列车员在服务过程中的仪表、言谈举止，以及从服务过程中体现出的职业操守、工作态度、个人涵养和奉献精神等无形的服务。

（二）铁路客运服务的特点

铁路客运服务具有以下特点。

1. 客运服务的无形性

服务具有无形性。铁路客运服务的本质也是无形的，它是通过劳务活动的形式来提供无形的服务。

2. 客运服务生产与消费的同步性

客运服务既是服务的生产过程，同时又是服务的消费过程。

3. 客运服务的不可存储性

因为客运服务生产与消费具有同步性，所以客运服务不可存储，并且易逝。当某一旅客旅行过程结束后，服务随即消失，服务的价值也将失去，如旅客列车上的空座位；实际中的需求和供给一般处于一种不平衡的状态，如春运时期，铁路运能不足，运输服务能力不能满足广大旅客的需求；而在运输的淡季，铁路运输服务能力过剩，旅客需求不足，使得铁路运能产生浪费。

4. 客运服务质量的异质性

服务本身具备差异性，并且客运服务是以旅客为中心，不同的客运人员提供服务给不同的旅客时，由于均存在个体差异，服务产品的质量很难保持一致。

5. 客运服务的不可转移性

因为生产与消费是同时进行的，旅客在付出相应的服务费用后将直接化为自身的效用。例如，实名制的车票在规定的旅客到达目的地以后将失去效用，成为废票。

二 铁路客运服务质量

（一）铁路客运服务质量的概念

铁路客运服务质量是指铁路客运服务企业提供的服务满足旅客规定需要和潜在需要的水平。规定需要是指已在技术规范或者是服务规范中做出明确规定的旅客需求，如在列车到站前，应及时地向旅客通告（广播或电子显示屏）到站名称、到开和停站时间，并组织重点的旅客到车门口提前等待下车；潜在需要是指在技术规范或服务规范中未做出明确规定，但实际中，旅客在接受服务时又确实存在的需要，即旅客无法明确表达或是无须言明的需要和一些特殊旅客的需求，如盲人旅客需要导向语言和辅助服务等。

客运服务质量是指旅客的感知质量（Perceived Service Quality），这同样是客运服务质量管理的方向。当旅客感知服务质量超出期望时，旅客就会感到惊喜；当旅客感知服务质量与期望相等时，旅客就会满意；当旅客感知服务质量低于期望时，旅客就会不满意，即服务失败。

站在旅客的角度上来看，他们认为铁路客运服务质量，可以概括为两点：一是旅客在消费服务结束之时获得了什么，即所谓的服务结果，这一点通常被称为服务的技术质量；二是旅客怎样在出行的过程中对服务进行消费，即所谓的服务的过程，这一点通常称为服务的功能质量。高速铁路客运服务质量既是服务的技术质量和功能质量的统一，又是服务的过程和结果的统一，如图 4-1 所示。

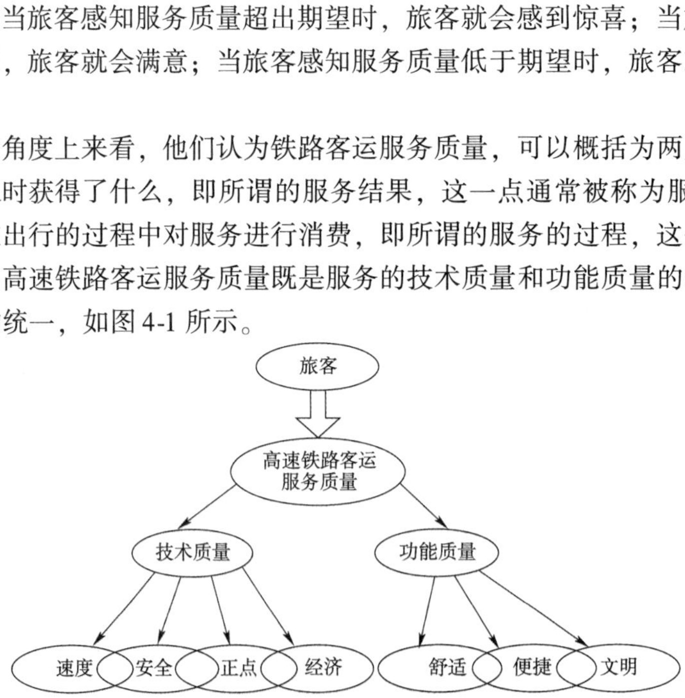

图 4-1　高速铁路客运服务质量内容

铁路客运服务的技术质量主要体现在“快速”“安全”“正点”“经济”四个方面。高速铁路对于这四个方面的要求如下：

(1)“快速”要求列车必须按技术标准提供较高的运行速度，为旅客节省旅途时间，并且包含高效率、方便快捷的服务过程。

(2)“安全”要求旅客在高速铁路车站买票、候车过程中或在列车高速运行过程中，自身的精神、身体和物品不受到伤害。

(3)“正点”指的是旅客能够在票面所规定的时间内抵达目的地，避免延误。

(4)“经济”要求以经济的价格，让旅客获得优质的服务。

技术质量一般可以用某种形式来度量，如高速铁路列车“正点”情况可用运行时间、列车出发、到达的正点率指标来度量等。

高速铁路客运服务的功能质量主要体现在“舒适”“便捷”“文明”三个方面。

(1)“舒适”是指高速铁路必须满足旅客对于舒适的需求，为旅客提供文明、礼貌、热情周到的服务，从而提高旅客的出行质量。

(2)“便捷”是指高速铁路运输企业需要为旅客提供便捷的服务，减少旅客在旅途中的时间损失，达到节省旅客的出行时间的目的。

(3)“文明”要求高速铁路运输企业在为旅客提供服务的过程中，满足旅客的精神需求。

客运服务的技术质量具有客观性，而客运服务的功能质量具有主观性，是指旅客对出行中得到服务的自身的感受和看法。目前，大多数客运相关的服务性公司把铁路客运服务中的技术质量看作是其服务质量的核心，集中组织运输资源提高服务的技术质量并以此作为参与竞争的主要因素。但随着高新技术转移和扩散速度的加快，新服务产品的技术质量可以很快被竞争对手效仿或超越，优势难以维持。所以，作为伟大高新技术成果，铁路运输企业应该更为注重其服务的策略，提高服务的功能质量，从而提升竞争优势、提高客运分担率。

(二) 旅客列车服务质量管理的重要性

服务性企业生存和发展的基础是服务质量，服务质量的竞争也成了运输市场间竞争的本质和核心。目前铁路运输企业把服务质量当成企业营销的重点，这样就需要铁路运输企业在服务产生前对旅客的期望以及先前感受进行了解，并且针对旅客的感受采取各类措施去提高旅客感知服务质量。唯有尽可能提升旅客对产品或者服务的感知质量，才能够使得旅客对于铁路运输企业服务质量的满意度得到提升，才能有针对性地改善其服务质量，为旅客提供更加优质的服务，从而最大限度地吸引旅客，增大铁路运输企业的市场占有率。

铁路运输企业经营管理的核心内容是客运服务质量的管理，而客运服务质量则成为决定运输企业效益以及竞争能力的重要因素。我国铁路管理部门提出各种规章及措施去提高客运服务质量，但铁路运输系统自身在运输服务质量的管理中主要依靠还是在企业运营中积累的经验，对服务质量的好坏评价。因此，通过科学合理的铁路客运服务质量管理体系，对铁路客运服务质量进行管理，从而提高服务质量，增加旅客的吸引强度变得尤为重要。

三 旅客列车服务质量管理

（一）旅客列车服务质量管理相关规范

国铁集团针对我国铁路客运服务质量的问题，先后颁布了很多铁路客运服务质量方面的规章和标准，主要包括《铁路旅客运输规程》《铁路旅客运输办理细则》《铁路旅客运输管理规则》《铁路客运运价规则》《铁路旅客运输服务质量标准》《铁路旅客运输服务质量监督检查办法》以及《铁路客运服务质量规范》（铁总运〔2014〕178号文）等。此类规章及标准的颁布主要作用在于维护铁路旅客运输的正常秩序，保护参与铁路旅客运输各方当事人的合法权益。此类规章及标准不仅规定了铁路承运人要尽可能保证旅客运输的安全正点，督促客运人为旅客提供良好的旅行环境以及服务设施，不断提高服务质量，文明礼貌地为旅客服务；而且规定了对于发生在旅客运输期间因承运人过错造成的旅客人身财产安全损失的赔偿标准。

（二）铁路部门对于客运服务质量的管理

目前我国铁路部门对其客运服务质量的管理主要采取国铁集团、各局集团公司、站段三级分级管理的制度。各级主要管理的内容由《铁路旅客运输管理规则》规定。

1. 国铁集团级管理

（1）依据国家政策、法令、制定、修改有关规章、运价、标准等；审批公布新线（含跨局临管线）营业里程，开办或封闭营业站。

（2）收集国际铁路以及国内其他交通工具运输旅客的有关信息；制订铁路旅客运输经营、管理及采用新技术的中、远期发展规划；培训铁路的客运领导干部。

（3）编制和调整直通旅客列车运行图、票额分配方案以及临时直通旅客列车的加开、停运；编制跨三局以上列车的行包运输方案；掌握直通旅客列车的运行、客车的加挂；审批路用车的跨局使用；审批特、一等客运站的修建方案以及大型客运设备的更新改造、新技术的引进方案。

（4）组织完成国家下达的旅客运输计划，检查旅客运输中各项工作质量，仲裁跨局旅客及行包责任事故。

2. 各局集团公司级管理

（1）贯彻执行铁道部命令指示、规章制度，制定有关补充规定或细则；审批公布营内临管线营业里程；审报营业站的开办和封闭，审批旅客乘降所开办和封闭。

（2）编制和调整管内旅客列车运行图、票额分配以及跨两局直通列车和管内列车的行包运输方案；掌握管内临时客车的加开、停运；掌握管内旅客列车运行，客车加挂；掌握管内客车配属；审批二、三等客运站的修建方案以及较大客运设备的更新改造、新技术引进方案。

（3）培训、考核客运干部。组织完成旅客运输生产任务，检查管内旅客运输各项工作质量；编写广播资料；审批旅客及行包重大事故的赔偿；仲裁跨局旅客、行包责任事故。

3. 站段级管理

贯彻执行上级规章、命令、指示；制定客运工作的管理细则、作业过程和实施措施；培训、考核客运职工；管好、用好客运设施设备；处理旅客及行包事故，确保质量并良好地完成旅客和行包运输任务。

（三）客运工作人员服务质量标准

铁路客运工作人员的服务质量标准主要是由《铁路旅客运输服务质量标准》来规定的，主要规定了安全秩序以及文明服务等方面客运工作人员的服务质量标准。安全秩序方面主要包括安全和组织秩序以及在运行途中的安全；文明服务包括对员工的基本要求、仪容、语言、礼仪及职业道德等方面的要求。

（四）旅客运输产品的质量特性

旅客运输产品虽然不具有实物形态，但它和工农业产品一样，也有其质量特性。铁路旅客运输质量是指铁路旅客运输的服务满足旅客、货主明确或隐含需要能力特性的总和。旅客运输产品的质量特性包括安全、时效、迅速、经济、便捷、舒适。旅客根据以上这些特性能否满足或满足的程度来判断旅客运输产品的质量好坏。下面就这些质量特性加以说明。

1. 安全

安全是客运最基本的要求。铁路客运服务的安全强调的是在旅客消费服务时，确保旅客的财物及其人身安全，包含能够为旅客的安全提供应急服务以及配置装备相应数量的安全服务设施和设备。例如，依据客流量配置足够数量的危险品检查仪器，确保安全服务设备处于良好的状态；保证餐饮的安全与卫生等。

2. 时效

时效的第一层含义是指准时，也可理解为服务的可靠性，主要指铁路列车按时刻表准时出发、正点运行、准时到达。时效的第二层含义是指更多选择的满意发车时间。铁路开行的列车车次越多，旅客对于出行时间的选择余地就会越大，如一些旅客期望朝发午至、午发夕归等。

3. 迅速

对于铁路高质量服务的要求来说，“迅速”包括等待服务的时间要短和服务提供本身的速度要快。例如，尽快地答复旅客的问题或咨询事项、及时补充饮用水、车站和列车的垃圾及时清理等。另外，运送速度要快，旅客在途中花费的时间和精力越少，对于服务质量的满意度则会越高。

4. 经济

经济是指铁路企业争取以经济的价格，让旅客获得更优质的服务。这是提高服务质量和竞争力的重要途径。对于铁路来说，在基本票价确定的情况下，既可以实行会员积分、团体优惠等营销策略，也可推出免费提供套餐、免费阅览报纸杂志等服务。

5. 便捷

便捷指的是为旅客提供方便、快捷的客运服务，包含旅行中对于旅客换乘接续时间和地点能做到“无缝”衔接，为旅客办理手续提供方便，能达成旅客在整个出行过程中的连贯，如在车站必须设置有清晰、完善的导向标识以及无障碍设施，为旅客的车票购买提供多种选择渠道以及足够的购买车票的设施设备等。

6. 舒适

高速铁路应该尽最大的努力满足旅客对于舒适的需求，让旅客能够得到文明、礼貌、热情周到的服务，实现旅客旅行质量全面提升的目的。

铁路企业的竞争通常就是围绕这些特点展开的，可以说，客运服务产品特点在以上六大方面的表现实质上就是铁路企业竞争的六大焦点。明确服务产品特点，找到服务产品的竞争优势，可为进一步的服务包设计和服务流程设计乃至改善性服务设计提供指导原则和方针。

四 动车组列车客运服务特点及现存问题

（一）服务特点

1. 服务标准相应提升

目前，铁路客运多次提速，高速铁路覆盖率大为提高，尤其“复兴号”动车组开行以来，越来越多的旅客对高速铁路出行更为青睐，对出行的要求也由之前“走得了”改为“走得好”。此外，旅客对于乘车舒适度、服务水平、设备设施、车厢环境、餐饮水准等要求更高。

2. 乘降时长相应缩短

相比普速列车而言，动车组列车在停站时长更短，大多为 1 ~ 2min，目前动车组列车一名列车员要负责 4 节二等座车厢的服务工作，人员配比率不高，遇列车晚点、超员、空调故障等情况出现，旅客需进行疏散时，服务工作做得不够精细。同时，目前一等座车上座率普遍较高（一等座一名列车员负责两节车厢)，停靠站时间间距短，对于车厢验票和分发赠品的服务上来说，强度较大，在一定程度上会影响服务质量。

（二）现存问题（影响服务质量六大因素)

近年来，随着部分高速铁路列车服役时间长、旅客对服务质量要求不断提高、社会各界对铁路服务质量关注不断加大等情况，在服务质量控制方面还存在一些难题。

1. 设施设备

目前，部分高速铁路列车长期服役，日常故障发生率在逐步提高，如广播误报、视频错显、座椅盖脱落以及厕所集便器堵塞等问题目前较为突出，给旅客乘车体验造成负面影响。具体来说，车显广播错报列车到站、发车等信息，极易造成旅客越站、漏乘、误降；座椅盖脱落会引起就座不适，甚至造成旅客因摔倒发生人身伤害；集便器堵塞，厕所无法使用，让原本厕所就比较少的高速铁路列车旅客如厕更为困难。

2. 职工素质

列车员用工紧张。动车组均为女职工，相对孕、病事假率要远高于一般普速列车，容易造成先天性定员不足。周末、小长假、高峰期临时增开和重联的列车多，造成现场缺员严重。增开的列车都是用现有的班组利用休息加班套跑完成。长期疲劳作战又必然造成列车员病、事假率提高，部分列车员因身体原因和压力原因辞职，缺员严重。长期以来缺员一直是高速铁路车队很困扰的问题。为满足开行列车的需求，大量新职工被招收进来，但经验缺乏、技能水平不高、个人素质差异等因素给服务质量带来一定的影响。

3. 旅客习惯

首先，主要是社会群体对高速铁路服务不够理解，成熟旅客群体还需培养。例如，部分旅客习惯乘坐既有旅客列车，对服务工作要求就是卫生、就餐、饮水等基础性工作，对列车员标准还停留在旧有“声音响、嗓门大、满脸笑、扫地忙、满头汗”的级别上，对现在的高速铁路列车自助式服务不能理解。其次，部分旅客自身乘车习惯也对列车乘车环境造成影响，但多数时候旅客会将其归咎于列车服务质量下降。最后，当前旅客运输供需矛盾依旧存在，客流高峰期无座旅客增多也是影响乘车体验的重要原因之一。

4. 管理模式

相对既有列车来说，动车组列车管理工作存在一定的难度，动车组列车存在点多、线广、分布散，以及现场班组多、日常任务多、职工流动性大、管理体量大而管理人员配置少等客观管理难度，导致车队管理人员精力分散，疲于应付日常纷杂的事务，不能静心思考管理上的突破和创新，制约了服务质量的进一步提高。

5. 思维模式

一方面，部分列车员对“无干扰服务”定义出现曲解，错误地认为无干扰就是少巡视、少服务，缺少服务的主动性。另一方面，一些列车长“重结果、轻过程，重考核、轻管理”的问题比较突出，对于班组现场服务工作指导倾向于如何迎检、如何避责，而对如何真正地服务旅客缺乏有利的指导。

6. 突发情况

一是发生大面积晚点。因线路、天气、人为等多种因素，密集开行的高速铁路线路较容易发生大面积晚点，在目前“互联网+”时代，事件扩散速度快。另外，由于长时间晚点，乘车旅客焦急、不满情绪会集中于列车列车员，甚至出现过激行为。在承担极大压力的情况下，列车员也极易发生不规范的语言或行为，这些都给服务质量造成极为严重的负面影响。二是列车临时换型。目前高速铁路列车车型较多，车厢结构、设备设施、席位分布都不相同。一旦发生故障，启用的备用车底车型不一定完全匹配，容易造成旅客席位需要置换，乘车等级发生变化，不仅给车站和列车带来组织困难，也给旅客带来了极大的不便。

五 动车组列车服务质量控制重点

为确保动车组列车服务质量，我们主要从以下几个方面着手。

（一）营造舒适的出行体验

1. 做好设施设备的维护工作

提供良好的客运服务，良好的列车硬件设施是主要条件。由车队指定专人对设施设备问题每日进行梳理，对两趟以上未能修复的设施设备问题进行统计并上报段乘务科，并及时与动车段联系并上报相关问题，通过与车辆部门协调，及时将设施设备问题进行反馈形成闭环。

2. 改进列车信息服务

做好动车组列车信息显示、广播和音视频服务。一是每次调图后，针对调图后时刻及停站的变化进行调整，避免出现遗漏及错误。二是建立广播信息反馈平台，现场发现问题及时上报解决。三是班组在列车始发前，将各车厢广播音量调节到合适的音值，途中注重广播音量的监听，根据旅客需求做到动态调整。

3. 创造良好的车厢环境

一是加强列车出库卫生的验收工作，要求车班接车时对列车出库卫生质量进行全面验收，遇深度保洁时根据深度保洁项目进行逐项检查验收，对不达标项目规范信息上报，严格落实考核，不断提升库内保洁质量。二是强化随车保洁管理。规范保洁互控检查机制落实，由列车长、列车员、保洁人员互相确认签字，确保途中卫生保洁质量良好；针对高速铁路列车密闭空气内循环、集便式厕所异味难挥发的问题，乘务组配置厕所去味剂，明确4h全列喷一次的要求以解决厕所异味。

（二）强化队伍素质建设

主要抓好列车长和普通列车员两支队伍的建设工作。在列车长队伍建设方面，将列车长队伍建设作为一项系统工程来抓，从工作实绩、个人魅力、综合素养等方面进行考评。在普通列车员队伍建设方面，通过强化学习培训，设立岗位星级标准，建立个人考评档案等方式，确保个人素质能力不断提升。

（三）提升服务标准

（1）因车制宜、开展精细化服务按照“有需求、有服务，无需求、无干扰”的原则，完善设施设备及引导标识，倡导自助式服务，规范完成广播、补票等基本服务，全面落实首问负责制，让旅客的需求在第一时间内得到快速响应；“复兴号”开创“5+6服务模式”，以“5S”［微笑（Smile）、快速（Speed）、标准（Standard）、特别（Special）和满意（Satisfy）］服务标准规范乘务组作业，以6大服务法（亲情服务、管家服务、人文服务、个性化服务、信息化服务和延伸化服务）为旅客带来温馨服务，让旅客拥有美好体验。

（2）以评促改、量化服务质量工作。定期召开服务质量考评会、按月下发服务质量分析通报等形式，对服务质量问题涉及车队的分析材料、车队整改情况、服务质量问题发生的原因进行深层次的分析。注重收集各类服务质量的难点、易发问题。将集中反馈在列车上存在的共性问题进行梳理和归纳，加大服务质量监督和检查力度。通过定期向旅客发放

《客运服务满意度测评表》《旅客意见卡》，以加强社会监督。

（四）强化应急处置

针对列车大面积晚点、空调故障、列车停电等常见事故预案进行分解细化，注重收集自身及兄弟单位案例，形成应急预案。以桌面推演和现场实作相结合的方式开展情境演练，做到人人参与、个个过关。同时，重新梳理与完善应急指挥体系。

对段值班室、车队值班室、乘务组三级应急指挥职能进行细化，明确现场突发情况分级响应、单头指挥、双通道上报等规定，确保突发情况能够第一时间得到妥善处置。

（五）人员及培训方面

（1）增加列车员备用率。根据现在孕产假和人员辞职的现状，提高列车员备用率，增加人员以应对病事假及人员流失情况，同时也能更好地应对增开的临客。

（2）增加男性列车员，设立男子班组。考虑到女性列车员孕产假的实际情况，可以适当地增加男性列车员进行补充，减少孕产假的比例。

（3）确保新职人员的培训时间。要预留足够的时间保证新入职人员能够受到系统、专业的客运相关知识培训。

拓展阅读

升级互联网订餐　推进站车"厕所革命"
铁路部门十大措施　提高春运服务质量

为做好2018年春运工作，铁路部门在坚持做好日常各项基本服务的基础上，推出十大便民、利民措施，全力提高春运服务质量，打造平安春运、有序春运、温馨春运，让旅客体验更美好。

为了提高春运服务质量，铁路部门通过多种措施，最大限度地扩大春运运输能力。增加春运客流集中地区运能安排，节前北京、广州、沪宁杭三大客流集中地区共安排直通旅客列车1350对，同比增加59对。

2018年春运将充分发挥高速铁路主力军的作用，充分发挥高速铁路成网优势和动车组资源，优化高速铁路列车开行结构，预计动车组发送旅客占比将达到57.5%，同比提高4.8%。加开的旅客列车中动车组列车占比将从2017年的36%提高到2018年的43%。加强挖潜提效，节前节后客流高峰期，在京哈、京广、沪昆、贵广等方向，增开88.5对夜间高速铁路列车。

为方便贫困地区旅客购票，2018年国铁集团将开展贫困地区精准售票服务，有针对性地安排运能、预留票额，开展精准售票服务。在广、深地区等务工人员集中地，开行扶贫专列；在云桂、西成、兰渝等铁路沿线贫困地区，为务工人员开展送票服务。

提升旅客购票体验也是2018年采取的便民重点措施。铁路方面升级扩容了售票系统，"中国铁路12306"系统日售票能力从1000万张提升至1500万张；优化完善验证码策略，今年春运85%以上购票不再需要输入验证码，同比提高15%；推广售票窗口、自动售票机、列车车补、车站到补扫码支付；铁路还和公安部门组织开展“猎鹰—2018”战役，全面打击倒卖车票违法犯罪活动。

2018年春运还将打造“复兴号”服务新标杆。国铁集团进一步扩大“复兴号”开行范围，在北京至太原、西安、成都、沈阳，上海至昆明、厦门、合肥，南京至南宁，深圳至重庆，广州至兰州等方向逐步增加开行“复兴号”；围绕列车服务标准、广播、宣传品、备品规范建设，推行“复兴号”动车组标准化服务，打造“复兴号”服务品牌。

国铁集团在提高春运服务智能化、信息化水平等方面也做出了新尝试。在进站环节，加快推广应用自助实名制核验闸机，提高验证验票通过能力和效率。在候车环节，部分大站智能导航系统可提供旅客自助查询。在旅途全程，开展“行程通知”信息服务，为旅客提供信息资讯；推出“中国铁路12306”微信小程序和车站张贴二维码，为旅客提供余票查询、停站信息及本人行程管理等便捷信息服务。

2018年春运期间还开展车站畅通工程，实施便捷换乘的高速铁路车站由23个扩大到39个。专项整治车站进出站通道，方便旅客快捷进出站；统一车站服务台设置标准，及时解决旅客出行困难。

此外，国铁集团在春运期间升级互联网订餐，不仅丰富了订餐供应品种，而且订餐截止下单和取消时间由开车前2h压缩至开车前1h；推进站车“厕所革命”，启动开展全路车站、列车“卫生达标活动”，重点解决厕所设备设施故障，全面推行厕所管理责任制，对全路站车厕所开展全覆盖监督检查；为港澳台旅客购票提供自助便利，在现有329个站1859台支持卡式台胞证和回乡证办理自助购取票服务的基础上，实现省级以上城市所在地车站、广东省境内高速铁路车站、京广、京沪、杭深线所有高速铁路车站全覆盖，同时对加装改造的自动售票机张贴明显标识，方便旅客使用。

（来源：《中国质量报》）

动车组列车服务质量规范（基础管理）

（1）管理制度健全，有考核、有记载。定期分析安全和服务质量状况，有针对性地具体化整改措施。

（2）按规定配置业务资料，内容修改及时、正确。除携带铁路电报、客运记录外，车上不携带其他纸质资料台账。

（3）各工种在列车长的领导下，按岗位责任各负其责，相互协作，落实作业标准，有监督、有检查、有考核。

（4）业务办理符合规定，票据、台账、报表的填写规范、内容准确、完整清晰；配备保险柜，营运进款结算准确，票据、现金及时入柜加锁，到站按规定解款。

（5）客运人员配备统一乘务箱（包），集中定位摆放；洗漱用具、茶杯等定位摆放。

（6）库内保洁作业纳入动车所一体化作业管理，动车所满足一体化吸污、保洁等整备作业条件。

（7）备品柜、储藏柜按车辆设计功能使用，备品定位摆放。单独配置的备品柜与车身固定，并与车内环境相协调。

(8) 定期开展职业技能培训，培训内容适应岗位要求，评判准确。

项目训练

【训练目的】

做到教、学、做一体化，提高学生运用理论知识解决实际问题的能力。

【训练内容】

分小组运用该任务相关知识进行讨论铁路客运服务的特点、存在问题及服务质量控制的方法，各小组派代表进行总结汇报。

【考核标准】

小组互评，教师点评。评分标准为百分制（10分一个等级，如100分、90分、80分等）。

复习思考题

1. 简述铁路客运服务的概念。
2. 简述铁路客运服务质量的概念。
3. 简述铁路客运服务质量管理的重要性。
4. 简述旅客运输产品的质量特性。
5. 简述动车组列车客运服务特点及现存问题。
6. 简述动车组列车服务质量控制重点。

单元4.2　列车信息传递与补票设备的使用

相关知识

一　站车无线交互系统

（一）实施站车无线交互系统的目的

为了提高速铁路路客运的信息化水平，为站、车之间提供实时信息交互的无线信息传输，确保站车交互信息的及时准确，实施铁路站车客运信息无线交互系统。

1. 站车无线交互系统的主要功能

实现地面和车上乘车人数通知单、席位发售及剩余等信息的自动交互，使车上随时掌握最新的列车席位发售情况，方便列车员的旅客管理及补票等工作；同时客运段管理人员可以及时了解列车上的相关信息，并能够向列车员传达相关业务信息。

2. 站车无线交互系统的组成

站车无线交互系统由地面系统、无线传输平台及移动系统组成。

地面系统由信息发布服务器、GPRS接口服务器、安全隔离系统、路由器及防火墙组成。地面系统设置在国铁集团，负责从客票系统获取乘车人数通知单、列车席位等信息，并通过无线传输通道，推送给指定的移动终端设备。无线传输平台利用中国移动 GSM、GPRS 网络构建的无线传输通道，用以完成列车（客运段）与地面车站之间的信息传递。

（二）列车移动补票的功能

补票机是车内办理补票业务的专用设备。铁路现行使用的补票机型号比较多，各种型号补票机在功能方面及操作方面大同小异。

二 列车信息传递与补票设备的使用

（一）站车无线交互系统的运用

1. 主界面内容

（1）程序：包含①“版本管理器”用于系统升级；②便笺；③计算器；④联系人；⑤验票程序；⑥站车系统。

（2）设置：包含①电源；②时间（修改日期日间）；③写号器（在电话号码无法认出的情况下使用）；④校准屏幕。

（3）网络：包含①电话管理（查看电话开启状态）；②网络配置管理器（用于网络测试）。

2. 系统初始化

初次使用系统时，需要进行时间、日期的核对及相关网络配置调试，确保系统的正确运行。在系统主界面上点击“系统配置”按钮，之后点击“网络测试”会出现图 4-2 所示的界面。

首先，点击“初始化”按钮，之后点击“连接”处输入框，输入“KP—GPRS”；然后点击“APN”处输入框，输入“TDBKYZC”，如图 4-3 所示；点击“建 APN”按钮，出现图 4-4 所示的提示界面，表示建立成功。

图 4-2 “系统配置”界面

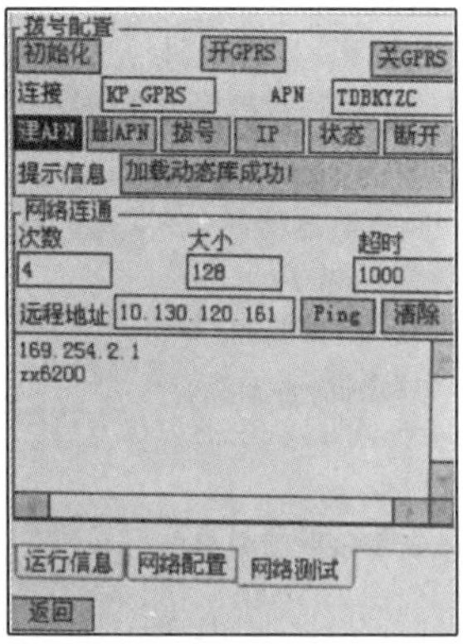

图 4-3 点击“建 APN”按钮

图 4-4 系统建立成功界面

3. 操作流程

（1）基本操作流程

①点击“程序”→“站车系统”→“登乘”；②“席位统计”和“席位查询”的查看；③到站后“退乘”操作。其他的功能是辅助功能，如图 4-5 所示。

进入登乘界面后，屏幕中间会提示选择车次“始发日期”的日期下拉选择框和输入“始发车次”的文本输入框（图4-6）；点击始发车次文本输入框（图4-7），输入车次后系统会弹出界面如图4-8所示，点击“登录”按钮，弹出确认车次信息窗口（图4-9），点击“是”即可完成登录。

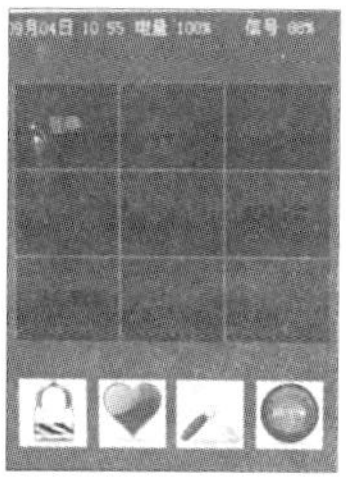
图4-5 站车系统界面

图4-6 登乘界面

图4-7 车次输入界面

图4-8 登录信息输入

图4-9 登录确认

（2）席位统计

登乘成功后，“登乘”按钮自动显示为红色不可点击，其余动态功能按钮为绿色可点击状态（图4-10），列车到站前5min，客票系统生成通知单数据文件并传送到站车系统，操作人员可以点击“席位统计”按钮，查看通知单、车内人数、密度表三项内容。屏幕上以表格为主要方式显示了电子化的“乘车人数通知单”，通知单分为主表和附表两部分，如图4-11所示。

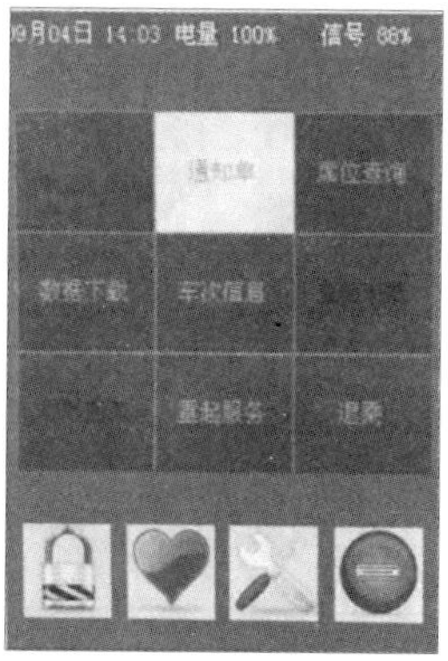
图4-10 登录成功界面

图4-11 乘车人数通知单

点击“席位统计”按钮查看通知单没有数据，这可能是由于查看时机不对，每个站的通知单数据是在到站前5min从客票系统传送过来的，如果在到站前5min以前查看，是不会有数据的。列车在始发站发车前1h开始下载该车全程席位概况。始发站下载的全程席位信息中，前方站信息可能还会变化，这些会变化的数据系统用蓝底黑字标出，当前站的数据用白底黑字标出，列车到达中途站前开始下载该站具体客流数据。

手持终端的席位统计操作出现异常进行处理的注意事项如下：

①系统配置信息不可随意更改。

②GPRS拨号失败时检查电话状态与信号。

③手工下载数据与自动下载避免同时操作。

④数据下载较慢时操作需要耐心等待。

(3) 席位查询

①点击“席位查询”(图4-12)。“席位查询”功能项中支持列表显示车厢定员及实际各车厢内人数、可补数量、电子票数量及特殊票种数量的统计信息；支持当前基准站选择过滤车厢内席位；初始化时，席位查询显示定员车厢信息，此时由于各停靠站席位信息尚未下载，信息为灰色，如图4-13所示。

②当停靠站席位信息下载成功后，相关车厢信息会相应更新，此时点击各车厢，显示定员席位信息，如图4-14所示。

③点击6号车厢查看席位信息，蓝色表示可补席位，红色表示当前有人座位，灰色表明该座位为空，前方站预留；还可以通过选择“当前站”下拉菜单来变换当前基准站，如图4-15所示。

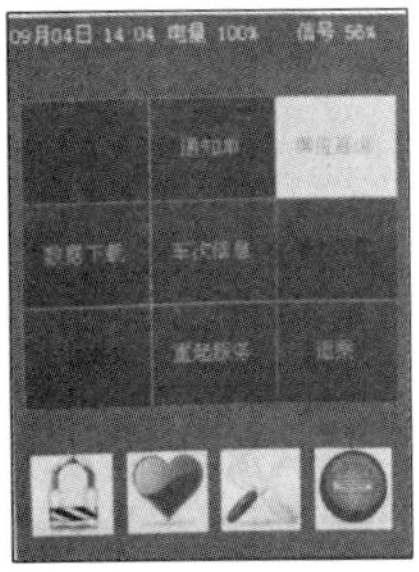

图4-12　点击“席位查询”

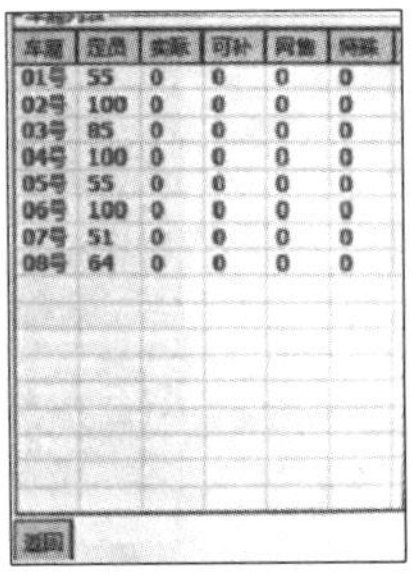

图4-13　各车厢定员信息

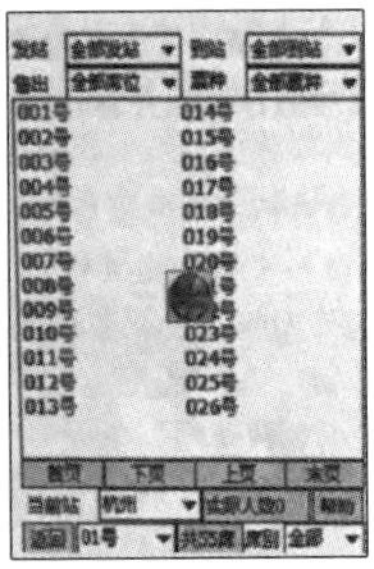

图4-14　席位信息显示

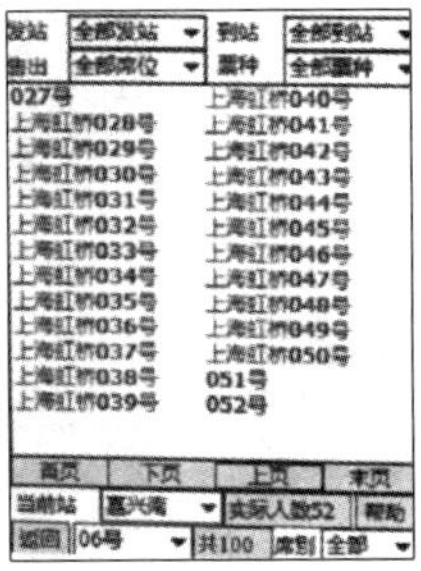

图4-15　车厢信息

(4) 数据下载功能

数据下载功能包括以下几个方面的内容：

①显示该次列车的停靠站及发点信息。

②按停靠站记录了包括通知单主表、附表和席位信息在内的相关业务信息的下载状态及下载时间。

③在系统自动下载失败或者列车晚点等其他异常情况下，提供了人工干预的手段，可以选择车站手工进行下载(图4-16)；点击“数据下载”按钮，弹出“数据下载”，界面如图4-17所示。

“数据下载”功能项中增加“实名制车票挂失信息”数据的下载，并支持全部车站下载，这里“全部车站”是指已到点可下载数据的所有停靠站，如图4-18所示。

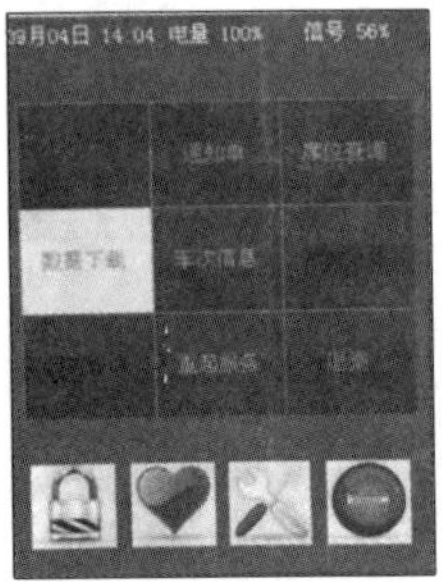

图4-16　点击“数据下载”

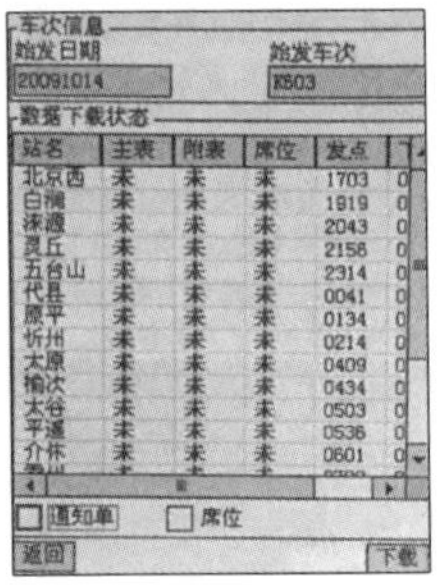

图4-17　“数据下载”界面

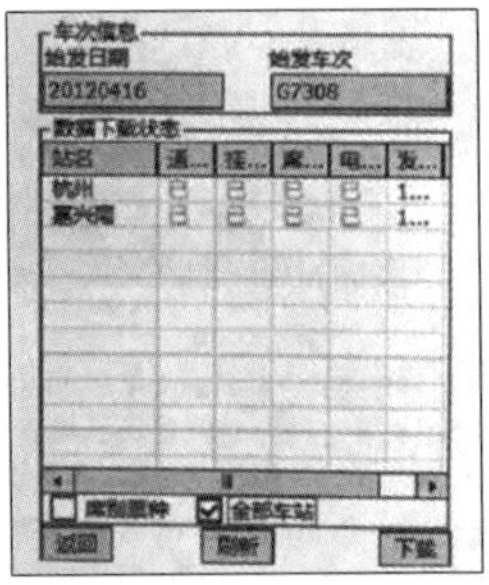

图4-18　全部车站下载

（5）车次查询

车次查询功能包括以下几个方面的内容：

①显示该次列车的停靠站及发点信息。

②为终端系统按停靠站及发点自动下载相关业务数据提供了依据。

③在列车晚点早点等情况下，提供了人工干预的手段，可以选择车站手工调整自动下载时间（图4-19）；点击“车次信息”按钮，进入“车次查询”界面，屏幕显示分为三个区域：上方为固定提示信息显示区域，中间为表格展示的停靠站信息区域，下边包括功能按钮区域。其中，停靠站信息区按停靠站显示了站序、站名、发点、到点、行车天数和可手工调整的晚点时间，如图4-20所示。

④正晚点调整，在“车次查询”界面先选择需要调整的车站，之后点击“正晚点调整”即可。弹出界面如图4-21所示。

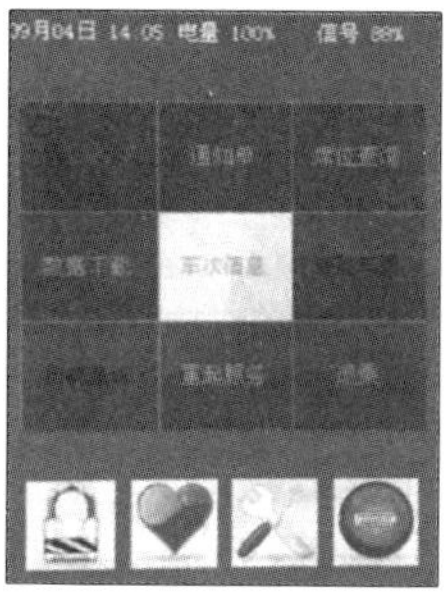

图4-19　点击“车次信息”

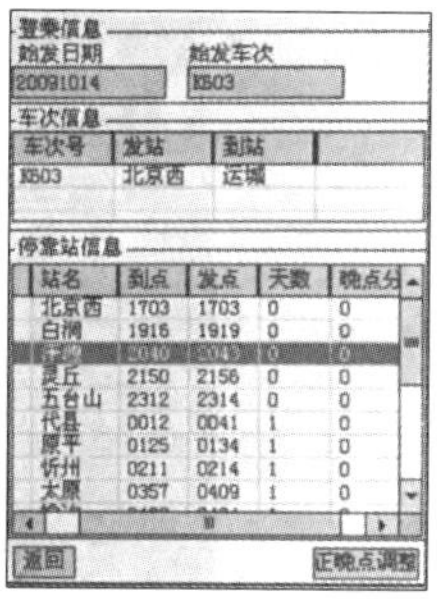

图4-20　车次查询界面

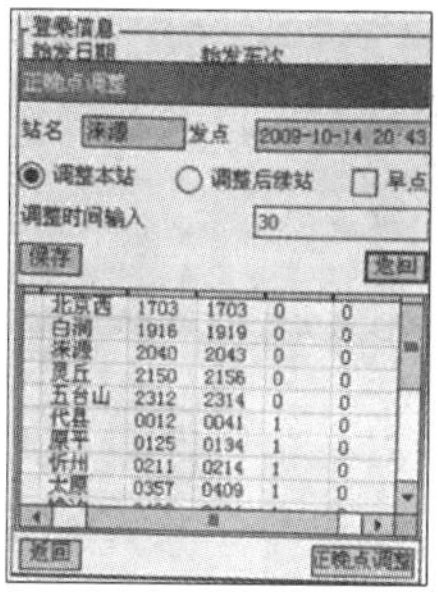

图4-21　输入调整时间

（6）查验车票

“查验车票”功能为车上工作人员提供了便捷的验票手段，辅助列车上的日常验票作业。点击“查验车票”按钮，如图4-22所示。

“查验车票”功能项中“更新二维码解码”模块，修复票面信息还原时旅客姓名汉字乱码的问题；功能项中增加“实名制车票挂失信息”数据的查询功能，并支持按指定证件号码或车厢两种方式查询，如图4-23所示。

点击“挂失信息”按钮，弹出界面如图4-24所示。

点击列表中指定信息，弹出界面如图4-25所示。

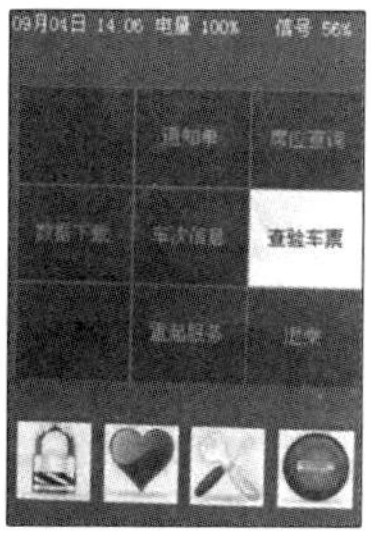

图4-22　点击“查验车票”

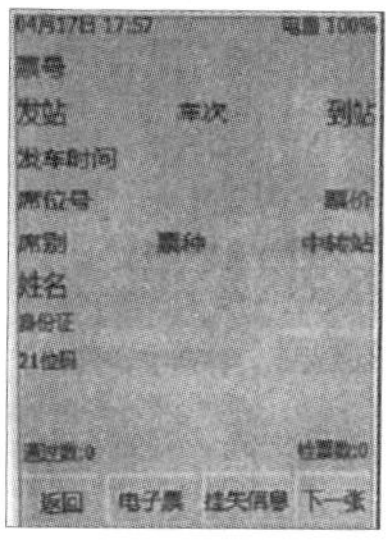

图4-23　检验车票界面

图4-24　挂失车票信息

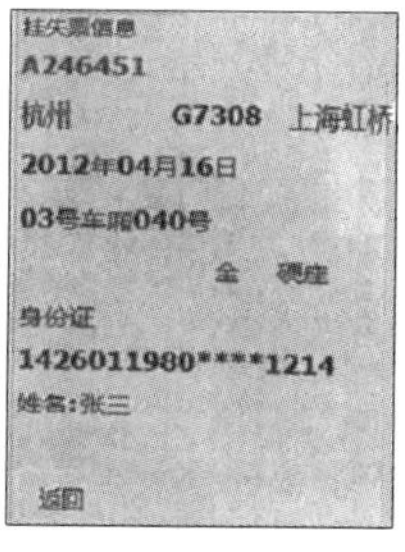

图4-25　挂失票全部信息

通过扫描票面上的二维码，会在“车票信息”区域显示条码解密后的车票信息；在“身份信息”区域显示购票身份信息，验证信息区根据票面信息解读车票。

（7）退乘功能

当一次列车作业完成后，通过退乘操作终端系统自动清理本次操作的相关数据，并与地面系统交互完成退出释放相关资源，为下次业务开始做准备。退乘成功后将进入系统初始状态。点击“退乘”，点击“是”后，系统自动清理相关文件并从地面系统退出，如图4-26所示。

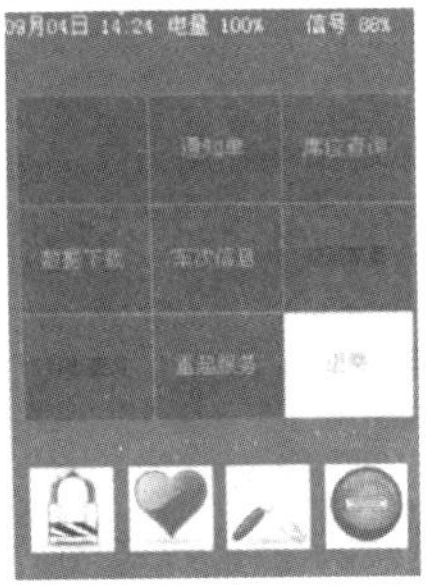

图4-26　退乘界面

退乘过程中可能会出现频繁的“拨号失败”的情况，这可能是由于处于密闭环境，无线网络所覆盖较差导致终端的无线信号不强。该情况下应将终端移至信号较好的环境中再尝试操作。

（8）重启服务功能

重启服务功能是将终端系统的后台服务进程以及相关辅助进程重新启动，在发生系统异常时可提供快速恢复功能的手段。具体在系统使用时如果数据文件总是下不来，可以点击“重启服务”按钮，重新启动。

（二）列车无线通信设备使用管理

1. 动车组对讲机使用管理

（1）对讲机由列车长、列车员负责使用和保管，初次使用时应认真阅读说明书，并做到正确使用对讲机。

（2）严禁用对讲机谈论与工作无关的事项，应按规定使用通话频道，不得擅自更换频道，要始终保证通话频道畅通。

（3）对讲机在使用过程中不要频繁开机、关机，同时应调整为适当的音量，通话时要使用文明用语。

（4）使用对讲机通话时要简明扼要，避免长时间通话而使对讲机超负荷使用减少寿命，使用时应先确定没有人在讲话，后轻按话筒开关，避免话筒受到太大压力而损坏。

（5）对讲机只能在工作岗位中供列车长和列车员联络时使用。列车长、列车员外出时不准携带对讲机，也不准他人使用。

（6）平时应随时注意检查对讲机和电池配件，注意防水、防摔、防丢失等，一旦损坏、丢失应立即报告并按价赔偿。

（7）列车长、列车员在工作调整时，应做好对讲机的移交记录工作并履行签字。

2. 列车长专用手机使用管理

客运专线列车长专用手机是为确保动车组运行中发生紧急或突发状况时，列车长能及时、准确地与相关部门联系，是保证信息畅通的重要通信工具，列车长必须加强对其管理和使用，保证专用手机的正常使用。

（1）每日到达折返站的班组，由列车长负责将专用手机带入公寓并对手机进行充电。

（2）列车长专用手机在运行中由列车长使用并负责安全保管，由于列车长管理和使用不当，或者私自借给他人使用造成的损坏和丢失由列车长本人负责赔偿。

（3）列车长专用手机是动车组与相关部门联系的专用手机，任何人不得用专用手机拨打与乘务工作无关的电话，更不得使用专用手机与无关人员谈论私事或闲聊。

（4）列车长专用手机发生故障、损坏或者丢失后，列车长应在第一时间向有关部门进行汇报。

（5）凡发生违反规定使用造成的不良反应或严重后果，将严格追究列车长本人的责任。

（三）列车移动补票机的运用

列车移动补票机是旅客列车上配备的主要补票设备，能够处理各种情况下的票务手续。

1. 准备工作

地面人员操作做好下列准备工作：

（1）车次下载。

（2）发上岗卡。

（3）电池充电。

（4）装好卷纸。

（5）插备份卡。

2. 系统登录

（1）启动及身份认证

长按移动补票机的电源开关键，移动补票机将启动，显示屏显示如图4-27所示。

将上岗卡含芯片面朝上向里插入到上岗卡卡槽，插入到卡长一半位置，听到“咔嗒”声即到位；按任意键输入工号、姓名、密码，按“确认”键进行确认。若密码正确，则终端显示用户身份信息。

注意：如确认工号、密码输入正确而无法开机时，重新插卡开机。若售票过程中更换操作员，则操作员必须将自己的上岗卡插入卡槽重新开机认证。同时，请确保出乘补票机存根数目为零。如果显示不为零，则将补票机交由地面管理人员进行处理。

（2）系统主菜单

系统主菜单界面如图4-28所示。按选项前数字对应的数字键选择。

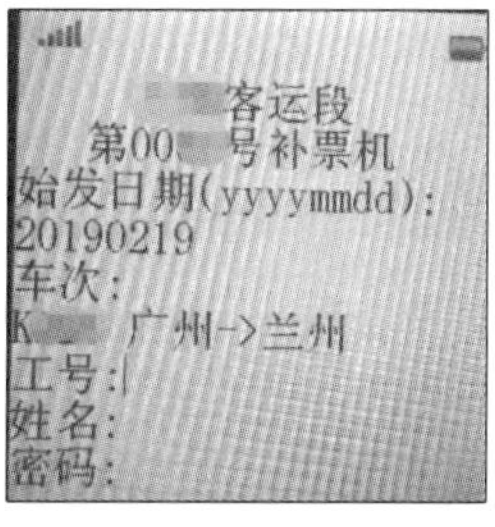

图4-27 移动补票机启动及身份认证操作界面

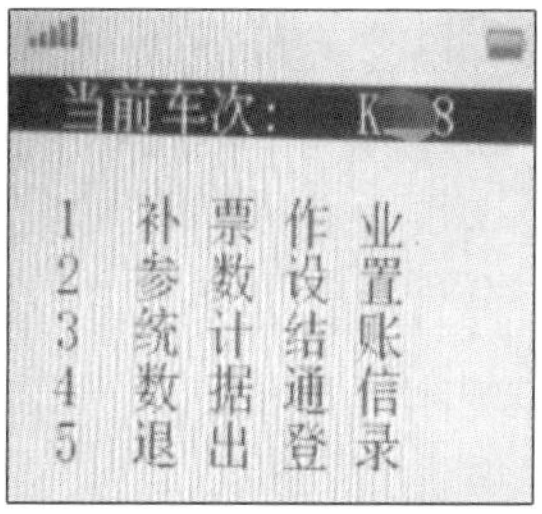

图4-28 系统主菜单界面

提示：补票操作中选择某一功能项时，只需按下此功能项前数字对应的数字键即可，无须按“确认”键；当输入数字或字母时，需按“确认”键来确认；当输入有误时，按

“◀”键删除光标所在位置的前一个字符。

3. 补票操作

（1）设置票号及出乘日期

选择车次，设置票号及出乘日期。进入补票操作后，界面显示如图 4-29 所示。

提示：票号格式的第一位为字母，后六位为数字，如 A000001。字母输入办法：先按字母所在数字键，然后按一下“＊”键为该键的第一个字母，按两下“＊”键为该键的第二个字母，按三下“＊”键为该键的第三个字母，依次循环。

注意：系统显示的当前票号英语实际将要打印的票号一致，这是正确使用的基础，当前票号将打印到票面的条码中。每安装一个新的票卷，只允许为第一张票输票号，剩余的票系统将自动往后跳票号，不许人工输入。若中途发现票号不一致，只能让地面管理人员修改。

按“确认”键继续，显示车次信息；选择车次，进入下一步，显示当前出乘日期，出乘日期为当前车次从始发站发车时的日期，中途不用修改，由 8 位数字组成，如 2018 年 9 月 20 日要输入“20180922”。输入出乘日期界面如图 4-30 所示。月和日都是两位数字，不足用 0 补齐。

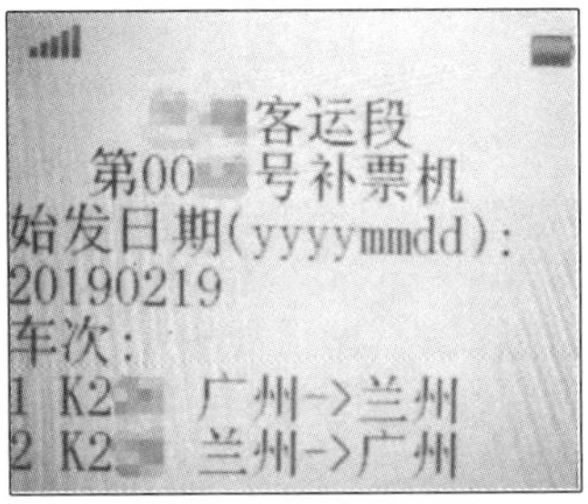

图 4-29　选择车次界面

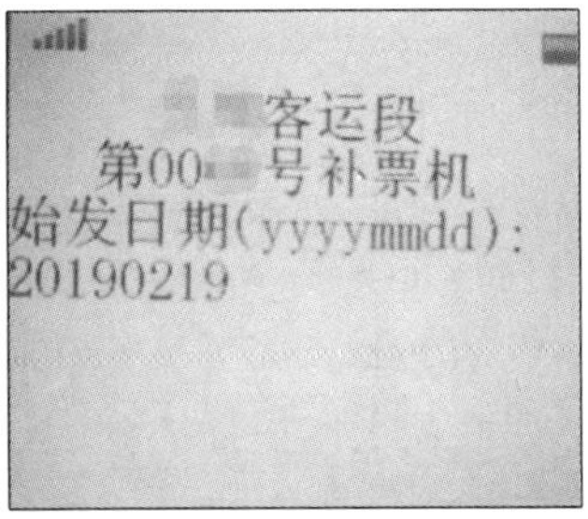

图 4-30　输入出乘日期界面

按“F1”键后可输入新的出乘日。按“确认”键继续，屏幕显示补票类型。

（2）补票类型

系统将列车上的补票情况分为以下类型：

①正常票。旅客来不及买票直接上车补票。该补票类型的事由有客（特快卧）、丢失原票、无票加罚、孩免、单卧。价格分为全价、半价，残、学、孩座别包括新空调硬座、新空调软座、新空硬卧（上、中、下）、新空软卧（上、下）。

②变更座席。旅客持有本车次车票，进行低档次座别变更为高档次座别的操作。该补票类别包括的常用补票事由补票情况的分类界面有补卧、变座、变卧、变铺、变座变卧、变座补卧等。价格可分为全价、半价（残、学、孩）。

③越站。旅客希望延长旅途。

④越站变席。旅客希望延长旅途并变更座席。该补票类别的补票事由有越站补卧、越站变座变卧、越站变座补卧。

⑤减价不符。对待持优惠票不符合减价条件的旅客补售车票。该补票类型的补票事由有超高、减价不符、补差。

⑥越席。旅客现占用的座席与票面显示的应席不符。

⑦空调加快。单补起始站到终到站的空调、加快客票。

⑧非本车票。旅客持有的功能有效客票不能完全顶替所乘列车客票时补收的差价。

⑨公免签证。有恰当事由的铁路工作人员持有效证件免费乘车。

注意：对于有原票的情况，根据国铁集团有关规定，同时考虑到财务的安全性，不收回原票，随原票同时使用。

（3）补票流程

①补正常票操作步骤：

a. 选择起始站。当屏幕不能完全显示所有站名时，站名分屏显示，可以使用上、下列功能键帮助选择，↑键向上翻页，↓键向下翻页；选择起始站，进入下一步。

b. 选择终到站，进入下一步，如图4-31所示。

c. 选择补票事由，选定事由后，进入下一步，如图4-32所示。

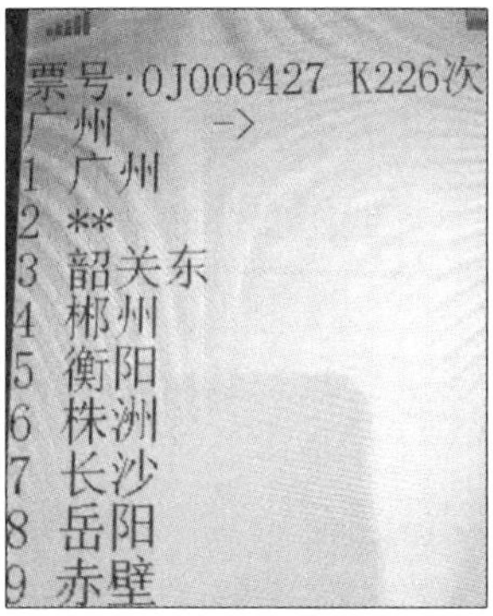

图4-31　选择终到站

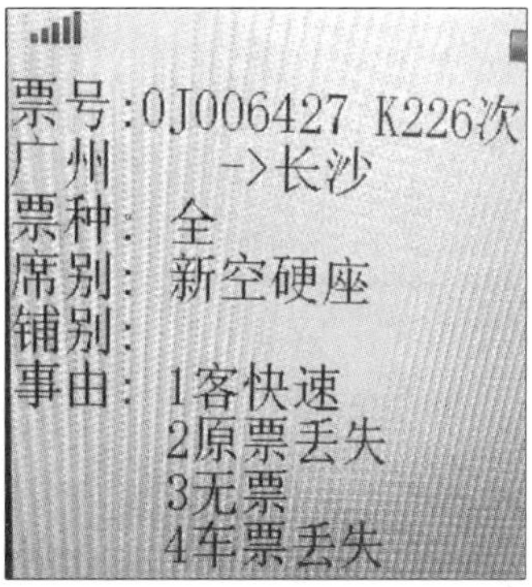

图4-32　选择补票事由

d. 选择票种，如图4-33所示。选定票种后，进入下一步。

e. 选择座位，如图4-34所示。选定座位项后，进入下一步。

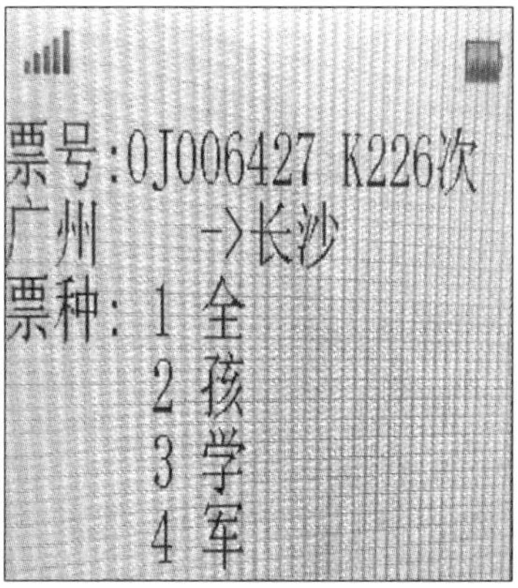

图4-33　选择票种

图4-34　选择座位

f. 输入车票数目。如果想将本车票存为快捷车票，可按左下角的键将其保存。次车票信息即可显示在“补票类型/快捷制票”选项中；按“确认”键可将该票暂存。

g. 输入车厢号和席位号。跟随光标输入具体的车厢号跟座位号，如果是无座票，直接按“确认”键；如果是加车，输入“j + 车厢号”（输入的方法是按5再按 * ）；如果是宿营车，输入 00；其他情况下，请输入正常的数字。

h. 显示车票信息。值班员应仔细核对屏幕显示信息是否正确。若车票正确，按“确认”键或“F2”键，打印车票界面，如图 4-35 所示；若客票信息不正确，按“取消”键，取消打印。

②变更座席。

a. 选择起始站（旅客变更席别的起始站，而不一定是旅客原票的始发站）。

b. 选择终到站，选择票种。

c. 选择原票座席，选择欲变更为的席别（必须比原座席高等级），如图 4-36 所示。

d. 输入车票数目，输入车厢号、座席号以及原票号。

e. 打印车票。

f. 输入实收款。

图 4-35　打印车票界面

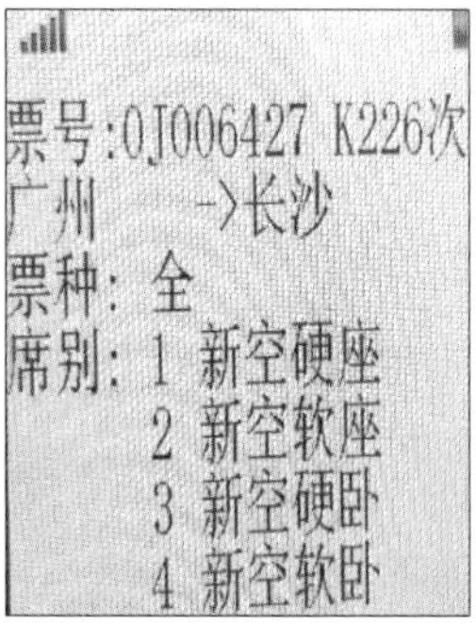

图 4-36　选择原票席别

提示：在系统中，考虑到对车票信息的不同需求，在某些输入过程，用户可以根据情况来选择是否输入。例如，在上述变更座席的步骤中，用户可以选择是否输入车厢号席位以及原票号。如果不需要输入，直接按“确认”键忽略跳过即可。其他补票类型操作相同。原票号的输入方法请参阅票号的修改方法。

③越站。

当席别不变（原来硬座现在仍为硬座，原来硬卧中现在仍为硬卧中）越站时，现起始站为原票终到站，现终到站为旅客现终到站。

越站操作步骤如下：

a. 选择原票起始站。

b. 选择现起始站。

c. 选择最终到站，选择票种（全、残、学、孩）。

d. 选择座别（硬座、软座、硬卧、软卧）。

e. 输入车票数目。

f. 输入车厢号和席位号。

g. 打印车票。

h. 输入实收款。

最后屏幕显示车票的详细信息，售票员应核对显示信息是否正确。若车票正确，按

"确认"键打印车票。否则按"取消"键取消打印。

④越站变席。

补越站票指席别变更的越站乘车票，补票时，现起始站为原票终到站，现终到站为旅客现终到站（旅客最终要到的最终到站）。

选择"越站变席"后，进入"补越站变席票"界面。

越站变席操作步骤如下：

a. 选择原票起始站。

b. 选择原票终到站。

c. 选择现起始站。

d. 选择现终到站。

e. 选择票种（全、残、学、孩）。

f. 选择原票座别（硬座、软卧、硬卧、软卧），如图4-36所示。

g. 选择欲变更为的席位。

h. 输入车票数目、输入车厢号和席位号。

i. 打印车票。

j. 输入实收款。

⑤减价不符。

选择"减价不符"后，进入"补减价不符票"界面。具体操作步骤如下：

a. 选择起始站。

b. 选择终到站。

c. 选择原票种。

d. 选择座席类别。

e. 输入车票数目。

f. 输入车厢号和席位号。

g. 打印车票。

h. 输入实收款。

注意：当儿童身高不足1.2m时，随成人票，无须另行补票；当儿童身高超过1.5m持半价票时，在加价票选项中做超高处理；当儿童身高超过1.5m时，直接在正常票中补成人全票即可。

⑥越席。

选择"越席"后，进入"补越席票"界面。具体操作步骤如下：

a. 选择起始站。

b. 选择终到站。

c. 选择票种（全价、残、学、孩）。

d. 选择原车票显示座席。

e. 选择旅客现占用座席。

f. 输入车票数目。

g. 输入车厢号和席位号。

h. 打印车票。

i. 输入实收款。

⑦非本车票。

选择“非本车票”后，进入“补非本车票”界面。具体操作步骤如下：

a. 选择起始站。

b. 选择终到站。

c. 选择票种（全价、残、学、孩）。

d. 选择现座类别。

e. 输入原票价。

f. 输入是否加罚。

g. 输入车票数目。

h. 输入车厢号和席位号。

i. 打印车票。

j. 输入实收款。

⑧快捷制票。

选择“快捷制票”后，进入“快捷制票”界面。具体操作步骤如下：

a. 选择需要打印的具体车票；以前所保存的所有快捷车票将都会显示在列表中，按“F2”键清除所有的快捷键。

b. 输入车票数目。

c. 输入车厢号和席位号。

d. 打印车票。

e. 输入实收款。

⑨制票注意事项。

a. 打印到条码中的票号要与票面出厂时已经印刷好的票号一致。售票时，当显示票面信息后，做到先唱票、再收钱、最后制票。

b. 当制出的票面有问题（如卡纸或票卷装反等）不能作为有效票据出售时，无论该票纸空白与否，均应撕下来带回作废，不要安装该票纸后继续打印，因为售票机已将该票记录，票号自动加到下一张。

c. 若当前票卷只剩最后三张，则系统鸣笛并提示“纸卷剩 * 张，请注意更换纸卷”打印完最后一张后，补票机屏蔽除“F2”键外的其他键，正确换票卷后按“F2”键可继续售票。

d. 不要让与售票无关人员操作补票机，以免制出票面完好但出售不了的票。

e. 每次出乘前要查询确认补票机内售票记录已被清除。

4. 列车移动补票机管理

（1）列车移动补票机的申领与使用

①列车移动补票机申领必须由正班列车长申领并建账登记，建账登记后交列车值班员

使用并保管。

②列车移动补票机属于精密贵重仪器，是车内办理补票业务的专用设备，涉及收入票据、现金及账目管理，若发生问题按违反财经纪律论处。在办理补票机的申领、交付使用过程中要严格履行申领手续。非列车值班员不得使用补票机补票，遇到班组正式值班员不能值乘的情况下，由列车长指定一名业务熟练的列车员负责保管使用。在保管使用过程中，正式列车值班员与临时列车值班乘务员应办理交接使用登记手续，不履行交接使用保管手续，发生问题由列车长负责。

③补票机实行凭开机卡及密码使用，各班组值班员的开机卡及密码，应妥善保管，不得转让或借与他人，在不办理补票业务情况下，补票机应关机保管。

④使用列车移动补票机办理补票时，必须按执行程序进行操作，不得违规操作，对打印完整的车票，不得作废。凡违规操作或不按使用技术规定导致设备损坏的，将追究直接责任者的责任；对人为损坏造成移动补票机故障并致使数据、账目丢失的，比照代用票处理。

⑤票据使用按字头、起号、止号顺序使用，补票机内票号应与票卷票号完全一致，不得跳号使用票据，发生重号使用票据时，必须凭重号的原票回段作废，无原票时所产生的票款差错，对少交款部分由列车值班员垫付。任何人不得擅自修改补票机原始信息。

⑥对打印不完整的车票（如字迹不全、票面不清、发到站错误、车次不正确等），一律凭原票回本单位作废，对作废车票列车值班员应写出事情经过或情况说明，并在“废票登记簿”上如实登记，核对无误后随原票上交稽核部。

（2）列车移动补票机的管理与要求

①遇中途补票机发生故障应立即停止使用，并由列车长亲自向本单位收入管理部门汇报，经同意后使用代用票办理补票业务。如列车移动补票机使用性能良好时，不得使用代用票；使用代用票时必须由列车长与列车值班员同时确认并破封使用，同时做好破封使用的记录。

②遇加开临客由本单位收入管理部门提供专用补票机补票。遇五一、十一或其他特殊情况，根据需要经本单位收入管理部门同意后，配发使用备用机。

③不得随意调整补票机的系统设置，对上级明确规定的封闭列车移动补票机查询功能，任何人不得擅自打开。

④本单位收入管理部门值班人员负责班组补票机的补票信息传输工作，无班组交款单时，不得传输打印，交款单所记载的票款应与补票机补票记录的票款完全一致，如发生少交款时，由列车值班员垫付不交。本单位收入管理部门值班人员传输信息时不得修改补票机的原始信息，如发生作废票时，按正常操作程序按作废处理。

（3）列车移动补票机的操作与保管

①列车值班员必须经专业培训，熟练掌握补票机的操作性能后，方可使用移动补票机进行补票。

②补票时应先问明旅客补票内容，并按操作步骤进行补票。

③补票操作完成后，对票面所记载的发站、到站、日期、车次、席别确认后方可打印车票。

④将车票给旅客时要唱票找零递送，做到一票一清。启用打印后，车票未出或车票出来后

票面不完整，将车票按退出键退出，按作废上报，确保补票机内票号与票卷票号顺序一致。

⑤回段后传输完毕的补票机应由本单位收入管理部门值班人员清空记录，由值班员锁入票据柜保管。不得在补票机内存放票卷，不准将补票机带回家中或存放在其他地方。

⑥爱护补票机，并妥善保管，不得磕碰，做到机不离身。补票机的任何部件、配件不得拆卸，确保性能良好，保证使用。

案例分析

列车发售联程卧铺便利旅客行程

一、事件描述

青岛至南宁的K1136次列车，单程运行超过40h，途经山东、河南、安徽、湖北、江西、湖南、广西7个省区，节假日及春运期间往返与南宁至青岛间的长途旅客较多，卧铺往往一票难求，客流量大、票源紧张，列车内人多拥挤。

二、事件处理

为能让旅客在列车上买到卧铺，列车工作人员充分利用列车联网补票网络，首创推出了“联程卧铺”补票法，即分段补办卧铺。国铁集团为确保在列车上的旅客能更便捷地买到卧铺，实现铺位复用，开发了列车联网补票系统，自2015年5月1日起就实现了列车移动补票机通过站车无线交互系统终端与客票系统联网，发售本趟列车始发后的卧铺余票。解决了在列车上补办卧铺难、休息难的问题。

三、事件分析

列车上的卧铺余票一般由两部分构成：一部分是开车前旅客的退票；另一部分是中途站上下车旅客购票后的余票。自始发A站至终到D站的一个卧铺，如中途乘车旅客买走B站至C站的区段票，就会形成A站到B站、C站到D站的卧铺余票。K1136次列车上推出的“联程卧铺”补票法，就是利用卧铺余票分段为旅客补办卧铺，实现联程。旅客自愿分段补办卧铺，列车工作人员可利用余票，发售给旅客A站到B站、B站至D站等卧铺区段票，通过分段实现卧铺的联程。由于办理的是余票，受中途站乘车旅客的影响，在列车上发售给旅客的铺位，一般是两个卧铺的车票，需要中途调整一次铺位。

如果旅客在列车上想办理“联程卧铺”，自己可用手机登录“中国铁路12306”客服平台，查询到卧铺余票后，随时到列车长办公席购买“联程卧铺”票。需要注意的是，购买的区段联程票的最终到站，必须与自己硬座客票的终到站相同

拓展阅读

站车无线交互系统及移动补票机常见问题处理

一、站车无线交互系统常见问题处理

站车系统信息的接收是需要电话功能打开的，如果遇到拨号不通的情况，可以首先查

看电话功能是否打开。

（1）客运段终端系统出现网络连接错误故障的原因有哪些？

故障原因有以下三种：

①调制解调器安装问题；②连接信息发布服务器地址错；③本地地址识别出现问题。

（2）登录站车信息交互系统时提示“正在关闭GPRS”和“拨号出错”的原因有哪些？

①电化模块没打开，在“电话管理”界面中打开电话功能；②网络环境密闭，终端信号不强。

（3）登录站车信息交互系统时提示“设备卡号、SIM卡号或SD卡号在系统中未定义”的原因是什么？

这是由于系统的设备卡号、SIM卡号或SD卡号在站车系统中未定义，应与国铁集团客票总体组联系，将这些信息定义到系统中。

（4）登录站车信息交互系统时提示“该车次正在调图，请按开行计划手工选择车次”时如何处理？

点击“确定”，进入“车次信息”界面选择正确的列车运行图即可。

（5）手持设备人数和实际上车人数不相符的主要原因是什么？

手持设备客统人数与实际上车人数有时是不一致的，主要原因是车站打印完客运统计后又解锁卖票造成的。

（6）列车运行途中终端设备发生故障时列车长应向哪个部门报告？

列车运行途中终端设备发生故障时，列车长应向故障发生地所属局集团公司客运处报告。

（7）列车运行途中终端设备发生故障时列车长应向上级报告哪些内容？

报告内容包括列车车次，值乘单位、车队和班组名称，列车长姓名，列车行进区间，故障描述。

（8）当网络通道、地面系统或接到列车长系统故障报告后，局集团公司客运处应做好哪些工作？

局集团公司客运处应顺序通报列车运行前方各局，并通知列车运行前方局管内各停靠站，打印并递交“乘车人数通知单”。

二、列车移动补票机常见问题处理

（1）票面有黑方块或空白。字库文件中汉子不全或误操作将补票机中字库删除，重新下载字库即可。

（2）售票时提示“票价率文件不存在”。下载对应的票价率文件即可。

（3）票面日期有误。补票机系统日期打印到票面，系统日期由纽扣电池驱动，会自动更新为正确的日期、时间。当系统日期或时间有误时，应由地面管理人员调整正确，操作方法为：补票机开机当显示系统日期及时间时，按功能键“F1”键，在出现的对话框中“1-日期”“2-时间”可修改系统日期、时间。

（4）票面字迹太淡。列车移动补票机采用热敏打印机对热敏票纸打印，热敏票纸带粉色底纹面有一层化学物质，该物质预热后变黑产生票面信息。长时间打印后，粉色底纹会脱落黏到打印头上（像水垢一样使打印效果变差），解决的方法是用小刀的刀背或手指甲轻轻地刮落打印机头上的附着物即可。

(5) 补票机补票数据已删除，但又重新下载补票明细。补票机售票时，每张票的信息记录两份，一份记录到补票机的 FLASH 中，另一份备份到数据备份卡（电池下面的黄色 IC 卡，卡型为 45D041）中。删除后 FLASH 中数据不可以恢复，但备份卡中数据可恢复后重新上传（该方法只能在下次出乘之前进行，因为重新售票后备份卡中数据不可再恢复）。

(6) 插卡开机时提示密码错误。用布沾酒精擦开机卡的芯片处；用薄的丝布包开机卡，沾酒精后来回插几次。

(7) 其他：

①往补票机内装票卷时一定要认真仔细，防止跳号的发生。

②票据使用过程中，如需调整票号，机内票号一定要与实际票号相符。

③补票机出票时如发生突然断电，票据只打印了一半或未打印，应立即停止使用补票机，并报告列车长，请示列车长后启用代用票。

④列车终到后，先交款后结账。

⑤发生票据作废，认真填写票据作废登记本以及班组的三检复核登记本。

项目训练

【训练目的】

做到教、学、做一体化，提高学生运用理论知识解决实际问题的能力。

【训练内容】

分小组运用该任务相关知识进行角色扮演，模拟动车组列车旅客变更座席、越站、越站变席情境进行训练，落实现场处理主要环节，各小组派代表进行总结汇报。

【考核标准】

小组互评，教师点评。评分标准为百分制（10 分一个等级，如 100 分、90 分、80 分等）。

复习思考题

1. 简述站车无线交互系统的功能。
2. 简述列车移动补票机的功能。
3. 简述列车移动补票机的管理要求。
4. 简述列车移动补票机的使用要求。

单元 4.3 铁路运输收入管理和列车票务处理

相关知识

一 列车收入管理的特点及产生的原因

旅客列车的收入工作时铁路整体运输收入管理中的重要一环，也是目前运输收入管理的薄弱环节。加强旅客列车运输收入管理对改善旅客乘降秩序、保障旅客旅行安全、提高服务质量、维护铁路运输收入的完整、防止路风事件的发生等方面有着十分重要的意义。

（一）列车运输收入管理的特点

列车运输收入管理与车站收入管理相比有其不同的特点。车站是以发售客票、办理行包运输直接取得客运收入，而列车则是在移动过程中通过办理旅客旅行变更、发售空余卧铺和处理无票旅客补票而取得运输收入，属于正常运输收入的补充收入或称为堵塞漏洞的收入。只有正确、及时地取得这部分收入，才有可能维护运输收入的完整。但要做好列车收入的管理有一定的难度。在运输中，旅客无票乘车或拒不购票的情况时有发生。尤其当运能不足或严重超员情况下，由于列车工作环境、客观条件、人员所限，在运输安全作为首要要求和搞好服务工作的前提下，做好列车运输收入管理难度更大。

（二）列车运输收入形成的原因

铁路运输的特点，决定了列车收入的必然性。主要原因有以下几个方面：

（1）运输条件设施的不完善、运能不足，是产生无票乘车的重要原因。

（2）乘降所的设置提高了区间列车通过能力，也为区段客流提供了方便。但旅客先上车后买票，使列车取得了收入。

（3）列车空余软、硬卧铺发售和周转利用。当列车运行区间较长时，由于旅行目的地不尽相同，旅客乘降频繁，此时需根据客流情况及时周转利用空余卧铺，从而增加行车列车收入。

（4）目前限于我国仍有一部分旅客的思想觉悟不够高或其他原因，不愿意购买车票的现象时有发生，这就形成了按规章制度查堵处罚追加的列车收入。

二 铁路运输收入管理和列车票务处理

（一）铁路运输收入管理的基本任务

铁路运输收入管理工作是指对铁路客货运输票据、运输进款资金运动和运输收入实现的全过程进行监督与管理。其基本任务包括如下：

（1）监督客、货营业单位正确核收各种运输费用。

（2）负责运输收入进款资金的管理，确保运输收入完整和资金的及时缴拨。

（3）对各项运输收入进行审核和会计核算，编制会计报表，提供准确的运输收入数据信息。

（4）为各经济主体之间的资金结算和运输收入清算提供准确的运输收入数据信息。

（5）负责铁路客货运输票据的印制、供应、使用和保管等管理工作，保证运输生产的需要。

（6）负责编制铁路运输收入预算，并组织落实。

（7）查处各种侵犯铁路运输收入的违章违纪行为。

（二）铁路运输收入的构成

铁路运输收入是指铁路运输企业在办理客货运输业务和辅助作业中，向旅客、托运人、收货人核收的票款、运费、杂费等运输费用的总称。

铁路运输收入分为客运收入、货运收入、铁路建设基金和代收款。

（1）客运收入是指铁路运输企业在办理旅客运输业务和辅助作业中，使用铁路运输票据，按规定向旅客、托运人、收货人核收的票款、运费、杂费。

（2）货运收入是指铁路运输企业在办理货物运输业务和辅助作业中，使用铁路运输票据，按规定向旅客、托运人、收货人核收的票款、运费、杂费。

（3）铁路建设基金是指铁路运输企业在办理货物运输业务过程中，使用铁路运输票据，按规定向托运人、收货人核收的经国家批准征收的铁路建设基金。

（4）代收款是指铁路运输企业在办理旅客、货物运输业务和辅助作业中，使用铁路运输票据或其他专用票据，按规定向旅客、托运人、收货人核收的下列费用：

①国际联运应清算给外国铁路的旅客票价收入，以及行李、包裹、货物运杂费；内地与香港直通运输中应清算给有关铁路方的旅客票价收入，以及行李、包裹、货物运杂费。

②装卸费及其他作业费。

③旅客、托运人、收货人预付款。

④经铁路总公司批准的其他代收款。

（三）票据及现金管理

1. 铁路客货运输票据的范围和性质

铁路办理客货运输使用的各种车票、行李票、包裹票、货票、客货运杂费收据、定额收据、有价表格等统称为铁路客货运输票据。

铁路客货运输票据是国家批准的专业发票，属有价证券，是铁路运输企业核算运输收入的原始凭证，铁路客货运输票据的各联任何单位不得增减。

2. 铁路客货运输票据的申领、保管和使用

客货运输票据使用前，必须逐张（联）清点，经确认无误后启封使用。清点客货运输票据发现错误时，应填制“客货票据印刷验收差错记录”报本企业收入管理部门。收入管理部门经审核确认，填制“客货票据缺号证明书”交上报单位作为销账的依据。

铁路客货运输票据，未经上级收入管理部门批准，不准相互调拨和借用。列车长出乘前，必须带足所需客票票据，遇特殊情况在中途向车站或其他列车借票时，列车长应与出借票据方办理借票手续，出借票据方应发电报向有关收入管理部门、站段报告借票情况。交接票据要当面逐号查清并签认。

3. 票据账的设置与登销

票据账是登记、掌握各种客货运输票据收支情况的专用账簿。铁路运输企业及其站段都必须建立完整的客货票据账。每本客货票据账的封皮后面均应附有“经管人员一览表”和“客货票据账目录”账页应连续编号，分别按卡片式车票、计算机软纸票和填写式册页票据装订成册。客运段应建立票据总账和列车长分户账。

客货票据账登记时必须使用蓝、黑墨水笔填写，并应注意账簿的完整和账面的整洁。账簿记录发生差错时，不准涂改、挖补、刮擦或用药水消除字迹，不得重新抄写，应将错

误的文字或数字画双红线注销，但必须使原有字迹仍可辨认，然后在画线上方填写正确的文字或数字，并由记账人员在更正处盖章。对于错误的数字，应全部画线更正，不得只更正其中的错误数字。对于错误的文字，可只更正错误部分。由于记账凭证错误而使账簿记录发生错误，应按更正的记账凭证登记账簿。

客货票据账的领收方应根据票据申领单等登记。发售方应根据票据整理报告、收发月报、缴销单等登记，并严格按照“运输收入报表格式及说明”中“客货票据账”的说明所规定的“客货票据账的登销方法”，按月登销，掌握使用和结存数量。

使用计算机登销客货票据账时，应按月备份客货票据账信息，按年打印书面账页。

4. 票据的使用

（1）客货运输票据必须按照票据符号、票号顺序使用；如因工作失误出现越号时，应及时向上级收入管理部门报告；在“票据整理报告”上分行填记上报，并尽快采取措施恢复顺序使用。

（2）对填写式票据，无论是手工填写还是计算机填写，都必须各联同时复写，不得分联填写。

（3）客货运输票据的内容应按照规定逐项填写，不得省略项目。

（4）当客运票据发生填写错误或代用票剪断线与填写金额不符时，不得涂改，一律按作废票处理。代用票“旅客联”一经剪断，原则上不得按作废票处理；如属特殊情况，应由经办人写出经过，经单位领导签认后，报上级收入管理部门核实处理。

（5）作废的客货运输票据必须各联齐全，票面上画对角线，并需加盖“作废”戳记。除存根联外，其他各联一并上报。

（6）使用计算机填制客货运输票据时，在实际制票工作中如果出现计费方面的错误，应及时报告上级收入、客运、货运和信息管理部门解决。

5. 运输收入进款管理

运输收入进款存放地点必须有安全设备和防范措施。旅客列车应配备保险柜存放票据和资金，并由列车长或指定专人负责管理，保证票据和现金的绝对安全。列车乘务工作终了交款时，必须由乘警护送至交款处所。

列车运输收入进款应遵守“先交款后结账”的原则，按日进行结账。结账时间除特定者外，统一规定为18:00。旅客列车结账时间为本次乘务工作终了，当月运输收入进款应在当月列账。实行计算机售票和制票的车站、列车，直接收款人员必须在办理交款手续后方可打印结账报表。

现金交接必须当面清点，不准以支票套取现金。结账时发生多出款，应在当日列账上缴，严禁保留账外现金；短少款由责任者当时赔补，不准以运输收入进款或找零款顶数滚欠。

列车长每次值乘终了应正确编报“车内补票移交报告”，在退乘当日连同票据存根页、报告页和缴款收据一并送交本单位收入管理部门。

（四）运输费用的核收与结算

（1）站、段必须建立健全铁路客货运输票据及报表的三检“自检、互检、总检”复核制度，防止发生差错。

（2）收入管理部门审核铁路客货运输票据发现的多收、少收款超过客货运规章规定的补退费用限额时，应填发“票价订正通知书”“补款通知书”“退款通知书”按权责发生制列账，通知原收款站、段办理补退。因特殊情况原收款站、段办理补退款有困难时，可委托有关站、段办理，凭有关函电证明报收入管理部门销账。

（3）多收、少收款超过180天无法处理时，少收款由责任者赔偿；责任者无力赔偿或少收款属单位责任的，由单位负责赔偿，在责任单位营业外支出科目列支。多收款转运营财务部门列营业外收入。

（4）收入管理部门审核、对账，发现车站、列车应缴款和实缴款不符时，按多缴、少缴款处理，填发“多、少缴款订正通知书”，并按权责发生制列账。

（5）少缴款处理期限不得超过30天，对超过期限未处理的少缴款，转同级运营财务部门先予以垫付，由其向责任站、段扣款，在责任人工资内归还。

（6）多缴款超过180天未能处理时，转运营财务部门列营业外收入。

（五）运输收入事故分类与处理

1. 事故分类与等级

（1）运输收入事故的种类划分

运输收入事故的种类分为现金事故、票据事故和坏账损失。

①现金事故：现金丢失、被盗、被抢劫。

②票据事故：在印制、保管、发放、寄送、运输和使用过程中所发生的铁路客货运输票据（含使用过的发送、到达铁路客货运输票据和印刷过程中的半成品）丢失、灭失、被盗、短少。

③坏账损失：因失职造成的无法收回的运输收入进款。

（2）运输收入事故的等级划分

运输收入事故的等级分为一般事故、大事故和重大事故。

①一般事故：损失金额不足1万元。

②大事故：损失金额1万元及其以上，不足10万元。

③重大事故：损失金额10万元及其以上。

2. 事故金额的计算

（1）现金、银行票据和坏账损失按实际损失计算。

（2）卡片式车票和印有固定金额的票据，按票面金额计算。

（3）区段票每张按剪断线最高额计算。

（4）代用票按每组1000元计算。

（5）计算机软纸票按每张1000元计算。

（6）行李票、包裹票、客运杂费收据等未印金额的票据按每组500元计算。

（7）各种货票、货运杂费收据等未印金额的票据按每组1000元计算。

（8）对使用过的到达铁路客货运输票据事故的金额按上述相应票据计算。

（9）对使用过的发送铁路客货运输票据事故金额能确定运输收入实际损失的，按造成的运输收入实际损失计算，不能确定实际损失的按上述相应票据计算。

3. 收入事故的处理

发生运输收入事故时，应保护好现场，并立即电告收入管理部门和公安部门，及时组织破案。

事故发生后应于5日内向本企业收入管理部门提出“运输收入事故报告表”并附责任人书面材料。重大、大事故应及时书面报告国铁集团。发生运输收入事故除经济赔偿外，可视情节轻重对责任者给予行政处分，情节严重的应追究主管领导的行政责任。

一般事故由站、段处理，并报本企业收入管理部门备案。重大、大事故由铁路运输企业处理，并报国铁集团收入管理部门备案。

（六）运输收入稽查

1. 铁路运输收入稽查工作的基本任务

铁路运输收入稽查工作是铁路财务监督的重要组成部分，是各铁路运输企业收入管理部门依照相关规则授予的职权，对从事铁路客货运输单位的运输收入工作的全过程进行监督、检查、处理工作的总称。

铁路运输收入稽查工作的基本任务：对管辖区域内从事铁路客货运输单位及相关单位的运输收入工作，依据国铁集团有关规章、规定，进行监督、检查、指导，查处各种违反铁路运输收入纪律的违章违纪行为，维护铁路运输合同各方当事人的合法权益，保证铁路运输收入的正确核收和按规定解缴。

2. 稽查方式分类及范围

（1）稽查方式分类

稽查有全部稽查、部分稽查、专题稽查三种方式。

①全部稽查是指对被查单位的运输收入工作进行全面稽查。

②部分稽查是指对被查单位的运输收入工作的某个部分进行稽查。

③专题稽查是指计对运输收入工作存在的某种问题进行的专门稽查。

（2）稽查列车范围

稽查列车的范围包括机车和列车编组中的所有车辆。

稽查列车时，通过查验旅客车票、携带品以及对列车各部位的实地检查，以确定被查列车乘务班组在运输收入工作中是否按规定要求作业，有无未按规定查验旅客车票、携带品而造成运输收入漏、少收的问题，是否存在违反运输收入纪律的违纪行为。

稽查列车时查出的问题，涉及补收费用时，应责成列车长按有关规定处理。

在车站稽查列车时，应在车站检票前到达。查看车站检票进站秩序、列车员车门验票、行李及邮政车装货等情况，发现未经检票或无票进站上车、无票运货和装运与邮件无关的物品时，应通知车站或列车长按章处理。

3. 稽查重点项目

（1）查验车票时的重点检查项目

①检查旅客是否持有有效车票，有无伪造、变造、过期、越站、误乘、重复使用、未

剪口、未签证和经由不符等情况；代用票所填写的项目是否正确，合计票价是否与剪断线相符；各种区段票填写是否正确；减价票是否符合条件或持有相应的证件，有无越席乘车或无票人员。

②检查旅客随身携带品中的超重、超大物品是否补收费用。

③检查各种铁路乘车证的填发、使用是否符合规定，相应的证件是否齐全，有无转借、涂改等情况。

④检查卧铺车时，应核对票夹内的车票、铁路职工乘车证、特种乘车证是否相符和有效，票夹内有无夹带现金。

⑤检查空余铺位是否及时发售，有无因未及时发售而造成列车虚糜的情况。

⑥检查列车班组是否按规定区段、时间查验过车票，对上述①～⑤项发生的问题是否及时发现和得到相应的处理。

（2）稽查行李车时的检查重点

①核对装运的行李、包裹与票据是否相符，押运人员是否持有车票。

②检查有无无票运输的货物和无票人员。

③检查票据和贵重物品的交接、保管是否安全。

④检查包租的行李车、隔离车所装货物是否超过协议规定的容积和重量。

（3）对列车长办公席的稽查重点

①对现金进行封款结账，核对票、账、款是否相符。

②检查所备用的各种票据是否齐全；现金、票据的保管是否安全，交接有无制度；交款是否及时，有无积压、挪用等违反收入纪律的情况。

③检查各种票据是否按规定填写、使用；核收的各种费用是否正确；应收回的票据是否齐全；是否执行票据复检制度；是否正确填写“车内补票移交报告”。

④检查运输收入任务的完成情况和堵漏保收措施的落实情况。

（4）对票据管理的稽查重点

①检查票据账是否及时登销，领收、使用、结存是否正确，客货票据账的票据“结存数量”与票据的实际数量是否相符。

②检查票据库的管理是否达到规定的标准，客货票据出库、使用时的交接制度是否完善，交接手续是否齐全，保管是否安全。

③检查票号是否衔接，必要时，对部分票据进行逐张连号检查。

④检查使用过的运输票据（包括报表）是否完整装订成册和按年、月顺序存放，保管是否安全。

（七）列车票务处理

列车验票时，对持实名制车票的旅客，需要核对旅客与其所持车票及票面所载的有效身份证件原件，对票、证、人不一致的，按无票处理。成人持儿童票的，视为票、证、人不一致。

列车通过站车交互系统终端，获取实名挂失车票信息，列车遇有实名挂失补办情况，应加强车票查验工作。列车上发现旅客丢失的车票被其他人持有时，对持原票的旅客按无票处理，收回原票。列车上发现便利车票挂失旅客本人持有原票，要求其出示挂失补车票，不能出示的按无票处理。旅客持新车票（“挂失补”车票）乘车时，应向列车员声明，到站前，列车长确认该席位使用正常的，开具客运记录交旅客作为到站退票的凭证。

列车上对票务处理包括补票、误售或误购车票、车票丢失、变更、越站、旅客分乘、乘车不符等。

列车上对票务处理的原则：该补收的票款要补收，并核收手续费；该退还的票款，出具客运记录，旅客持客运记录和车票，在正当到站退还票款。

1. 列车补票作业

（1）在无人售票的乘降所上车的人员，可上车后购票，不收手续费。

（2）列车补票最远补至本次列车终点站，在乘降所上车的学生（其减价优待证上注明上车地点为乘降所），可以在列车上售给全程学生票，并在减价优待证相关栏内，由列车长注明“××年×月×日乘××列车”，加盖名章，作为登记一次乘车次数。

（3）学生证减价优待证记载的车站是没有快车或直通车停靠的车站时，离该站最近的大站（可以超过减价优待证规定的区间）可以发售学生票。

（4）学生超过减价优待证上记载的区间乘车时，对超过区间按一般旅客办理，核收全价。

（5）符合减价优待证条件的学生无票乘车时，除补收票款外，还应在减价优待证上登记盖章，作为一次乘车次数。

（6）补票。

①在下列情况下，补收车票票价或票价差额，核收手续费：

a. 应买票而未买票的儿童（身高在1.2～1.5m范围内）、身高超过1.5m的儿童应购买儿童票乘车。

b. 持站台票上车送客未下车但及时声明时。

c. 主动补票或经站、车同意上车补票的。

②有下列行为时，除按规定补收票价（或票价差额）、核收手续费外，还必须加收已乘区段应补票价50%的票款。

a. 无票乘车时，补收自乘车站（不能判明时自列车始发站）起至到站止的车票票价。持失效车票乘车按无票处理。

b. 持用伪造或涂改的车票乘车时，除按无票处理外并送交公安部门处理。

c. 持站台票上车并在开车20min后仍未声明时，按无票处理。

2. 旅客在列车上要求越站的处理

越站乘车是指旅客原票到站即将到达，由于旅行计划变更，要求超越原来到站至新到站的乘车。旅客在到站前要求越过到站继续旅行时，在列车有能力的情况下应予以办理。办理时核收越站区间的票价，不足起码里程时，按起码里程计算；旅客同时提出变更座别、铺别和越站时，应先办理越站，后办理变更；使用一张代用票，核收一次手续费。

遇有下列情况不能办理越站：

（1）列车严重超员。

（2）乘坐卧铺的旅客买的是给中途站预留的卧铺。

（3）乘坐的是回转车，途中需要甩车。

越站乘车意味着另一旅行计划的开始，所以，办理越站手续时，应换发代用票，补收越乘区段的票价（不足起码里程时按起码里程计算），并核收手续费，但最远不能超过本次列车的终点站。

3. 列车办理变更

列车办理变更座别、卧别、等级补收票价差额区间不能超过本次列车的运行区间。

4. 乘车不符

车票未签证、未剪口的，应补签、补剪，并核收手续费，具体包括如下：

（1）旅客未按票面指定的日期、车次乘车（提前乘车，含错后乘车2h以内的），但乘坐票价相同的列车时，应补签、补剪，并核收手续费；错后乘车超过2h的，车票按失效处理。

（2）旅客所持车票日期、车次相符但未经车站剪口的应补剪；持通票的旅客中转换乘应签证而未签证的，应补签；补剪、补签应核收一次手续费。

属于有意取巧的乘车行为，除按规定补收票价（或票价差额）、核收手续费外，还必须加收应补票价50%的票款，具体包括：

（1）持用低等级的车票乘坐高等级列车、铺位、座席时，补收所乘区段的票价差额。

（2）旅客持减价票没有规定的减价凭证或不符合减价条件的，补收全价票价与减价票价的差额。

5. 误售、误购车票和误乘

列车内发现误售、误购车票，应补收票价时，收回原票，换发代用票，补收票价差额；应退还票价时，列车应编制客运记录，连同原票交给旅客，作为乘车至正当到站退还票价差额的凭证，并应以最便捷的列车将旅客运送至正当到站，在处理票价时，均不收手续费或退票费。

由于旅客没有确认车次，或者上、下行方向坐错了车，或者乘车中坐过了站，统称为误乘。

当旅客发生误乘时，列车和车站应妥善处理。列车长应编制客运记录交前方停车站，车站应在车票背面注明“误乘”并加盖站名戳，指定最近列车（不办理一般旅客运输的国际列车除外）免费送回误乘站或正当到站。

误售、误购、误乘或坐过了站的旅客，在免费送回的区段，站、车均应告知旅客不得中途下车。如旅客中途下车时，对往返乘车的免费区段，按返程所乘列车等级分别核收往返区段的票价，核收一次手续费。

6. 车票丢失

（1）实名制车票在列车上丢失的，应补票。补票时，注明丢失，自丢失站起（不能判明时从列车始发站起）补收票价，核收手续费。

旅客补票后又找到原票时，列车长应编制客运记录交给旅客，作为旅客在到站出站前向到站要求退还后补票价的依据。办理时核收退票费。

（2）电子车票在列车上丢失。由于电子车票的载体为居民二代身份证，旅客因二代居民身份证丢失，不能证明自己有票，应补票。补票后又找到二代居民身份证的，列车长确认后开具客运记录交旅客，旅客持客运记录和二代居民身份证原件到下车站退票窗口，车站通过售票系统核实后退还后补车票，不收退票费。

7. 旅客分乘

凡两名以上的旅客使用一张代用票，要去分票乘车时，称为旅客分乘。站、车应从方便旅客的角度出发予以办理。

无论在发站、中途站或列车上旅客提出要求办理分乘时，都应该按照旅客提出分票乘车的张数，换发代用票，收回原票，并按分票张数核收手续费。

团体旅客（有优惠的）分乘后，不够优惠条件的，应先补收优惠票价（变更手续），再办理分乘。

案例分析

2015 年 8 月 30 日，D2002 次列车（临汾西—北京西，太原南 9：22 开）石家庄站前验票时，发现一名旅客持当日 K374 次列车（太原—上海，新空，太原 16:54 开）太原—石家庄北硬座票。应如何处理？

办理：《客规》第四十四条相关规定，有下列行为时，除按规定补票，核收手续费外，铁路运输企业有权对其身份进行登记，并须加收已乘区间应补票价 50% 的票款；持用低等级的车票乘坐高等级列车、铺位、座位时，补收所乘区间的票价差额。

事由：无补价。

太原南—石家庄：232km

动车组二等座票价：68.00 元

太原—石家庄北：225km

新空调硬座特快票价：37.50 元

票价差额：68.00-37.50＝30.50 元

加收 50% 票款：30.50×50%＝15.50 元

手续费：2.00 元

合计：30.50＋15.50＋2.00＝48.00 元

拓展阅读

铁路旅客运输规程

一、误售、误购、误乘的处理

（1）当发生车票误售、误购时，在发站应换发新票。在中途站、原票到站或列车内应补收票价时，换发代用票，补收票价差额；应退还票价时，站、车应编制客运记录交旅客，作为乘车至正当到站要求退还票价差额的凭证，并应以最方便的列车将旅客运送至正当到站，均不收取手续费或退票费。

（2）因误售、误购或误乘需送回时，承运人应免费将旅客送回。在免费送回区间，旅客不得中途下车。如中途下车，对往返乘车区间补收票价，核收手续费。

（3）由于误售、误购、误乘或坐过站在原通票有效期不能到达到站时，应根据折返站至正当到站间的里程，重新计算通票有效期。

二、丢失车票的处理

旅客丢失车票应另行购票。在列车上应自丢失站起（不能判明时从列车始发站起）补收票价，核收手续费。当旅客补票后又找到原票时，列车长应编制客运记录交旅客，作为在到站出站前向到站要求退还后补票价的依据；退票核收退票费。

三、不符合乘车条件的处理

（1）有下列行为时，除按规定补票，核收手续费以外，铁路运输企业有权对其身份进行登记，并须加收已乘区间应补票价50%的票款：

①当旅客无票乘车时，补收自乘车站（不能判明时自始发站）起至到站止车票票价。持失效车票乘车按无票处理。

②持用伪造或涂改的车票乘车时，除按无票处理外并送交公安部门处理。

③持站台票上车并在开车20min后仍不声明时，按无票处理。

④持用低等级的车票乘坐高等级列车、铺位、座席时，补收所乘区间的票价差额。

⑤旅客持半价票（儿童票、学生票、残疾军人票）没有规定的减价凭证或不符合减价条件时，补收全价票价与半价票价的差额。

（2）有下列情况时补收票价，核收手续费：

①应买票而未买票的儿童按第十九条规定补收票价。身高超过1.5m的儿童使用儿童票乘车时，应补收儿童票价与全价票价的差额。

②持站台票上车送客未下车但及时声明时，补收至前方下车站的票款。

③主动补票或者经站、车同意上车补票的。

（3）下列情况只核收手续费，但已经使用至到站的除外：

①旅客在票面指定的日期、车次开车前乘车的，应补签。

②旅客所持车票日期、车次相符但未经车站剪口的，应补剪。

③持通票的旅客中转换乘应签证而未签证的，应补签。

四、拒绝运送和运输合同的终止

（1）对无票乘车而又拒绝补票的人，列车长可责令其下车并应编制客运记录交县、市所在地车站或三等以上车站处理（其到站近于上述到站时应交到站处理）。车站对列车移交或本站发现的上述人员应追补应收和加收的票款，核收手续费。

（2）对违反国家法律、法规，在站内、列车内寻衅滋事、扰乱公共秩序的人，站、车均可拒绝其上车或责令其下车；情节严重的，送交公安部门处理；对未使用至到站的票价不予退还，并在票背面作相应的记载，运输合同即行终止。

五、退票

（1）旅客要求退票时，按下列规定办理，核收退票费：

①旅客退票必须在购票地车站或票面发站办理。

②在发站开车前，特殊情况也可以在开车后2h内，退还全部票价。团体旅客必须在开车48h以前办理。

③旅客开始旅行后不能退票。但如因伤、病不能继续旅行时，经站、车证实，可退还已收票价与已乘区间票价差额。已乘区间不足起码里程时，按起码里程计算；同行人员同样办理。

④退还带有“行”字戳记的车票时，应先办理行李变更手续。

⑤因特殊情况经站长同意在开车后2h内改签的车票不退。

⑥站台票售出不退。

市郊票、定期票、定额票的退票办法由铁路运输企业自定。必要时，铁路运输企业可以临时调整退票办法。

（2）因承运人责任致使旅客退票时按下列规定办理，不收退票费：

①在发站，退还全部票价。

②在中途站，退还已收票价与已乘区间票价差额，已乘区间不足起码里程时，退还全部票价。

③在到站，退还已收票价与已使用部分票价差额；未使用部分不足起码里程按起码里程计算。

④空调列车因空调设备故障在运行过程中不能修复时，应退还未使用区间的空调票价。

（3）当发生线路中断旅客要求退票时，在发站（包括中断运输站返回发站的）退还全部票价，在中途站退还已收票价与已乘区间票价差额，不收退票费，但因违章加收的部分和已使用至到站的车票不退。如线路中断系承运人责任时，按本规程第四十九条处理。

项目训练

【训练目的】

做到教、学、做一体化，提高学生运用理论知识解决实际问题的能力。

【训练内容】

（1）2018年12月5日，G616次列车（运城北—北京西）阳泉北开车后验票时，列车员发现1名旅客持太原南站站台票，要求乘车至北京西。列车员应如何处理？

训练提示：太原南—北京西二等座票价154.5元，太原南—阳泉北二等座票价38元。

（2）2018年12月20日，G856次列车（武汉—西安北）武汉站开车后，一名旅客持当日当次武汉—郑州无座票找到列车长要求变更一等座，列车有能力，办理补票手续时旅客要求继续乘车至西安。列车员应如何办理？

训练提示：先办理越站，后办理升等。郑州—西安北二等座票价229元，武汉—西安北一等座票价727.5元，武汉—西安北二等座票价454.5元。

(3) 运用该任务相关知识，模拟列车客运作业情境进行训练，落实现场处理主要环节，各小组选派代表进行总结汇报。

【考核标准】

小组互评，教师点评。评分标准为百分制（10 分一个等级，如 100 分、90 分、80 分等）。

复习思考题

1. 简述铁路运输收入的分类。
2. 简述列车票据及现金管理规范。
3. 简述铁路运输收入事故分类及处理方法。
4. 简述铁路运输收入的稽查内容。
5. 简述列车补票作业，越站，变更，乘车不符，误售、误购车票和误乘，车票丢失、旅客分乘的处理方法。

单元 4.4 客运记录及电报

相关知识

一 客运记录的含义及用途

（一）客运记录的含义

客运记录是指在旅客、行包运输过程中因特殊情况，承运人与旅客、托运人、收货人之间需记载的某种事项或车站与列车之间办理业务交接的文字凭证。

（二）客运记录的用途

（1）站、车办理交接的依据。

（2）有关事项的纪实材料。

（3）旅客意外伤害到合同医院就医的证明。

（4）旅客至到站退款的凭证。

（5）其他情况需要说明时的根据。

（6）客运记录为站车之间办理事项时使用，不能作为乘车凭证，也不能作为赔偿依据。

二 铁路电报的含义及等级

（一）铁路电报的含义

铁路电报是铁路部门之间处理生产业务的通信工具，是办理紧急事务的公文的表现形式。

（二）铁路电报的分级

铁路电报等级按电报的性质和急缓程度分为以下6种：

（1）特急电报（T）。特急电报（T）指非常紧急的命令、指示，处理重大事故、大事故、人身伤亡事故、重大灾害及敌情的电报。

（2）急报（J）。急报（J）指国铁集团及所属公司、各局集团公司的紧急命令、指示、时间紧迫的会议通知、列车改点、变更到站和收货人、车辆甩挂、超限货物运行及行车设备施工、停用、开通、限速的电报，国际公务电报及其他时间紧迫的电报。

（3）限时电报（X）。限时电报（X）指限定时间到达的电报。根据需要与可能，由用户与电报所商定，在附注栏内填记送交收电单位的时间。

（4）列车电报（L）。列车电报（L）指处理列车业务，必须在列车到达以前或在列车到达当时送交用户的电报。

（5）银行汇款电报（K）。银行汇款电报（K）指银行办理铁路汇款业务，按急报处理。

（6）普通电报（P）。普通电报（P）指上述5类电报以外的电报。

三 客运记录及电报

（一）客运记录

1. 编写客运记录应遵循的原则

（1）仅限于站车交接使用。

（2）记录第一行应明确写出××站或××站并公安派出所。

（3）记录内容应精炼、层次清楚、述事完整、目的明确。

（4）记录词句应本着实事求是的原则，做到具体、准确，不应凭猜想、可能或似是而非、含糊不清。

（5）涉及交人时，要注明乘车区段、有无车票、移交理由等。如果移交的是病人，还要注明病因、病况、处理过程、旁证材料等事项。在移交精神病旅客时，要根据其车票移交给到站或换乘站时，对无票的精神病患者要交给最近的三等及其以上车站处理。

（6）涉及的数据、名称、单位、姓名、性别、年龄、发到站、座别时间、伤势状态、程度应尽量准确；涉及退票款内容应记录原票种类、发到站、票号、座别、铺别、后补票号及应退票价。

（7）涉及移交车票时应记录票种票号。

（8）涉及移交物品时应记录名称、数量、款额、证件名称。

（9）涉及移交危险品时，要注明危险品的品名、数量、携带人的单位、地址、姓名、车票情况以及已采取的应急措施、移交原因等主要事项。

（10）当移交旅客遗失物品（包括外宾物品）时，在能判明旅客下车站时应注明旅客的下车站。

（11）记录词句不应出现命令、质问、强制性以及不尊重站方的语句。

2. 编写客运记录的注意事项

（1）内容要符合铁路的规章制度。

（2）当移交人员附带材料、人民币、证件、档案材料时，一定要在记录上注明。

（3）凡是交接的记录一定要接受人签字。

（4）记录存根要根据需要保存备查。

（5）客运记录保管期限为 1 年。

3. 旅客列车编制客运记录的范围

（1）编制客运记录直接交给旅客，由旅客到站自行办理退票的范围如下：

①旅客丢失车票，重新买票或补票后，又找到原票，需由到站出站前退还重新买票或补票票价时。

②车站发售卧铺重号，列车无能力安排时。

③因车辆故障中途甩车、线路中断等，应退还旅客票价或票价差额时。

④因空调故障，应退还旅客票款或票价差额时。

⑤发现误售、误购车票，需由正当到站退还旅客票价差额时。

（2）编制客运记录交车站值班人员，需车站值班人员签认，由车站协助办理的范围如下：

①旅客误乘列车或坐过了站，交前方停车站免费送回时。

②对无票乘车、违章乘车、拒绝按章补票的人员，责令其下车，移交县市所在地车站或三等以上车站处理（旅客的到站近于上述移交站时，应交其到站处理）时。

③旅客携带品超重、超大或携带妨碍公共卫生的物品、动物以及能够损坏或污染车辆的物品，无钱或拒绝补交运费，移交车站处理时。

④发现旅客携带国家禁止或限制运输的物品、危险品，移交最近前方停车站或有关车站处理时。

⑤旅客在列车上发生急病或因病死亡，移交县、市所在地或三等及以上车站处理时。

⑥因意外伤害（包括区间坠车），导致旅客伤亡移交有关车站处理时。

⑦旅客纠纷发生伤害，将受伤者、死亡者移交有关车站处理时。

⑧列车发现无人护送的精神病患者，移交到站或中转站处理时。

⑨发现违章使用各种乘车证，移交车站或转交有关部门处理时。

⑩发现车站多收票款或运费，转交车站退款时。

⑪发现列车装载的行李、包裹品名不符，但不属于有意取巧或伪报一般品名者，以及发现实际重量与票面记载的重量不符，移交到站补收运费时。

⑫发现列车装载的行李、包裹中有政府限制运输的物品或危险品而伪报其他品名，移交到站或前方停车站处理时。

⑬伪报品名的行李、包裹损坏其他旅客的行李、包裹时，应分别编制客运记录说明情况，并应分别附在伪报品名的被损坏的行李、包裹票上，移交有关到站处理。

⑭列车接到发站行李、包裹变更运输（包括行李误运）电报时，应编制客运记录，连

同行李、包裹和运输报单，交前方营业站转运；或者变更后新到站（需中转的，交前方中转站继续转运），旅客在列车上要求变更时，同样办理。

⑮列车内发现旅客因误购、误售车票而误运行李时，其托运的行李在本列车装运，应编制客运记录，交前方营业站或中转站向正当到站转运。

⑯发现无票装运的行李、包裹交到站按章补收运费时。

⑰行李、包裹在运输途中发生事故，移交到站处理时。

⑱其他与车站办理的交接事项。

4. 客运记录的填写规定

（1）据实填写，事项齐全。编写的客运记录应内容准确、具体、详细、齐全、完整，如实反映情况，不得虚构、假想、臆测。当涉及旅客车票时，应有发到站、票号；当涉及行李、包裹票时，除应有发到站、票号外，还应有旅客、发（收）货人姓名、单位、物品品名、数量、重量等，不得漏项。

（2）语言简练，书写清楚。记录语言要简明扼要，条理清楚，说明问题；字迹要清楚、不潦草，不写自造简化字。

（3）客运记录应由顺序编号，加盖编制人名章。客运记录一式两份：一份交收货人，另一份由接收人签字后自己留存。对留存的客运记录应装订成册，妥善保管，以备存查，保管期限为一年。

5. 编写方法

（1）编号填在右上角，标明月份和顺号（如1月份第1张记录标号为0101）。

（2）事由栏：注明交接主要事项。

（3）受理单位：站名（或车次）。

（4）内容：

①日期、车次。

②运行区段、姓名、性别等。

③处理经过。

④落款（所属站、段、车次、列车长印章、日期）。

（二）铁路电报

1. 列车铁路电报的拍发权限和范围

（1）列车铁路电报的拍发权限

旅客列车列车长（加盖列车长名章）和执行各项列车乘务工作的负责人员。执行列车乘务工作的负责人，在同一区段内不得重复拍发同一内容的电报。临时列车乘务工作负责人拍发电报时，应写明经由区间，并在附注栏内注明本次列车在发报站的开车时间。下列情况不准拍发电报：

①处理个人私事（由组织领导处理职工个人的问题不在此限）的电报。

②已经有文电的重复通知。

③挑/应战、倡议书、感谢信的电报。

④公用乘车证丢失声明的电报。

⑤由于工作不协调，互相申告（执行列车乘务工作的负责人在列车运行中向上级领导汇报列车运行中发生的问题不在此限）的电报。

⑥报捷、祝贺、吊唁（各局集团公司及处以上单位或其负责人不在此限）的电报。

⑦推销产品、书刊及广告类的电报。

（2）列车电报拍发范围

①当列车运行中因意外伤害，导致旅客重伤或死亡时，应立即向上级主管部门及有关局主管部门拍发事故速报（条件允许时，应先电话汇报事故概况）。当发生重大、大事故时，还应立即向国铁集团客运主管部门和所属集团公司以及发生地有关各局集团公司、站、段拍发事故速报。

事故速报内容：

a. 事故种类。

b. 发生日期、时间、车次。

c. 发生地点、车站、区间、里程。

d. 伤亡旅客姓名、性别、国籍、名族、年龄、职业、单位、地址。

e. 车票种类，发到站、票号，身份证号码。

f. 事故及伤亡简况。

②发生和发现重大行包事故，应立即向国铁集团、所在地各局集团公司拍发事故速报并抄送有关单位（指中转站、行包到站、公安部门等）。

速报内容：

a. 事故等级。

b. 发生日期、时间、车次。

c. 发生地点、车站、区间、里程。

d. 票号、到发站。

e. 事故简要情况。

③遇特殊情况，途中发生餐料不足，影响前方客运站段拍发电报，请求补充，并抄送其主管局集团公司。

④列车箱包满载或列车严重超员时，要求前方各站控制装载量及客流，确保安全正点，应电告各站，并抄送各主管局集团公司，必要时抄送国铁集团主管部门。

⑤列车发生长大刑事案件，急需侦破时，应向国铁集团、所在地局集团公司、公安部门、铁路派出所拍发电报，抄送本辖区公安局、乘警支队。

⑥在列车上办理补收款额而发现少收票价、运费时，应给旅客发站（段）及其主管局收入监察室拍发电报。

⑦列车广播（属电务部门维修）中途发生故障，需紧急处理时，电告前方站广播工前来维修，并抄送本局电务（通信）段（广播工区）。

⑧列车有关业务声明澄清责任时，应向有关站（段）发电报，抄送国铁集团、主管局集团公司业务部门。

⑨处理误购、误售车票，若旅客托运行李，应发电报通知行李所在站。

⑩遇列车空调失灵，应电告前方站停售、停剪本次车空调票。

⑪发生运输收入现金丢失，客票票据丢失、被盗时。

⑫其他紧急情况时。

拍发电报电文应字迹清晰，抄送单位不宜过多，可以不抄送的单位应免去。凡是可以用电话或书面反映的就不必拍发电报。

2. 电报的交接

（1）列车电报一般交由有电报所的车站拍发。

（2）特殊情况可委托无电报所的车站代转。

（3）电报编制一式两份，一份交站，一份签收留存。

（4）电报发出后应设法索取电报号码。

3. 客运业务电报注意事项

（1）要求明确主送单位和抄送单位。

①主送单位是指具体的受理单位或主办单位（不论单位大小，主要受理单位排列最前位），列车长必须清楚担当沿线局集团公司、车务段的管辖区段。例如，北京局集团公司与郑州局集团公司分界站是安阳，属郑州局集团公司；武汉局集团公司与广铁局集团公司的分界站是蒲圻站，属武汉局集团公司。

②抄送单位是指知晓、协助办理、督促、备案、仲裁的单位（一般先上级后下级依次排列，本段排列最后广），即此事还需要报告哪些单位知道，它起到备案、汇报的作用。抄送的单位不宜过多，可以不抄送的单位应免去。

（2）拍发电报应盖章、签字留存。

（3）电报反映的情况要真实。

（4）拟编电文应掌握的方法

①电文应以报告、汇报的形式写出，禁止使用命令、指责、指示、质问的词句。

②电文的语句应本着实事求是的原则，做到具体准确，不应凭猜想、似是而非、含糊不清。电文的数据、百分比、术语名称、尺寸、病情、伤势、姓名、性别、单位、年龄、时间、区间、站名应当尽量准确。

③电文的语句，不应出现自我推断的语言，特别是关系到事件的性质、责任不可妄下结论；应让收电单位及领导去判断。

④发收报单位名称应准确，不应出现错误或根本不存在某一单位的现象。

⑤电文叙述要简练，层次、顺序清楚，目的明确。

⑥对出现突发情况，由于时间紧张、情况复杂、条件限制，一时无法做到完全准确，应在电文中声明“详情正在调查，特此报告”字样。

⑦涉及乘警、乘检人员事件，列车长应召集“三乘一体”会议，对拟出电文商议，尽可能取得一致意见，将看法不一致的语句修改为事件客观状况，并由三乘负责人共同签字再发。

4. 拍发电报主要内容

（1）主送。发生问题、解决问题的直接单位。

（2）抄送。发生问题、解决问题直接单位的有关上级领导部门和本单位的上级领导部门。

（3）内容。日期、车次、区间、发生问题、经过处理。

（4）落款。车次、日期、发电报的站名、列车长的姓名。

案例分析

旅客人身伤亡损失赔偿案例

一、事件描述

××年×月×日××次列车于23:10晚点到达某站，进入二站台3股道。站务员组织下车旅客经过平交道口出站时，因组织不当，被1股道通过的货物列车造成旅客意外伤害事故：旅客贾××，男62岁，某工务段退休工人，持甲站至丙站就医乘车证，被压成重伤，其左小腿及左臂压伤。该站应如何处理？

二、事件处理

（1）该站客运主任（客运值班列车员）会同公安乘警检查旅客伤害情况。

（2）对受伤旅客简单包扎后，填写“客运记录”，派工作人员将旅客贾××送往就近医院抢救、治疗。

（3）妥善保管旅客的财务，并收集旁证。

（4）该站向所属路局客运处、客调、公安处及车务段拍发事故电报。

（5）寻找线索通知伤害旅客家属。

（6）车站负责组成有关部门和受害旅客的代表、公安派出所、车站参加的事故调查处理工作组，负责调查事故发生的原因，收集旁证、物证材料，确定事故单位及责任者，提出处理意见和防止措施。

（7）由旅客或其继承人、代理人提出“铁路旅客人身伤害事故赔偿要求书”并出具治疗医院的诊断证明有关单据。

（8）事故处理工作组接到“铁路旅客人身伤害事故赔偿要求书”后，应尽快与旅客或其继承人、代理人协商办理赔偿事宜。

（9）办理赔偿时填写“铁路旅客人身伤害事故最终处理协议书”，事故处理各方对协议书所载内容无异议后，签字并加盖“事故处理专用章”生效。

（10）车站填写旅客伤害事故调查处理报告，随同铁路旅客伤害事故最终处理协议书一并报主管局集团公司客运处审批。

拓展阅读

客运记录及电报样例

一、客运记录样例

客运记录样例如图4-37～图4-42所示。

××铁路局集团公司

客运记录

第 2018-001 号

记录事由：丢失车票
××站：
××年×月×日，××次列车乘坐在×号座（铺）位旅客（姓名：××，性别：×，年龄：×，身份证号：×）持××站至××站车票在列车上不慎丢失，经列车查验其本人购票时使用的有效身份证原件、购票信息一致，核收贰元手续费，“挂失补”车票号：×××××，现交贵站，请按章办理。
注： 1. 站、车需要编制客运记录时均适用。 2. 本记录不能作为乘车凭证。 站段　编制人员××次列车长（印） 站段　签收人员　（印） ×年×月×日编制

图 4-37　车票丢失客运记录样例

××铁路局集团公司

客运记录

第 2018-002 号

记录事由：移交无票人员
××站：
××年×月×日，××次列车××站开车后，查验车票时发现一无票人员（姓名：××，性别：×，身份证号码：×），自述从××站上车，列车要求其补票，拒绝补票，现交贵站，请按章办理。
注： 1. 站、车需要编制客运记录时均适用。 2. 本记录不能作为乘车凭证。 站段　编制人员××次列车长（印） 站段　签收人员　（印） ×年×月×日编制

图 4-38　移交无票人员客运记录样例

××铁路局集团公司

客运记录

第 2018-003 号

记录事由：移交误乘旅客
××站：
××年×月×日，××次列车××站开车后，旅客（姓名：××，性别：×，身份证号码：×）持当日××次××站至××站×车×号座/卧车票壹张（票号：××），声称误乘本趟列车，现交贵站，请按章办理。
注： 1. 站、车需要编制客运记录时均适用。 2. 本记录不能作为乘车凭证。 站段　编制人员××次列车长（印） 站段　签收人员（印） ×年×月×日编制

图 4-39　移交误乘旅客客运记录样例

××铁路局集团公司

客运记录

第 2018-004 号

记录事由：移交急病旅客
××站：
××年×月×日，××次列车××站开车后，旅客（姓名：××，性别：×，身份证号码：×，详细地址：××）持××站至××站新空调软/硬座/卧×车×号/铺车票（票号：×××××），突发急病，列车广播寻医找药未果，因列车医疗条件有限（旅客拒绝下车治疗），现交贵站，请按章办理。
附：旁证材料两份；（本人出示不愿下车看病证明）。
附：同行人（姓名：××，性别：××，身份证号码：×，详细地址：××）所持车票票号：×××××。
无同行人时，附旅客携带品清单。
注： 1. 站、车需要编制客运记录时均适用。 2. 本记录不能作为乘车凭证。 站段　编制人员××次列车长（印） 站段　签收人员（印） ×年×月×日编制

图 4-40　移交急病旅客客运记录样例

××铁路局集团公司

客运记录

第 2018-005 号

记录事由：移交精神异常旅客
××站：
××年×月×日，××次列车运行至××站至××站间，旅客（姓名：××，性别：×，年龄：××，身份证号码：××，详细地址：××）持××站至××站新空调软/硬座/卧×车×号/铺车票（票号：×××××），突然精神异常，危及行车及人身安全，现交贵站，请按章办理。
附：同行人（姓名：××，性别：×，年龄：××，身份证号码：××，详细地址：××），所持车票票号：×××××。
无同行人时，附旅客携带品清单。
注： 1. 站、车需要编制客运记录时均适用。 2. 本记录不能作为乘车凭证。 站段　编制人员××次列车长（印） 站段　签收人员　（印） ×年×月×日编制

图 4-41　移交精神异常旅客客运记录样例

××铁路局集团公司

客运记录

第 2018-006 号

记录事由：移交旅客遗失物品
××站：（中途下车站）
××年×月×日，××次列车××站开车后列车长接客服（车站值班员）通知，旅客××将随时携带的手提包遗忘在列车上，经公安乘警共同查找，在×车×号座位找到，并进行清点，现交贵站，请按章办理。
附：
物品清单：内有××牌香烟两盒，××牌手提电脑壹台，数据线壹根。
注： 1. 站、车需要编制客运记录时均适用。 2. 本记录不能作为乘车凭证。 站段　编制人员××次列车长（印） 站段　签收人员　（印） ×年×月×日编制

图 4-42　中途站移交遗失物品客运记录样例

二、铁路电报样例

铁路电报样例如图 4-43 ~ 图 4-45 所示。

铁 路 电 报 电报统-1

发报所名	电报号码	组数	等级	日期	时分	附注

收报单位及电文（超员电报）

主送：× ×次列车× ×站— × ×站间各停站

抄送：铁路总公司运输局营运部客运管理处、× ×铁路局客运处、客调、× ×客运段

× ×年×月×日，× ×站开× ×次列车，列车实际人员×人，在× ×站开车后，车内人数达×人，超员×%以上。请各站接电后，按章办理，协助列车做好乘降组织工作。

× ×次列车长　印

×年×月×日在× ×站

图 4-43　列车超员铁路电报样例

铁 路 电 报 电报统-1

发报所名	电报号码	组数	等级	日期	时分	附注

收报单位及电文（列车补水电报）

主送：× ×站

抄送：× ×铁路局客运处、× ×铁路局客运处、× ×客运段

× ×年×月×日，× ×开× ×的× ×次列车，因× ×（原因：晚点或其他）列车用水严重不足（某个车厢或全列），为保证旅客基本服务，请贵站为本列车（车厢号）上水，谢谢！

× ×次列车长　印

×年×月×日在× ×站

图 4-44　列车补水铁路电报样例

铁 路 电 报 电报统-1

发报所名	电报号码	组数	等级	日期	时分	附注

收报单位及电文（旅客突发疾病或意外伤害电报）

主送：× ×站

抄送：× ×铁路局客运处、客调、× ×铁路公安处，× ×铁路局客运处、客调、× ×铁路公安处，× ×车务段（主送站所属段）、× ×铁路局公安处乘警支队、× ×客运段

× ×年×月×日，× ×开× ×的× ×次列车运行至× ×站至× ×间× ×时间，× ×车厢× ×号（座席或铺位）旅客突发疾病（或造成× ×伤害），经列车员积极处理，列车编制×号客运记录将旅客交站、特电告。

附：

1. 意外伤害或疾病旅客姓名、性别、年龄、身份证号、家庭住址、工作单位、所持车票及票号，随身携带物品；
2. 同行旅客姓名、性别、年龄、身份证号、家庭住址、工作单位、所持车票及票号，随身携带物品。

× ×次列车长　印

×年×月×日在× ×站

图 4-45　旅客突发疾病或意外伤害电报

项目训练

【训练目的】

做到教、学、做一体化，提高学生运用理论知识解决实际问题的能力。

【训练内容】

（1）2018 年 5 月 2 日，一旅客持武汉至大连北的 G2626 次车票（4 站台），进站后自己直接到 12 站台误乘武汉至温州南的 G2035 次列车，G2035 次列车长编制客运记录交鄂州站处理，请编写客运记录。

（2）运用该任务相关知识进行角色扮演，模拟旅客列车旅客误乘编制客运记录情境进行训练，落实现场处理主要环节。

【考核标准】

小组互评，教师点评。评分标准为百分制（10 分一个等级，如 100 分、90 分、80 分等）。

复习思考题

1. 客运记录的作用是什么？
2. 客运记录的编制要求有哪些？
3. 哪些情况需要编制客运记录？
4. 编制铁路电报的要求有哪些？
5. 遇哪些情况需要编制、拍发铁路电报？

模块5

旅客列车客运乘务作业

内容描述

2016年7月13日发改委、交通运输部以及国铁集团联合印发了《中长期铁路网规划》，将中国高速铁路网正式由“四纵四横”升级为“八纵八横”。同时，根据规划，“十三五”期间，全国新建铁路将不低于2.3万km，总投资不低于2.8万亿元人民币，中国的高速铁路已经成为世界前列。如何使列车乘务工作让旅客满意？本模块主要介绍动车组列车及其他旅客列车始发、途中、终到客运乘务作业以及接待服务等内容，详细地阐述了动车组列车的作业流程及要求。

教学目标

1. 能力目标

能了解旅客列车乘务组及人员要求；能完成列车长乘务作业；能完成列车员乘务作业；能模拟演练旅客列车乘务工作具体内容；能掌握旅客列车组餐饮供应工作；能掌握旅客列车保洁工作内容与标准；

2. 知识目标

了解旅客列车车容卫生标准、车门管理制度；掌握列车始发、途中、终到时列车长与列车员作业流程及标准。

3. 素质目标

通过学习旅客列车客运乘务作业，进一步提升了学生的业务技能与综合服务能力，满足当前旅客对列车乘务作业的要求。

案例导入

京广高速铁路列车员贴心服务送旅客开心返家

“感谢大家选择乘坐京广高速铁路，我代表全体工作人员向各位旅客拜个早年，祝大家新春愉快、家庭和睦、身体健康，幸福吉祥！”春运首日，武汉开往西安北的G856次列车上，几位列车员满面笑容地来到旅客较多的4号车厢，简单而真诚的开场白一下子拉近了与旅客的距离。

“列车员，我的车票是下一趟的，现在我上车了没座位怎么办啊?”“你好，高速铁路车票是当天各次列车有效，但座位只是当日当次有效。我帮你查询终端，有空座马上通知你。”

“列车员，高速铁路上能抽烟吗?”“对不起，高速铁路列车全列禁止吸烟，吸烟不仅有害您的健康，还会触动烟雾报警造成列车紧急停车，为了您和您爱的人，建议您还是嚼嚼口香糖吧。”

两名列车员诙谐幽默的一问一答，不仅活跃了气氛，还将高速铁路的安全知识和旅行常识传递给了旅客。列车员们还将提前印制的高速铁路动车组特色服务、沿途停靠站点、人文景观和风土名胜宣传册发放到旅客手中，并耐心、细致地解答旅客的询问。

自2012年12月26日京广高速铁路全线贯通运营以来，受到社会各界的高度关注，特别是2013年春运，京广高速铁路将首次面对高频次开车、高强度客流的严峻考验。为让千千万万的旅客能够开开心心的回家团圆，武汉局集团公司的列车员们着实下了一番功夫。他们还在车厢里举办了以“凤舞楚天、美在高铁”为主题的小型联欢会，如手语歌舞、诗歌朗诵、双人舞蹈、乐器演奏等节目精彩纷呈、目不暇接，为旅客单调枯燥的旅途增添了一份意外的欢乐和惊喜。

（来源：荆楚网）

单元5.1　动车组旅客列车乘务作业

相关知识

一　动车组餐饮有关规定

（1）列车餐饮服务由路局集团公司签订餐饮服务合同的专业餐饮公司承担。为列车提供餐饮服务的企业必须通过ISO 9000或HACCP质量认证。列车上销售的食品、餐饮应当为全国名优产品并应当有“QS”标志。

（2）路局集团公司应当监督餐饮企业严格遵守国家卫生法律法规的规定，建立健全加工食品的场地、加工程序、设备、保管、运输列车供餐服务质量、商品价格等环节管理和考核制度。

（3）列车上销售的食品和商品，必须有餐饮公司统一采购，餐饮公司销售人员应当上车食品、商品的出库单交列车长以备检查。列车销售的食品和销售应当明码标价，一货一签，并有“CRH”标志。

（4）加热后未售出的食品严格实行定时报废制度。在列车上，报废的食品在未处理前应醒目标明“报废”字样存放。

（5）餐饮企业的餐服人员负责列车运行中餐车的清洁卫生，餐车展示柜布置应齐全美观，其他商品、备品存放不得侵占通道和影响安全。列车到站、开车时，餐服人员应当在餐车门内立岗迎送旅客。

（6）动车组供应的食品、饮品应当品种丰富，价格合理。餐饮企业应当经常征求旅客对饮食服务的意见，并根据旅客的意见调整供应品质、品种，改善服务质量。

（7）站、车要利用各种渠道大力宣传品牌，用于为动车组旅客服务的用品、商品应有“CRH”图形标记。

二 餐饮供应

（1）制定科学合理、营养健康、绿色环保的餐饮品种体系，针对不同区域、不同季节、不同时段、不同层次旅客的需求，提供规范标准的餐饮产品。

（2）餐饮品种应当丰富、口味多样、方便快捷，能够根据旅客的要求及时调整。

（3）餐食成品的各项主、辅料搭配要定量化，设置科学合理的上、下限标准，并在外包装中标明。

（4）餐饮营养搭配合理，各种营养素含量符合国家有关标准。

（5）餐饮应质价相符，物有所值，满足旅客旅途中的基本餐饮需求。要充分考虑铁路票价和旅客的消费水平，提供高、中、低档不同的供应方案。对于旅客必需的餐食品种，要坚持“保本微利”原则；对于非必需的餐饮品种，可根据市场情况提供差异化服务。乘务餐不得高于成本价。

（6）餐食原料绿色环保化，不提供野生动、植物为原料的食品。餐具环保化，一次性餐盒必须可降解或可回收。餐食应符合列车环境要求，禁止销售存在旅客人身安全隐患、影响列车环境卫生的食品。

三 动车组销售食品应符合的要求

（1）实行烹调加工的配送食品，冷藏温度持续不高于 10 ℃，供餐前应充分加热，加热后中心温度应持续不低于 60 ℃；无适当存放条件的，存放时间不得超过 2h。

（2）预包装食品应标明生产厂名、厂址、生产时间、保质期和使用方法，符合国家卫生标准。

（3）一次性餐具必须符合《塑料一次性餐饮具通用技术条件》（GB 18006.1—2009），达到绿色环保；餐饮具必须洗净消毒，符合《食饮具消毒卫生标准》（GB 14934—2016）。

（4）为旅客提供餐饮服务的动车组应配备必要的食品储存、加热、冷藏或热藏、水池、餐饮具消毒、保洁等设施、设备，做到安全无害清洁卫生、餐饮具、食品应定位存放，避免生熟混放、混用。

四 餐饮包装

（1）餐饮外包装必须标明餐饮成分、使用方法、保质期、生产日期、质量安全图示等标识。

（2）包装材料必须选择可重复使用、可回收利用或可降解的材料，确保印制和粘贴的标识标签无毒，且不直接接触食品。

（3）CRH 商标的使用要严格按《商标使用许可协议》实行，CRH 商标应印制在产品外包装的显著位置。未经许可，餐饮服务运营商不得标注自由商标标识。

五　食物配送

（1）配送过程应坚持全程冷链原则。准冷链配送时，必须严格控制时间，确保食品安全。

（2）配送的餐饮包装完好，交流程规范；配送的物品、车辆清洁卫生；配送人员服装统一，清洁卫生。

（3）餐饮要及时送至站台，确保开车前 5min 所有餐食上车完毕。

六　销售服务

（1）销售服务规范，销售方式新颖，销售工具先进，销售价格透明，服务态度好，就餐环境宜人。

（2）车上销售人员不少于 3 人，最多不超过 5 人。

（3）销售人员聘用条件符合《动车组列车旅客运输管理办法》的要求。餐饮配送和销售人员应经过铁路知识和专业技能培训，实证上岗。销售人员要树立活力、热情、文明、自信的专业形象，服装得体大方，语言文明礼貌，服务规范要符合《动车组站车客运人员服务规范》的要求。

（4）车上餐饮经营必须具备有发票。

（5）移动售货在列车始发 5min 后方可开始，终到 10min 停止，不得叫卖、兜售，不允许使用对讲系统，不得干扰旅客，餐服人员在服务过程中主动避让。售货小推车应印有商标，具有良好的防撞、刹车性能，不得影响旅客通行。

（6）餐车经营要确保环境整洁，秩序良好。餐饮宣传品摆放位置合适，不得粘贴。列车终到前，餐服人员要及时整理列车，恢复原貌。餐车备品符合国家环保要求印有 CRH 商标。

（7）未经同意，不得在动车组列车上发布任何广告。

（8）运行途中的饮用桶装水由餐服人员在负责更换，折返站饮用桶装水由餐饮服务运营商负责配送。

（9）餐饮垃圾必须采用专用回收工具和容器，及时分类回收，达到全密封，不渗漏，杜绝交叉污染。列车终到站后将回收物交接到指定地点，进行集中处理。

七　餐饮安全

（1）餐饮服务运营商在采购、加工、存储、配送、销售、回收过程中，必须确保餐饮质量卫生安全；在配送、销售、回收过程中，应避免造成旅客人身伤害。

（2）餐饮服务运营商在站内作业时，必须遵守车站相关规定，服从车站工作人员的指挥，确保铁路行车安全。

（3）餐饮服务运营商在站内和列车上进行食品加热、加工作业、应操作规范，确保不发生火灾事故。

（4）发生上述安全事故时，按照《动车组餐饮服务授权经营合同》的规定，明确责任，及时处理。

八 监督检查

（1）监督检查内容为动车组餐饮服务的整体质量，包括：《动车组餐饮服务授权经营合同》和《动车组餐饮服务合作合同》履行情况；餐饮服务运营商质量管控制度的制定及执行情况；应急预案制定与执行情况；动车组餐饮相关设备管理情况；安全管理情况；等等。

（2）车上监督检查原则上由列车长负责，地面由局集团公司指定部门负责。

（3）监督检查形式包括旅客问卷调查，日常检查和年度综合评估等。检查中发现的问题，由局集团公司开具整改通知书。

（4）局集团公司根据日常检查和年度评估结果，按照《动车组餐饮服务授权经营合同》或《动车组餐饮服务合同做合同》的规定对餐饮服务运营商进行奖励或处罚。

拓展阅读

动车组旅客列车乘务作业

一、动车组旅客列车始发作业流程

（一）列车长

1. 始发前准备

列车长提前2h到派班室报到，摘抄命令及相关内容，听取派班员对重点工作的布置。确认当日担当乘务情况，核对乘务名单，核实当趟考勤情况。申领站车无线交互系统、GSM-R手持终端、移动补票机和票据。在乘务日志上填写本趟重点工作要求安全预想。做到按时出乘，命令指示记录准确、无遗漏，乘务任务明确，有重点。检查通信设备、补票设备使用状态，召开出乘会，检查列车员仪容仪表、着装、上岗证和健康证、备品情况，布置乘务趟计划和安全预想。趟计划主要内容包括：

（1）本次乘务工作中的重点工作安排。

（2）贯彻上级规章、命令、指示、通知的具体措施。

（3）上次乘务工作中的优缺点及改进措施。

（4）针对接车所发现的问题，应采取的措施。

结合趟计划重点内容对列车员进行试问，针对业务学习计划进行业务抽试。做到通信、补票设备状态良好，电量充足；命令传达准确，乘务任务布置清楚，值乘人员精神饱满；着装及仪容标准符合要求；对讲机佩戴位置统一。

列车员全体佩戴制帽，统一右手拉箱，右肩背包，列车长走在列车员的前方，列纵队进站台接车。在站台列车中间车厢相应位置，列车长分别向餐服人员、保洁人员传达命令、文件及重点工作安排，检查健康证、上岗证携带情况。组织餐服人员、保洁人员，面向站台或线路方向，以列车长、餐服长、保洁组长为第一位，三队横向一字排开，乘务箱包统一放置于每人右侧，以立岗迎客的标准站姿迎接车底进站。

列车进站时面带微笑行注目礼，列车停稳后，列车员接车或与对班进行交接；列车长电台通知本务司机乘务班组到岗，请打开全列车门，组织集体等车；在餐吧车车门处与终到班组列车长进行交接；与司机、随车机械师、公安乘警核对对讲机频道；检查列车整备情况，组织列车员、餐服人员、保洁人员按分工区域，对服务设备、车厢卫生、书刊清洁袋摆放等进行检查并办理交接。检查内容包括：

(1) 检查安全锤、灭火器。

(2) 对列车出库后的卫生间、洗面间、通过台、车内地面、小桌、窗台、滑道卫生进行鉴定、打分。

(3) 监督检查外车皮卫生质量，发现问题及时与保洁领班联系。

(4) 由列车长督促保洁人员对车内卫生进行弥补。

(5) 检查保洁人员是否按规定时间出乘、持用有效健康证和上岗证、携带清洁用具、仪容着装、乘务标志佩戴是否整齐规范。

(6) 检查餐服人员（含商务座服务员）按规定时间出乘、仪容着装、佩戴标志、持有效证件情况。

(7) 检查餐吧车商品摆放及移动售货车商品摆放。

做到列队整齐，行动一致；认真负责，组织有序；按时接车；交接清楚，签字确认，检查全面，做到知位置、知数量、知状态，消除隐患；商品摆放美观、整齐、入柜放置。移动售货车商品放置平稳、美观、整齐；清洁用具、备品等隐蔽存放。

旅客上车前，列车长检查健康证、上岗证和食品卫生合格证、食品安全承诺书、餐食配送、餐桌摆台、吧台内外卫生、所售快餐和盒饭及食品的出场日期和保质期、电冰箱使用状态及安全用电情况。与车辆乘务员确认设施设备情况。做到证件定位，清洁无损；食品安全，设备良好；设备设施状态清楚，措施得当。

在规定位置与车站客运值班员办理交接，了解本次列车的客流情况。掌握重点旅客乘车信息，做好重点旅客引导工作，在规定位置迎接旅客上车。执行发车程序，与司机及时联系确认。开车铃响登车，加强瞭望，与本列列车员（重联时，与重联列车长）确认旅客称将完毕。铃停后，通知司机或随车机械师关闭车门（重联时，由前列列车长负责），行注目礼立岗出站。做到交接清楚，掌握重点；引导有序，妥善安排，通告及时；落实发车程序，确保动车组列车安全正点。

2. 开车后

列车长巡视车厢，检查行李摆放情况，提醒旅客将大件行李及铁器、锐器等不适宜放在行李架上的物品放在指定位置并自行看管；做好重点旅客服务工作；查验车票、解答旅客问询，检查保洁人员、商务座服务人员、餐吧工作人员的作业质量。

(1) 检查商务座、特等座、一等座旅客服务情况，巡查设施设备使用状态。

(2) 检查商务座服务人员提供的费用服务项目、列车员作业程序的落实情况。

(3) 检查保洁人员对洗面间、卫生间、通过台卫生的恢复情况。

(4) 检查餐吧工作人员落实作业程序情况，电器设备使用安全状态。

(5) 了解车内旅客动态，掌握重点旅客乘坐位置。

(6) 自小号车厢开始进行全面巡视，对列车安全重点部位、设备实施、消防器材进行检查。

(7) 检查商务座服务人员、列车员查票制度落实情况，为旅客办理补票业务，检查商务座服务员人员、列车员服务工作质量。

(8) 检查各车厢卫生间、洗面间、通过台、车厢内卫生，并根据查出的卫生问题及时提示保洁人员和列车员进行快速恢复和弥补。

(9) 掌握餐饮供应情况，检查餐吧工作人员售卖情况。

(10) 掌握车内旅客动态，处理服务过程中的各类问题；了解重点旅客服务需求，检查列车员对重点旅客的服务是否到位。

(11) 从大号车厢起，核对空余座位，组织列车员查验车票，办理补票业务；掌握商务座、特等座、一等座车旅客乘车情况，对路内外重要旅客及时做好汇报和信息反馈。

列车长作业要求：做到行李物品摆放平稳，通道保持畅通；核对空余座位，处理违章；态度和蔼，执行规章熟练准确，减少对旅客干扰；卫生随时清理，质量达标；了解并掌握商务座、特等座、一等座旅客需求，开展重点服务。遇有重点旅客时要首先安排重点旅客；遇有晚点时落实《晚点处置办法》；执行《客规》规定，做到票款相符；掌握重点，主动服务。

(二) 列车员

1. 始发前准备

提前2h到派班室报到，参加出乘任务布置会，接受列车长布置趟重点工作；参加业务学习，接受列车长业务抽考；检查对讲机、补票机、站车无线交互系统等设备性能；整理制帽、胸卡、头饰、皮鞋、制服及乘务箱、车门钥匙等；收到通信、补票设备状态良好，电量充足；对讲机佩戴位置统一。

列车到达前15min列队由列车长带领到站台接车。在列车中部车厢列队接车，与对班班组办理交接。

(1) 列车员迅速将乘务箱按规定定位，一人负责4节车厢对安全锤、灭火器、安全乘降梯、过渡板、耳机设施设备进行检查。

(2) 检查灭火器铅封、指针、有效期。

(3) 检查垃圾箱、卫生间、洗面间、座席下、行李架上、大件行李处。

(4) 检查车内清扫备品定型、检查座便垫、消毒条、服务指南、清洁袋、洗手液等消耗品的配备数量和定型情况。

(5) 整理头枕片、定型网袋内的杂志、服务指南、清洁袋等物品。

(6) 整理、定型备品存放处物品进行分类放置。

(7) 发现问题通知列车长处理。

列车员在车门内迎接旅客上车。引导旅客就座，妥善安放行李，解答旅客问询，妥善安排重点旅客，发现问题及时处理；及时劝告送客人员下车，不能处理时应及时向列车长报告；提示并帮助旅客将大件行李安放在大件行李处。向列车长报告分管车厢的旅客上下车情况；列车启动时，列车员应面带微笑、目视前方行注目礼，向站台领导点头致意。

列车员作业要求：做到准时接车，交接程序认真仔细，无遗漏，备品充足，存放整齐；设备检查做到知位置、知数量、知状态。

做到言行规范，引导有序，妥善安排；发现问题，妥善处理，报告及时；按时播报，使用普通话，音量适宜。当商务座、特等座、一等座乘车旅客较多时，列车员在始发时要协助商务座服务员做好迎接旅客上车、引导等工作。

2. 开车后

列车出站检查车门关闭状态，按分工巡视车厢；广播致欢迎词，介绍列车设备设施、服务及沿途简况；检查行李摆放情况，提醒并协助旅客将大件行李及铁器、锐器等不适宜放在行李架上的物品放在大件行李存放处；安排重点旅客，重点旅客做到“三知、三有”；做到行李摆放平稳，通道保持畅通，主动引导。

根据列车长提供的售票信息，对分管车厢从小号车厢起，核对空余座位，发现乘车条件不符的人员，通知列车长处理。做到核对空余座位仔细，执行规章熟练准确，减少对旅客的干扰。

对车内卫生情况随时进行清理。及时检查卫生间及洗面间的洁净程度、消耗品的实用情况，保证列车卫生质量和消耗品的使用；为重点旅客提供服务；做到随时清理，督促保洁员进行卫生作业，保持全程卫生质量。

二、动车组旅客列车途中乘务作业

(一) 列车长

1. 运行中

检查途中保洁作业情况，督促保洁人员在规定时间内完成作业内容，督促保洁人员对车内的卫生和垃圾随时进行清理；随时检查卫生间及洗面间的卫生情况，保证列车卫生质量，并根据查出的卫生问题及时提示保洁人员和列车员进行快速恢复和弥补；督促保洁人员对卫生间、洗面间、通过台、车厢内卫生随时进行整理；做到卫生质量达标，巡视有记录，保持全程卫生质量。

检查和掌握餐饮供应情况。核对售货品种和价目表，检查食品包装、生产日期等信息；检查餐吧工作人员工作标准、服务规范、着装、用语、售卖、唱收唱付，了解旅客对饮食供应的满意程度；检查餐吧工作人员落实作业程序、电器设备使用安全状态；供餐时间，检查餐吧车卫生清理和保持情况；巡视和检查商务座、特等座、一等座旅客服务落实情况，掌握商务座、特等座、一等座旅客动态情况。做到落实每趟乘务检查制度，把好食品卫生关，做好旅客的食品供应工作和卫生保持工作。

列车长每1h巡视车厢一次，掌握车内旅客动态，处理服务过程中的各类问题，为重点旅客提供相应服务。做到耐心解答旅客问询，处理旅客事项时宜灵活机动，解释到位。汇报内容准确。

2. 中途停车

提前5min通过通知站名，提醒下车旅客；列车停车时及时观察各车厢旅客下车情况，遇有车门故障时，及时组织旅客从其他门下车；与车站办理交接；观察旅客乘降情况，及时通告列车关门。做到通知语言规范、音调适宜（可指定人员广播），宣传到位，防止旅客越站；通告及时，用语规范。交接清楚，掌握重点，重要事项有签字。

（二）列车员

1. 运行中

巡视车厢，随时解答旅客问询，向旅客介绍设施设备的使用方法，适时对旅客进行安全提示、禁烟宣传。用餐时间协助餐服人员做好供应。遇有旅客点餐时要及时通知餐服人员。做到运用规范用语，姿势举止得体，耐心解答旅客问询；妥善处理，汇报准确及时；对旅客送餐需求信息反馈及时、积极配合。

2. 中途停车

提前5min通告站名，提醒下车旅客。协助重点旅客做好下车准备。列车停车时按照始发立岗位置立岗，及时观察旅客乘降情况，遇有车门故障时，及时通知列车长并组织旅客从其他车门下车。观察旅客乘降情况，及时通知列车长。做到通知语言规范、音调适宜；对重点旅客需求做到心中有数；宣传到位，防止旅客越站；通告及时，用语规范。

三、动车组旅客列车终到乘务作业

（一）列车长

1. 终到前

列车到站前，列车长应掌握车内旅客终到情况。对有特殊需求的旅客列车长需与车站提前联系。全面巡查列车员、保洁人员、餐服人员的工作状态。进行全面卫生恢复，检查车内卫生、备品的定型定位、消耗品的补充和缺失情况。核对补票、收款情况。了解并掌握餐车经营情况。到站前5min，进行终到站前通告。做到保证旅客和动车组列车的安全正常运行；落实终到卫生质量标准；票款相符。

2. 终到后

列车到站后，向旅客道别，协助重点旅客下车。旅客下车完毕，迅速巡视车厢，检查有无旅客遗失物品等，发现问题及时处理。列车长在餐吧车位置与车站客运值班员办理重点旅客问题，按规章处理。交接清楚，手续完备，迅速准确。

3. 退乘阶段

旅客下车后，检查卫生间内外、洗面间上下、通过台前后、电茶炉周围、自端端门玻璃的卫生。检查列车到站折返保洁对车内地面清扫的洁净度、门边、滑道、列车外皮擦拭的卫生质量差、问题重复发生，或保洁人员不听从指挥，不及时整改问题的，签注不合格。做到保洁情况清楚，鉴定结果准确。通知司机关闭车门。召开退乘会，列车长根据乘务任务完成情况总结乘务在服务、卫生及联劳协作方面存在的共性和个性问题，填写《乘务日志》，车长带队在前、办公席背包中间、乘警后面护送、右侧提拉乘务箱、走固定路线，统一列队带领乘务组退乘。做到讲评全面、记录详实。按规定对列车员、餐服人员、保洁人员进行考核。着装整齐，精神面貌良好，列队退乘。

向派班室报告一趟工作情况，按规定交接票务、设备。做到设备状况、数量交接清楚，手续完备。

（二）列车员

1. 终到前

终到站前5min广播宣传，提醒旅客做好下车准备。巡视车厢，唤醒休息的旅客。检查并督促保洁人员全面恢复车厢卫生。协助重点旅客乘降。按照规定位置出场，列车进站时面带微笑行注目礼。做到按时播报，内容准确，使用普通话，音量适宜。对重点旅客的需求做到心中有数。

2. 终到后

列车到站后，向旅客道别。做到言行规范，主动热情。

按照车厢分工，从上到下，按照行李架、窗台、座位、书报袋、座席下、盥洗室、卫生间的顺序迅速检查有无旅客遗失品。做到发现问题，及时通知列车长。

3. 退乘阶段

旅客下车后，整理服务备品，办理交接。做到交接清楚，手续完备，迅速准确。

动车组旅客列车员服务技能要求

一、动车组旅客列车始发前列车员服务技能要求

（一）立岗迎接

（1）在车门立岗迎接旅客时，列车员态度要诚恳、热情、礼貌、周到，目光应关注旅客，并用亲切的语言表示欢迎，如“您好，欢迎乘车”。

（2）当车门口发生拥挤现象时，列车员应按先后顺序维持排队秩序，及时提醒旅客看管好自己的行李物品。遇到老人、小孩和行动不便的旅客，列车员要主动搀扶，给予帮助。

（二）车厢整容

（1）旅客上车后，忙于寻找座位和放置行李，列车员应提醒旅客保管好车票以免丢失，放稳行李以免坠落伤人。

（2）对于送客的亲朋好友，列车员应在开车前及时提醒他们下车。

（3）引导中列车员要提醒旅客注意对号入座，如果该座位坐有其他旅客，应请其离座。当旅客主动离座时，应主动说“谢谢您的合作”。碰到少数拒绝让座的旅客，切忌用诸如“没座位活该！”等生硬语言刺激旅客，应积极寻找空位置，缓解矛盾。

（4）整理行李架时，列车员应主动向旅客解释，以取得旅客的配合。例如，“旅客们，为了给大家创造安全舒适的环境，现在开始整理车厢，请予以合作，谢谢！”。

二、动车组旅客列车途中列车员服务技能要求

（一）日常礼貌用语

1. 欢迎礼貌用语

（1）您好！欢迎乘车！

（2）欢迎您到餐吧用餐。

2. 问候礼貌用语

（1）您好。

（2）早上好。

（3）中午好。

（4）晚上好。

3. 告别礼貌用语

（1）请慢走。

（2）这是您的东西，请拿好，多谢！

（3）再见。

（4）祝您旅途愉快！

（5）祝您一路平安！

（6）下次旅行再见！

4. 征询礼貌用语

（1）需要我帮您做些什么吗？

（2）您还有别的事情吗？

（3）您需要……吗？

（4）如果您不介意的话，我可以……

（5）您好，请问这个（指矿泉水）您还需要吗？

（6）您觉得车内温度合适吗？

（7）我们为您准备了××、××、××，您需要哪一种？

（8）您需要添些水吗？

5. 应答礼貌用语

（1）不必客气。

（2）没关系。

（3）这是我应该做的。

（4）照顾不周的地方，请多多指教。

（5）我马上来（或我马上去办）。

（6）我明白了。

（7）是的。

（8）非常感谢。

（9）谢谢您的好意。

6. 表示道歉的礼貌用语

（1）请原谅。

（2）打扰您了。

（3）失礼了。

（4）实在对不起。

（5）谢谢您的提醒。

（6）是我们的错，对不起。

（7）好的，我们马上办好。

（8）请不要介意。

（9）对不起，让您久等了。

（10）对不起，请借过一下。

7. 表示推脱的礼貌用语

（1）没有听说。

（2）承您的好意，但是……

（二）对讲机规范用语

1. 列车长

（1）××次司机，旅客乘降完毕。

（2）机械师有吗？×车厢车门有故障，请到位！

2. 列车员

（1）（1、2、3）、（4、5）、（6、7、8）号车厢旅客乘降完毕。

（2）××车厢空余××、××号座位，共×个。

（3）×车长，有吗？×号车厢××出现故障，请求处理！

（4）×车长，请到×号车厢。

（三）旅客乘降组织

（1）按照客流通知单，了解中途下车旅客人数的分布、位置，并通过列车员汇报，准确掌握中途下车的重点旅客。

（2）列车长组织合理制定中途下车旅客的分配，随车机械师、乘务组成员清楚自己分工车门中途各站旅客下车数量。

（3）中途站到站前10min，通过广播进行报站提示，并宣传未到站旅客不要下车，同时列车员深入车厢帮助重点旅客，提示下车旅客做好准备，引导到其下次门。

（4）中途站列车长、列车员、保洁人员、随车机械师按分工车门对旅客乘降认真监控，发生突发情况，立即汇报列车长，如遇乘降过程中车门故障，启动应急预案。

（5）中途站旅客上车后，列车员迅速向车内引导，开车后引导旅客入座。

（四）供应开水

（1）旅客列车在运行途中应对旅客讲清楚电茶炉的位置。对车厢里的老、幼、病、残、孕旅客，应坚持送水到位；杜绝重点旅客到电茶炉取水。提示旅客不要用塑料瓶、罐头瓶等容器接开水，以免塑料瓶、罐头瓶容易发生变形、炸裂烫伤旅客。

（2）送水时注意，别烫伤了自己和旅客。

（3）接旅客的杯子。手要握着杯子的中下部。如果是带把的杯子，要让杯子把朝外，方便旅客接回杯子。倒完水后，应把杯子放回原位。

（4）倒水时，左手拿杯子，壶嘴贴近杯子，缓缓倒入，不能太满。如杯子里有存水，应征求旅客意见是否倒掉。若不小心把水溅到旅客身上或物品上时，应马上帮旅客擦干净。

(5) 遇喝水旅客多时，要表现出耐心，一般先给靠近车窗旅客倒水，然后逐个向外。倒水的同时，应提醒其他旅客“准备好您的杯子和茶叶，请稍候”，以缓解其他旅客等待的焦虑。

(6) 遇水没有开，旅客又需要时，可微笑着向旅客做好解释“对不起，水还没有开，请您稍等一等，水开了我马上给您送来”。

(五) 巡视服务

无作业时列车员定位管理，随时观察旅客动态。每30min流动一次车厢，与保洁人员交换位置。在值乘中不得坐车厢座位，或与旅客聊天；不得打手机，必要接时可到隐蔽地点。

列车员在巡视服务中，必须提示带小孩的旅客做好小孩的安全监护工作，即不让儿童在座席、茶桌上站立，在车内来回跑动，单独如厕和取水倒水。为旅客拿东西时，应该轻拿轻放；拿水杯时，应该拿水杯的下1/3处。为旅客递送东西时，应该站在旅客的正面，递送东西到位，当对方接稳后再松手。

(六) 查验车票

(1) 查票前列车员要事先做好广播或口头宣传“旅客们，现在开始查验车票，请大家把车票准备好，谢谢!”。

(2) 查票时，列车员应亲切、客气地对旅客说：“请出示您的车票。”认真仔细查验完毕后，列车员要有礼貌地将车票还给旅客，同时说“请收好您的车票，谢谢!”，切忌使用“查票了，把车票拿出来”“为什么不买票?”“补票去”等生硬、冷漠的语言对待旅客。

(3) 碰上不理不睬、不配合的旅客，无论旅客出于什么原因，都不能计较，可略提高音量，态度和蔼地说“先生（女士），请出示您的车票，如果您没来得及买票，可以办理补票手续”。

(4) 对无票乘车或是以没钱等各种托词不愿补票的旅客，可在公安乘警的协助下向他指出“先生（女士）您实在无法补票？列车将按章编制客运记录，请您在前方大站下车，由车站协助当地人民政府为您解决困难”。

对旅客来说，自己买的票是一件非常重要的物品，为此，爱惜旅客的车票能够体现善待旅客的心情。另外，爱惜车票也意味着爱惜企业的“运输服务”这一商品。列车员查验后递交车票时面带微笑，双手递交。为了让旅客能够看清文字，要将车票正对旅客，在递票时要看着旅客的眼睛。

(七) 旅客去向登记

(1) 各车厢客运列车员对上车旅客要及时问询，掌握重点，对中途下车旅客的座位和数量做到准确、细致。

(2) 列车长要根据客统3（旅客乘车人数通知单）和各车厢列车员的统计对各站中途下车旅客做到心中有数。

(3) 在中途下车旅客数量较大时，列车长要提前安排，列车员要提前组织，做好分流，保证旅客快上快下。

（4）在到站前10min，待列车广播提示前，列车员要深入车厢，对中途下车旅客做好提醒，并引导其至车门处等候下车。

（5）列车员在列车到站后要随时监控车门安全情况，并保证旅客乘降安全。

（6）要待旅客乘降完毕后，列车员要及时将信息通报列车长。

（7）列车长在收到各车厢列车员通报旅客乘降完毕的信息后，立即通知司机关闭车门，避免造成责任晚点。

（8）列车员发现车门出现故障时，及时通知列车长，由列车长通知随车机械师在第一时间及时维修，保证设施良好。

三、动车组旅客列车终到列车员服务技能要求

（一）终到前广播

“女士们、先生们：

列车前方到站是本次列车的终点站××站，到达的时间是×点×分，请您现在将茶桌板归回原位，取出行李，整理好随身携带的物品，做好下车准备。欢迎您再次乘坐本次列车，再见！”

（二）终到服务

终到前，列车员应提醒旅客携带好随身物品。对下车旅客，列车员应根据实际情况给予适当帮助。

（1）旅客下车时，列车员应主动为个别手捧行李、物品的旅客提供毛毯袋，方便提取。

（2）列车员应主动搀扶老人和病、残行动不便的旅客下车，并与车站做好交接工作。

（3）旅客提取塑料网兜下车时，列车员应主动提供毛巾，避免旅客勒手。

（4）送客时，对行李较多的旅客列车员应提供适当的帮助；当其堵住车厢通道时，主动上前帮助提拿行李。

（5）遇旅客小包肩带掉落，应帮忙扶好。

（6）帮助携带较大行李的旅客提一下行李。

（7）遇帮助带小孩的旅客抱一抱小孩。

（三）终到送别

到站后，车门立岗的列车员应以饱满的热情、整洁的形象、标准的姿势以及亲切的态度和话语，有礼貌地向不同的旅客道别。例如，“请慢走！”“感谢你乘坐本次列车！”“欢迎下次再来！”“下次再见！”等。

济南局集团公司动车列车员“微笑服务”成春运亮点

安全出行、方便出行、温馨出行是每年春运的主题，济南局集团公司青岛客运段上海动车队90后列车员的“微笑服务”，成了山东高速铁路春运的最大亮点！

90后的苏海丽是胶州湾畔帆船之都的一名高速铁路列车长，她认真的态度、要强的

性格、高质的追求和严格精细的管理，可以说，她已成为青岛客运段列车长群体中的一名佼佼者。尤其是在抓班组建设和管理的“五强”工作法，所带领的班组始终处于同行的标杆地位从未落后。

“强”自身示范，激发团队整体动力。身先士卒、自身过硬，是列车长苏海丽在高速铁路列车上抓班组带队伍，这也是她对自己的一项从不变形的铁纪。工作中的她时刻都在提醒自己：我是一名列车长，我的一言一行不仅代表我个人，更代表着高速铁路人的道德品质和精神风貌，我一定要用心在旅客和职工心目中树立起良好形象。她想到了，也实实在在地做到了。提起苏海丽，熟悉她的人都会想到用一个字来形容她，那就是“傻”，因为在担任列车长的这几年里，如犹如老黄牛般任劳任怨、默默无闻，在旅客和职工面前乐于吃亏。在管理上，苏海丽可谓做到了精细，处处做示范、做表率，思考琢磨管理方法，并言传身教，她所带的班组被段评为了标杆班组。有了成绩和荣誉，班组列车员除了骄傲自豪外，对她还是有点小“意见”，那就是嫌她从不知道休息，不知道苦累。每次到达终点站后，再累她都不会急于收拾下班回家，她会把全列车认真地巡视一遍，不放过每一个角落。这就是苏海丽，一个工作从不走样、从不变形的人。

温馨服务，车长旅客是一家。G190 次，青岛刚开车，列车长在巡视车厢的时候，被一幕情景吸引住，坐在6号车厢第三排有一对双胞胎正坐在座位上在吃饭，一位中年妇女正在叮嘱左边的小姑娘吃饭，过一会又去叮嘱右边的小姑娘。巡视完车厢的苏海丽便走向前去询问该旅客，原来薛女士带着两个女儿王艺霏、王艺霖去北京找爸爸，商量好去北京玩几天，两个小家伙初次坐火车好奇心特别强，在车内到处玩耍，累坏了薛女士，于是苏海丽巡视完车厢后都会帮薛女士照看一下王艺霏和王艺霖，渐渐的两个小家伙和苏车长亲近起来，临下车时还依依不舍，并定下约定回青岛还坐苏海丽的车。2015 年 2 月 9 日，由青岛开往北京南的 G190 次列车，胶州北开车后，列车长苏海丽在巡视车厢时发现 6 号车厢有 30 多位小朋友，带着自己的道具，苏海丽立马找到了他们的老师，得知这些小朋友大多数都是第一次乘坐高速铁路，于是苏海丽向他们介绍了车上的设施设备，以及安全嘱托，交谈中得知这些小朋友与苏海丽是老乡，老师提议小朋友们一起为苏海丽唱首歌曲《三里河组歌——梦想开始的地方》，这也是他们这次去参加“第五届星光校园·全国中小学生春节联欢晚会”的录制中的歌曲。一路上贴心的服务得到了整节车厢旅客的好评，个个带着阳光灿烂的笑容去迎接他们的比赛。

在春运期间，他们每一位人员履行职责、担起重任，全力营造一个和谐、平安的春运道路交通环境，确保全市人民过一个安定、祥和、幸福的新春佳节。

（来源：新华网山东频道）

从“到站语音提示”看铁路“用心”服务

“女士们，先生们！列车运行前方到站是××站，请下车的旅客提前整理好自己的行李物品，做好下车准备，下车时请从前部车门下车，先下后上。”很多旅客在乘坐动车即将到站的时候都会听到类似这样的“到站语音提示”，大家会自觉根据温馨提示做好下车准备，却鲜有人了解这看似简单的“到站语音提示”背后，是铁路人的“用心”服务。

“到站语音提示”提高了旅客乘降效率。到站前5min准时发出的语音提示，既给旅客收拾行李下车留够了时间，又不会因为提醒过早而导致遗忘做无用功。让车上的旅客在前门下车，而站台上候车的旅客则在后门对应的地标处上车，上下分离。整个语音提示把旅客乘降环节引导的井然有序。在旅客出行对“准点到达”要求更高的今天，这种运筹学的应用，极大地提高了旅客乘降效率。在旅客对出行方式需求趋向“标准更高、速度更快、时间更准”的今天，通过这种引导式服务无疑是一种高效手段。

“到站语音提示”提升了旅客出行体验。星巴克让顾客沿着柜台横向排队，流水线的操作可保证员工接单、做餐、给餐分区明显，分工有序，效率更高。麦当劳让顾客纵向排队，点餐流和等餐流分开，减少了排队交叉，加快点餐节奏，缓解等待焦虑。类似于餐厅动线设计时既从顾客需求又从自身特点考虑，“到站语音提示”充分兼顾旅客和铁路自身，整个乘降流程既为到站旅客考虑，又为站台上候车的旅客考虑，做到有效提示而不过多干扰，友情提醒而不矫柔造作，周到服务而不附加消费，无形中提升了旅客出行体验。

“到站语音提示”丰富了服务文化内涵。见证了中国经济改革全过程的铁路部门经历了市场经济的洗礼，也一直在不断适应市场需求，主动对接服务的自我改革之路上不断探索。从很多人记忆中“××站到了”人工提示，到后来的“欢迎您乘坐××次列车，列车前方到站××站”录音提示，再到现在包含引导式服务的“语音到站提示”，操作更方便精准，内容更周到实用。这在体现中国铁路技术进步的同时，也彰显了行业服务理念的不断提升、服务文化内涵的不断丰富、企业文化“软实力”不断得到提升。

习近平总书记指出，要坚定不移把国有企业做强做优做大，培育核心竞争力，争当创新驱动发展先行军。在旅客出行体验越来越被重视的今天，一流的硬件设施为我们的快捷出行提供了强有力的技术保障，真正要把行业做优做大，就要以旅客需求为导向，“用心”服务，赢得市场。

（作者：中华铁道网评论员司攀登）

巨款面前不动心　铁路人彰显高素质

旅客张先生在乘坐长春到延吉西的C1007次列车时不慎将装有5万元现金的包遗落在座位前的空隙里就匆忙下车了，后被巡视车厢的沈阳局集团公司吉林车务段乘务车间十二乘务组车长温鑫发现。温鑫赶紧联系吉林车务段动车队队长王延明，王延明随即与延吉西站值班客运主任联系，通过客运主任找到了正着急的失主张先生，听说自己的5万元钱被高速铁路列车员发现并妥善保管，张先生十分高兴。等到温鑫所在的C1017次列车再次经停延吉西站时，温鑫亲手将5万元分文不少地交给了提前在站台上等候的张先生，看到完璧归赵的5万元钱，张先生激动得握住温鑫的手连声道谢！

区区5万元在那些有钱人的眼里可能不值一提，但在普通民众尤其是工资收入比较一般的铁路员工面前却是一笔名副其实的巨款！面对突如其来的如此一笔巨款温鑫等人毫不动私心，而是积极主动地联系失主及时交还，实属可贵。近年来，我国铁路系统改革逐渐深化，列车速度也是一提再提，如今从车站到车上，从售票时到售后的服务，在硬件的设置与配套上都有质的飞跃。与此同时，在员工的服务意识、思想素质教育这个软件上也没有滞后，此次旅客5万元巨款失而复得这一事例就从侧面彰显了新时期中国铁路人与时俱进、永不落后的思想素质。

项目训练

【训练目的】

做到教、学、做一体化，提高学生运用理论知识解决实际问题的能力。

【训练内容】

分小组运用该任务相关知识进行角色扮演，模拟动车组旅客列车始发、途中终到作业情景进行训练，落实现场处理主要环节，各小组派代表进行总结汇报。

【考核标准】

小组互评，教师点评。评分标准为百分制（10分一个等级，如100分、90分、80分等）。

复习思考题

1. 高速铁路动车组列车员、列车长作业流程及标准是什么？
2. 高速铁路动车组列车员门前立岗的标准是什么？
3. 动车组列车内行李物品的摆放要求是什么？
4. 动车组列车途中列车员服务技能要求有哪些？
5. 动车组列车终到列车员服务技能要求有哪些？

单元5.2 其他旅客列车乘务作业

相关知识

一 其他旅客列车车厢服务相关知识

（一）车容整理

1. 出库标准

车窗起落一致，窗帘挂摆统一，外层窗帘垂直收拢，内层窗帘拉拢，茶几上铺设规格统一，台布清洁平整，台上正中摆放一只果壳盘；头靠套、座位套服帖、洁净、平展；四框位置统一，内容规范；列车长办公席电子显示屏、软座和餐车挂放的时钟准确，各种装饰美观完整、定位一致。

列车硬席车厢有质地良好的座套、小台布和遮光帘、纱帘。车内装饰应典雅、色泽协调。车内广告应符合《中华人民共和国广告法》有关规定，设置规范安全、美观大方，与车内环境相协调，不影响列车应有的服务功能，不挤占规定的铁路图形标志、业务揭示、安全宣传等内容和位置。不在车体、运行区间牌、门窗玻璃及厕所内设置广告。车厢内广告的位置和数量规定：两端墙壁，每端1处；两侧墙壁，每侧2处；卧铺车仅限于走廊一侧设置2处；严禁采用粘贴方式设置广告。

2. 途中标准

（1）四条线标准

行李架、衣帽钩、窗帘、毛巾绳等四项设施物品，应做到线直物平、统一大方。行李架上的物品做到长顺短横、外挡为准，整齐划一；衣帽钩上，不挂衣帽以外的其他物品；窗帘起放统一；毛巾绳上的毛巾整理成四折卷放高低一致。新型空调列车一般没有毛巾绳，但其他三条线作业标准不变。

（2）物品安放标准

物品安放应当平稳、整齐、牢固。轻的物品放行李架上，重的物品放座位底下；行李架上不放扁担、长杆等易滑物品，也不放易碎流质物品。硬卧车厢到夜间，旅客鞋子应摆放整齐，下铺旅客的鞋子放在铺下居中，鞋尖与铺边平齐，中、上铺旅客的鞋子放在铺旁扶梯下面，鞋尖朝里，鞋后跟与铺边平齐，保持车厢走廊一路通畅。

（3）乘务员室标准

乘务员室应保持清洁、整齐，物品摆放统一。桌面铺放白色台布，桌面一角放资料盒（内有本次列车作业程序、旅客去向登记表、备品交接簿、列车时刻表、针线包等），卧铺车票夹要放入抽屉内并加锁，服务设施定位放置。

（4）宿营车标准

宿营车应做到安全、整洁、肃静。专人值班，免进闲人；进出慢步低声，保持肃静；个人物品统放架上，窗帘、门布起落一致，卧具随时整理，保持营房气氛。

（二）备品管理

1. 固定备品

标准：齐全、光亮，作用良好。

四框（列车时刻表、旅客须知、安全宣传、广告或风景画）、标志牌（列车运行区间牌、内外车号牌、活动车号牌）配置齐全、规范统一；窗帘、台布、座套、头靠套及卧具色泽雅致，型号统一，数量齐全，平整完好，定期换洗；手烘干机、液体皂盒、厕所清洗垫圈架、卫生球盒齐全，作用良好。

2. 活动备品

标准：齐全、洁净，作用良好。

果盘、热水瓶洁净、光亮，固定位置摆放，热水瓶把手朝外；软卧车厢衣架型号一致，按钩挂放，钩口朝里；拖鞋数量齐全，定期清洗、消毒，放在铺下居中，鞋尖统一朝里。

茶具清洁、定位，符合要求；茶壶有套、戴帽、整洁光亮、定期擦洗；保温桶、送水车、送货车清洁、光亮，平直摆放，及时加锁。

清洁工具（如水桶、刷子、拖把、抹布、铁钩、簸箕等）齐全、隐蔽、好用；垃圾箱架每车一只，放洗漱间旁，垃圾袋内套，标志朝外。

卧铺车的走廊和包房内地毯应平整、干净。车窗有双层窗帘，卧具有棉被（或毛毯）、垫褥、褥单、被套、枕芯、枕头套。软卧车还有衣架、拖鞋、衣刷、带盖茶杯、卫生桶。卧具应整洁，直接接触人体的被套、褥单、枕头套应洁白无污渍、消毒烫平使用，做到一人一换，卧具的使用周期不应超过半年。褥单三边全包、表面平整，换下来的要分类装袋、入柜存放；被套对边四折，两头内藏，头里被外，光面齐平；枕头正面向上，枕巾铺平，标志朝外，放在棉被或毛毯上。

（三）清洁卫生

列车的清洁卫生，应遵循“窗明几净、四壁无尘、器洁镜明、物见本色、严格消毒、消灭死角”的原则。

1. 卫生作业方法

两头大搞，途中勤保，先上后下、先内后外、先冲后擦、先扫后拖。上下以窗台为界，窗台上部是茶几、窗框、板壁、行李架、顶棚，窗台下部是座席和卧铺缝、下部板壁、暖气管面、缝及地面边角。内外以车厢两端板壁为界，客室为内，三间两头（乘务间、洗脸间、卫生间和两头通过台）为外。

扫地之前，先把烟灰盒、座位和卧铺缝以及暖气管下面的垃圾掏出来，然后再进行冲洗和擦抹。洗脸池里外都要用去污粉除去污垢、用抹布擦干净；先用草酸烧去便池内的尿碱，再用水冲洗干净；洗脸间、厕所地面彻底洗刷，最后用拧干的拖把拖干地面的积水。

2. 出库卫生标准

一切卫生做完后，列车长要按照铁道部规定的出库卫生质量标准进行鉴定，检查验收。出库卫生要求达到“十无、四净、四光亮”。

“十无”即四壁无灰尘和污斑，窗沿、茶几无灰尘和茶渍，座席、卧铺边缝无灰尘和垃圾，暖气盖板无灰尘和杂物，地板地毯无垃圾和污垢，凳角、边角无积垢，三间两头无积水和杂物，厕所无异味和涂写痕迹，连接处无灰尘和污垢，排水系统无堵塞。“四净”即通风器、行李架、平梯、扶手洁净。“四光亮”即标志醒目、光亮，瓷盆、镜子洁白光亮，铝合金边条鲜明光亮，不锈钢器皿擦净光亮。

3. 途中标准

列车运行途中，为了保持车内干净整洁，卫生工作要见缝插针，做到“一化、二锁、三不倒、四干燥、五个要”。

“一化”即垃圾装袋化、扎口，交规定处理站。“二锁”即停站锁闭厕所、到达列车终点站或通过市区、隧道、大桥时锁闭厕所（真空集便式厕所除外）。“三不倒”即车窗、车门、连接处不倒垃圾、污水。“四干燥”即厕所、洗脸间、连接处、通过台保持干燥。“五个要”即地面要随脏随扫，车容要随乱随整，茶几果盘要勤倒勤清，三间两头要勤冲勤保，车内空气要随时保持清新适宜。

4. 终到标准

列车即将进入终点站，卫生应做到“一消毒、二清洁、三不带”。

“一消毒”即严格消毒餐具、茶具，操作时按照“一倒二洗三擦四消毒”的程序进行，保持干净无菌。“二清洁”即车厢客室、三间两头清洁。“三不带”即不带垃圾、污水、粪便。

二 其他旅客列车乘务作业

（一）列车员工作内容及质量要求

1. 软卧列车员作业内容及质量要求

（1）始发准备作业

①准备作业。

a. 穿着规定服装，佩戴职务标志，做好个人整容。

b. 按规定时间到指定地点列队点名，听取上级指示、工作布置和接受业务提问。

质量要求：着装统一，仪容整洁，职务标志佩戴在左胸上方；准时到达，认真听记，接受提问，回答正确。

②接受列车。

a. 与保洁人员按备品卡办理交接手续并签认，当发现缺失、损坏时，及时向列车长汇报。

b. 检查客运服务设施设备运用状态和车内安全锤挂放情况；发现问题及时报告列车长。

质量要求：检查全面、认真；工具、备品齐全完整；交接手续完备，不准信用交接；设施设备作用良好。

③库内车容整备。

a. 与库内保洁人员按整备出库标准逐项进行鉴定验收。

b. 落放车窗，整理窗帘，茶具消毒。

c. 整理卧具，铺茶几台布，摆放列车服务指南、果皮盘、灌满开水的暖水瓶（配防倒架、直供电车开车水开后灌水）、不锈钢杂物桶、衣架、拖鞋。

d. 整理清扫工具、备品及业务台账资料。

e. 洗脸间摆放洗手液（皂），厕所摆放芳香球、卫生纸、坐便器一次性坐垫，坐便器按规定消毒；锁闭厕所。

f. 接受列车长出库整备鉴定。

g. 列车出库前锁闭车门。

质量要求：按标准验收，达标签收。车厢卫生达标，窗明几净，四壁无尘，无死角，边座椅套无污迹，顶棚、洗脸盆洁净，厕所洁净无异味，通风口无灰尘，面镜光亮无尘，垃圾桶洁净、套袋定位，通过台、连接处无污迹，锅炉间、工具柜内无杂物，茶桌腿、铺位腿无污垢，门框、窗框洁净，烟灰盒无烟头、烟灰，暖气管无积灰，清扫工具干净；全程铺地毯，提示牌干净正确；卧具完整、清洁、铺放平展、折叠摆放整齐统一；水开瓶满；茶具消毒合格；备品摆放一致；清扫工具齐全，隐蔽定位，工具柜、卧具柜加锁；资料台账完整有效，填写清楚。

（2）始发站作业

①开门立岗。

广播预告放客后，锁闭端门和乘务间，打开车门，悬挂活动顺号牌，卡牢脚踏板（高站台摆放安全渡板，悬挂警示带），抹扶手，面向旅客放行方向，迎接旅客。

质量要求：出岗准时统一，立岗姿势端正，表情自然，活动顺号牌悬挂一致。

②组织旅客上车。

a. 验票，查堵危险品，帮助旅客上车。

b. 引导旅客进包房，帮助旅客安放行李。

质量要求：门岗宣传到位，验票认真，防止危险品带上车，防止旅客摔伤。

（3）始发站开车作业

①车门管理。

a. 铃响站线，铃止上车，高站台收取安全渡板和警示带，放下脚踏板，收取活动顺号牌，车动锁门，面向站台行注目礼。

b. 列车出站台，自检互检边门，开厕所门、端门。

质量要求：车门自检互检落实，厕所开启及时，防止旅客跳车、坠车，不漏锁车门，确保安全。

②服务登记。

a. 进包房先敲门，出包房退行。

b. 按顺序换发卧铺牌，进行登记，核对证件。

c. 根据需要送茶水、烟灰缸，介绍车厢服务设备、使用方法及餐车供应情况，做好重点照顾。

d. 空余铺位及不符合乘车规定的旅客，及时报告列车长。

质量要求：态度和蔼，语言亲切，用语文明，作业规范，换票准确，核对证件认真，登记准确无差错。

③卫生清扫。

清扫地面、通过台、连接处、洗脸间。

质量要求：走廊、通过台干净，无积水、污迹。

（4）中途作业

①运行中作业。

a. 运行中作业：拖（拖地面）、冲（冲开水）、宣（宣传旅行安全常识）、抹（抹三间四壁、茶几）、访（访问旅客）。

b. 做好车厢旅客服务工作。

c. 巡视车厢，解答旅客问询。

d. 采暖期间做好车厢取暖工作。

e. 遇通过较大隧道、桥梁时，落放车窗，锁闭厕所，加强宣传和巡视。

f. 根据需要送水，及时清理果皮盘、杂物桶，更换烟灰缸、茶杯，及时收取旅客饮用完毕的硬质包装容器。

g. 旅客离开包房时，按照旅客需求整理房间，作业完毕锁闭房门。

h. 遇临时停车做好宣传，到边门处立岗，加强瞭望（左单右双）。

质量要求：重点旅客做到“三知三有”，服务做到“四勤”，即眼勤（勤观察）、嘴勤（勤宣传）、腿勤（勤巡视）、手勤（勤检查）；车厢温度适宜，卫生做到随脏随扫，及时冲刷厕所，达到“三无”（无异味、无粪便、无积水），洗脸间台面经常保持干燥；临时停车瞭望制度落实到位。

②到站前作业。

a. 提前30min唤醒下车旅客换票，收回卧铺牌，提醒旅客整理物品，做好下车准备，到站前5min再确认一次，防止旅客越站。

b. 停车3min以上车站锁闭厕所门（集便式厕所除外），到站前锁闭端门，察看车厢水表水位。

c. 清理垃圾桶，垃圾装袋扎口，放在反边门处。

质量要求：换票准确，无差错；无旅客越站；卧具做到一人一换。

③停车时作业。

a. 停车时作业：开（车停开门，高站台停车3min以上必须摆放安全渡板，悬挂警示带）、挂（挂顺号牌）、抹（抹扶手）、宣（门岗安全宣传）、看（看票上车）、扶（扶老携幼）。

b. 垃圾装袋扎口在垃圾投放站定点投放。

c. 铃响站线，铃止上车，放下脚踏板（高站台收取安全渡板、警示带），收取活动顺号牌，车动锁门，面向站台行注目礼。

质量要求：验票认真，乘降有序，宣传到位，防止旅客摔伤、挤伤，垃圾投放及时。

④开车后作业。

a. 开车后作业：锁（车动锁门）、开（开厕所门、端门）、检（自检互检车门）、安（安排铺位，核对、登记证件）、整（整理下车旅客铺位）。

b. 开车2min以内核对车厢水表水位，确认给水站是否上水并做好登记。

质量要求：自检互检到位，不漏锁车门，开厕所门及时，卧具一人一换，上水登记及时。

⑤午间作业。

a. 扫拖走廊、通过台，擦抹走廊茶几、窗台、洗脸池，冲刷厕所、洗脸间，清扫整理乘务间、锅炉室，闭合窗帘。

b. 加强巡视，坐边座值岗。

质量要求：无闲杂人员，车内安静整洁，工作时走路、说话、关门要轻。

⑥夜间作业。

a. 按包房核对铺位，清理非本车厢人员离开包房，停止会客。

b. 扫拖走廊、通过台，擦抹走廊、茶几、窗台、洗脸池，冲刷厕所、洗脸间，清扫整理乘务间、锅炉室，闭合窗帘。

c. 加强巡视，对过往人员认真询问，坐边座值岗。

质量要求：无闲杂人员，车内安静整洁，工作时走路、说话、关门要轻。

⑦清晨作业。

a. 冲刷厕所、洗脸间，擦抹洗脸台、面镜、走廊、茶几、窗台，整理窗帘。

b. 扫拖走廊、通过台，连接处。

c. 宣传节约用水。

d. 根据需要送水，清理房间果皮盘、杂物桶，更换烟灰缸、茶杯，询问需办事宜。

质量要求：开水供应充足，车容整洁，洗脸间台面、连接处保持干燥，厕所干净、无异味。

⑧交接班作业。

a. 交班前清理垃圾桶，倾倒烟灰缸，全面清扫地面，垃圾装袋扎口，擦抹三间、四壁、窗台，冲洗厕所。

b. 交接票证及车内旅客乘车情况、清扫工具、服务设施、备品，交接取暖锅炉（非空调列车），填写交接簿。

c. 排队交接班，听取列车长传达有关事项。

质量要求：卫生整洁干净，备品齐全定位，交接清楚有签认，不准信用交接。

（5）折返站作业

①折返站前作业。

a. 清理果皮盘、垃圾桶，清倒烟灰缸，擦抹茶几、乘务间，冲洗洗脸间、厕所，清理锅炉室（非空调列车），扫拖地面、通过台、连接处。

b. 到站前，锁闭厕所门和端门。

c. 提前30min换发车票，收回卧铺牌。

d. 通告终到站时刻，征求旅客意见。

e. 垃圾装袋扎口，放置反边门处。

质量要求：卫生达到无污水、无粪便，垃圾装袋扎口到站定点投放；换票准确；语言清晰，态度诚恳。

②组织旅客下车。

a. 进站前到岗，试开车门，面向站台立岗；停稳开门，卡牢脚踏板（高站台摆放安全渡板，悬挂警示带），悬挂活动顺号牌，抹扶手，组织旅客下车。

b. 垃圾装袋，到站定点投放。

c. 清点卧具，全面检查车厢，发现旅客遗失物品交列车长处理。

质量要求：及时到岗，姿势端正，活动顺号牌悬挂一致，防止摔伤；垃圾投放及时，及时上交旅客遗失物品。

③停留作业。

a. 收集果皮盘，暖水瓶定位存放。

b. 拆换、整理卧具，将使用过的枕套、枕巾、被单、褥单、茶几布装袋，定位存放（异地无保洁人员时）。

c. 与列车保洁人员办理交接，签字确认。

d. 卫生整理（异地无保洁人员时）主要包括：倒烟灰盒，清理果皮盘、垃圾桶；擦抹三间、四壁、窗台、茶几；冲洗厕所、清理锅炉室；扫拖地面、通过台、连接处；接受列车长卫生检查。

e. 听从列车长工作安排，列队到公寓休息。

质量要求：工具备品隐蔽定位；卧具全面更换，摆放整齐；地面干净整洁，无垃圾；四壁无尘，窗台、茶桌无杂物，烟灰盒无烟头、烟灰，洗脸池、便器洁净，厕所无异味；严格纪律，队伍整齐。

④返程准备。

a. 列队接车整备，与列车保洁人员办理交接，签字确认，参加车班返乘会。

b. 检查客运服务设施设备运用状态和车内安全锤挂放情况；发现问题及时报告列车长。

c. 整理清扫工具及业务台账资料，定位放置清扫工具。

d. 落放车窗，整理窗帘，茶具消毒。

e. 整理房间、卧具，铺茶几台布，摆放服务指南、果皮盘、不锈钢杂物桶、衣架、拖鞋，开水瓶灌水摆放（直供电车开车后灌开水）。

f. 洗脸间摆放洗手液（皂），厕所摆放芳香球、卫生纸、坐便器一次性坐垫，坐便器按规定消毒；锁闭厕所、乘务间、端门。

g. 列车出库（或转线）前锁闭车门。

质量要求：准时参加；车窗、窗帘全列一致；茶具和坐便器消毒合格；卧具完整清洁，折叠统一，铺放平展，摆放一致；备品齐全，隐蔽定位；门、窗锁（关）闭及时。

（6）终到作业

①终到站前作业。

a. 清理果皮盘、垃圾桶、烟灰缸，擦抹茶几，整理乘务间，冲刷洗脸间、厕所，清理锅炉室（非空调列车），扫拖地面、通过台、连接处。

b. 到站前，锁闭厕所门和端门。

c. 提前30min换发车票，收回卧铺牌。

d. 通告终到站时刻，征求旅客意见。

e. 垃圾装袋扎口，放置反边门处。

质量要求：卫生达到无污水、无粪便，垃圾装袋扎口到站定点投放；换票准确；语言清晰，态度诚恳。

②组织旅客下车。

a. 进站前到岗，试开车门，面向站台立岗；停稳开门，卡牢脚踏板（高站台摆放安全渡板，悬挂警示带），悬挂活动顺号牌，抹扶手，组织旅客下车。

b. 垃圾装袋，到站定点投放。

c. 清点卧具，全面检查车厢，发现旅客遗失物品交列车长处理。

质量要求：及时到岗，姿势端正，活动顺号牌悬挂一致，防止摔伤，垃圾投放及时；及时上交旅客遗失物品。

③整理卧具备品。

a. 清扫房间，收取服务指南、果皮盘、烟灰缸、茶杯、暖水瓶、衣架等并放于指定位置。

b. 卧具一律到站后收取。由保洁人员将枕巾、被单、褥单、台布、靠背帘收取分别包装集中放在指定位置。

c. 定位放置清扫工具及备品。

d. 整理资料、台账装入资料箱（袋）。

质量要求：卧具、备品和服务设施齐全，定位存放，资料台账填写清楚。

④终到交接。

a. 与保洁人员按备品卡办理交接手续并签认。

b. 遇有备品丢失、清扫工具损坏时，向列车长汇报。

质量要求：交接手续完备，不准信用交接。

⑤终到退乘。

在指定地点集合列队点名，听取列车长总结趟乘务工作。

质量要求：仪容整洁，列队整齐，认真听记。

2. 硬卧列车员作业内容及质量要求

(1) 始发准备作业

①准备作业。

a. 穿着规定服装、佩戴职务标志，做好个人整容。

b. 按规定时间到指定地点列队点名，听取上级指示、工作布置和接受业务提问。

质量要求：着装统一，仪容整洁，职务标志佩戴在左胸上方；准时到达，认真听记，接受提问，回答正确。

②接受列车。

a. 与保洁人员按备品卡办理交接手续并签认，当发现缺失、损坏时，及时向列车长汇报。

b. 检查客运服务设施设备运用状态和车内安全锤挂放情况；发现问题及时报告列车长。

质量要求：检查全面认真；工具、备品齐全完整；交接手续完备，不准信用交接；设施设备作用良好。

③库内车容整备。

a. 与库内保洁人员按整备出库标准逐项进行鉴定验收。

b. 落放车窗，整理窗帘。

c. 整理卧具，铺茶几台布，摆放果皮盘、灌满开水的暖水瓶（配防倒架、直供电车开车水开时灌水）。

d. 整理清扫工具、备品及业务台账资料。

e. 厕所摆放芳香球、卫生纸，锁闭厕所门。

f. 接受列车长出库整备鉴定。

g. 列车出库前锁闭车门。

质量要求：按标准验收，达标签收。车厢卫生达到内外整洁，窗明几净，四壁无尘，无死角，边座椅套无污迹，顶棚、洗脸盆洁净，厕所无异味，通风口无灰尘，面镜光亮无尘，垃圾桶洁净、套袋定位，通过台、连接处无污迹，锅炉间、工具柜内无杂物，茶桌腿、铺位腿无污垢，门框、窗框洁净，烟灰盒无烟头、烟灰，暖气管无积灰，清扫工具干净。全程铺地毯，提示牌正确；卧具完整、清洁、铺放平展、折叠摆放整齐统一；水开瓶满。备品摆放一致；清扫工具齐全，隐蔽定位，工具柜、卧具柜加锁；资料台账完整有效，填写清楚。

（2）始发站作业

①开门立岗。

广播预告放客后，锁闭端门和乘务间，打开车门，卡牢脚踏板（高站台摆放安全渡板，悬挂警示带），悬挂活动顺号牌，抹扶手，面向旅客放行方向，迎接旅客。

质量要求：出岗准时统一，立岗姿势端正，表情自然，活动顺号牌悬挂一致。

②组织旅客上车。

a. 验票，查堵危险品，帮助重点旅客上车。

b. 引导旅客进车厢，帮助重点旅客安放行李。

质量要求：门岗宣传到位，验票认真，防止危险品带上车，防止旅客摔伤。

（3）始发站开车作业

①车门管理。

a. 铃响站线，铃止上车，放下脚踏板（高站台收取安全渡板和警示带），收取活动顺号牌，车动锁门，面向站台行注目礼。

b. 列车出站台，自检互检边门，开厕所门、端门。

质量要求：车门自检互检落实，厕所开启及时，防止旅客跳、坠车，不漏锁车门，确保安全。

②安排整理。

a. 整理行李架。

b. 换发卧铺牌，做好重点照顾和登记。

c. 核对铺位，空余铺位及不符合乘车规定的旅客，及时报告列车长。

质量要求：行李架物品摆放牢固整齐；换票准确，核对铺位认真；重点旅客服务做到“三知三有”。

③卫生清扫。

清扫地面、通过台、连接处、洗脸间。

质量要求：走廊、通过台干净，无积水、污迹。

④供水。

向旅客全面供水一次。

质量要求：送水时带桶、站稳、接杯，水开适量，以防烫伤。

⑤安全宣传检查。

a. 做好安全乘车事项及无烟车厢宣传工作。

b. 检查旅客有无携带危险品，查出后交列车长处理。

质量要求：认真宣传查堵，问题处理及时。

（4）中途作业

①运行中作业。

a. 运行中作业：拖（拖地面）、冲（冲开水）、宣（宣传旅行安全常识）、抹（抹三间四壁、茶几）、访（访问重点旅客）。

b. 做好车厢旅客服务工作。

c. 车厢巡视，解答旅客问询，为旅客送水，暖水瓶加水。

d. 采暖期间做好车厢取暖工作。

e. 遇通过较大隧道、桥梁时，应落放车窗，锁闭厕所，加强宣传和巡视。

f. 协助列车长查验车票、清理卧铺。

g. 遇临时停车做好宣传，到边门处立岗（左单右双），加强瞭望。

质量要求：重点旅客做到“三知三有”，服务做到“四勤”；车厢温度适宜，卫生做到随脏随扫，及时冲刷厕所，达到“三无”，洗脸间台面经常保持干燥；临时停车瞭望及时。

②到站前作业。

a. 提前30min唤醒下车旅客换票，收回卧铺牌，提醒旅客整理物品，做好下车准备，到站前5min再确认一次，防止旅客越站。

b. 停车3min以上车站锁闭厕所门（集便式厕所除外），到站前锁闭端门，察看车厢水表水位。

c. 清理垃圾桶，垃圾装袋扎口，放在反边门处。

质量要求：换票准确，无旅客越站；到站前各项作业落实。

③停车时作业。

a. 停车时作业：开（车停开门，高站台停车3min以上必须摆放安全渡板，悬挂警示带）、挂（挂顺号牌）、抹（抹扶手）、宣（门岗安全宣传）、看（看票上车）、扶（扶老携幼）。

b. 垃圾装袋扎口在垃圾投放站定点投放。

c. 铃响站线，铃止上车，放下脚踏板（高站台收取安全渡板、警示带），收取顺号牌，车动锁门，面向站台行注目礼。

质量要求：乘降有序，宣传到位，防止旅客摔伤、挤伤，垃圾 投放及时。

④开车后作业。

a. 开车后作业：锁（车动锁门）、开（开厕所门、端门）、检（自检互检车门）、安（安排铺位，收回车票，换发卧铺牌，交点卧具）、整（整理下车旅客铺位、卧具及行李架）。

b. 开车 2min 以内核对车厢水表水位，确认给水站是否上水并做好登记。

c. 遇便乘人员乘车，收票、验证，做好便乘登记。

质量要求：自检互检到位，不漏锁车门，开厕所及时，卧具一人一换，登记准确及时。

⑤午间作业。

a. 扫拖走廊、通过台，擦抹走廊茶几、窗台、洗脸池，冲刷厕所、洗脸间，清扫整理乘务间、锅炉室，闭合窗帘。

b. 加强巡视，坐边座值岗。

质量要求：无闲杂人员，车内安静整洁，工作时走路、说话、关门要轻。

⑥夜间作业。

a. 关灯前清理果皮盘（垃圾桶）杂物，擦抹茶几、窗台，扫拖地面，整理闭合窗帘。

b. 核对铺位，清理非本车厢人员，停止会客；预告关灯时间，宣传夜间乘车安全注意事项。

c. 按规定时间关闭车厢顶灯，开启地灯。

d. 加强巡视，对过往人员认真询问，按规定值岗。

e. 整理乘务室，清扫厕所、洗脸间、通过台、锅炉室。

质量要求：掌握值乘车厢旅客下车人数，防止越站；车内无闲杂人员，保持卧铺安静整洁，勤巡视、注意旅客动态。工作时走路、说话、关门要轻。

⑦清晨作业。

a. 冲刷厕所。

b. 关闭地灯。

c. 擦抹洗脸台、面镜、走廊、茶几、窗台，整理窗帘。

d. 扫拖地面、通过台，连接处。

e. 宣传节约用水，整理行李架。

f. 全面供水一次，暖水瓶加开水。

质量要求：开水供应充足，车容整洁，洗脸间台面、连接处保持干燥，厕所干净、无异味。

⑧交接班作业。

a. 交班前清理果皮盘（垃圾桶），倾倒烟灰盒，全面清扫地面，垃圾装袋扎口，擦抹三间、四壁、窗台，冲洗厕所，整理行李架。

b. 交接票证及卧铺使用情况；交接重点旅客、清扫工具、服务设施、备品；交接取暖锅炉（非空调列车），填写交接簿。

c. 排队交接班，听取列车长传达有关事项。

质量要求：卫生整洁干净，备品齐全定位，交接清楚有签认，不准信用交接。

（5）折返站作业

①折返站前作业。

a. 清理果皮盘、垃圾桶，清倒烟灰盒，擦抹茶几、乘务间，冲刷洗脸间、厕所，清理锅炉室（非空调列车），扫拖地面、通过台、连接处。

b. 到站前，锁闭厕所门和端门。

c. 提前30min换发车票，收回卧铺牌。

d. 通告终到站时刻，征求旅客意见。

e. 垃圾装袋扎口，放置反的边门处。

质量要求：卫生达到无污水、无粪便，垃圾及时装袋扎口；换票准确；语言清晰，态度诚恳。

②组织旅客下车。

a. 进站前到岗，试开车门，面向站台立岗；停稳开门，卡牢脚踏板（高站台摆放安全渡板，悬挂警示带），悬挂活动顺号牌，抹扶手，组织旅客下车。

b. 垃圾装袋，到站定点投放。

c. 清点卧具，全面检查车厢，发现遗失物品交列车长处理。

质量要求：及时到岗，姿势端正，活动顺号牌悬挂一致，防止摔伤；垃圾投放及时，及时上交旅客遗失物品。

③停留作业。

a. 收集果皮盘，暖水瓶定位存放。

b. 拆换、整理卧具，将使用过的枕套、枕巾、被单、褥单、茶几布装袋，定位存放（异地无保洁人员时）。

c. 与列车保洁人员办理交接，签字确认。

d. 卫生整理（异地无保洁人员时），主要包括：倒烟灰盒，清理果皮盘、垃圾桶；擦抹三间、四壁、窗台、茶几；冲洗脸间、厕所，清理锅炉室；扫拖地面、通过台、连接处；接受列车长卫生检查。

e. 听从列车长安排，列队到公寓休息。

质量要求：工具备品隐蔽定位；卧具全面更换，摆放整齐；地面干净整洁，无垃圾；四壁无尘，窗台、茶桌无杂物，烟灰盒无烟头、烟灰，洗脸池、便器洁净，厕所无异味；严格纪律，队伍整齐。

④返程准备。

a. 列队接车整备，与列车保洁人员办理交接，签字确认，参加车班返乘会。

b. 检查客运服务设施设备运用状态和车内安全锤挂放情况；发现问题及时报告列车长。

c. 整理清扫工具及业务台账资料，定位放置清扫工具。

d. 落放车窗，整理窗帘。

e. 清扫地面，整理卧具，铺茶几台布，摆放果皮盘，开水瓶灌水摆放（直供电车开车水开时灌水）。

f. 厕所摆放芳香球、卫生纸，锁闭厕所门、乘务间、端门。

g. 接受列车长出库整备鉴定。

h. 列车出库（或转线）前锁闭车门。

质量要求：准时参加；车窗、窗帘全列一致；卧具完整清洁，折叠统一，铺放平展，摆放一致；备品齐全，隐蔽定位。

3. 座车列车员作业内容及质量要求

（1）始发准备作业

①准备作业。

a. 穿着规定服装、佩戴职务标志，做好个人整容。

b. 按规定时间到指定地点列队点名，听取上级指示、工作布置和接受业务提问。

质量要求：着装统一，仪容整洁，职务标志佩戴在左胸上方；准时到达，认真听记，接受提问，回答正确。

②接受列车。

a. 与保洁人员按备品卡办理交接手续并签认，当发现缺失、损坏时，及时向列车长汇报。

b. 检查客运服务设施设备运用状态和车内安全锤挂放情况；发现问题及时报告列车长。

质量要求：检查全面、认真；工具、备品齐全完整；交接手续完备，不准信用交接；设施设备作用良好。

③库内车容整备。

a. 与库内保洁人员按整备出库标准逐项进行鉴定验收。

b. 落放车窗，整理窗帘。

c. 整理车容，摆放果皮盘。

d. 整理清扫工具、备品及业务台账资料。

e. 厕所摆放芳香球，锁闭厕所门。

f. 接受列车长出库整备鉴定。

g. 列车出库前锁闭车门。

质量要求：按标准验收，达标签收。车厢卫生达到内外整洁，窗明几净，四壁无尘，无死角；椅套、头套无污迹、油垢，顶棚、洗脸盆、便器洁净，通风口无灰尘，四框、整容镜光亮、无灰尘，厕所无异味，垃圾桶干净套袋，通过台、连接处无痰、无污迹，锅炉间、工具柜内无杂物、加锁，门框、窗框洁净，烟灰盒内无烟头、烟灰盒盖无灰尘，暖气管无积灰。全列一致，提示牌干净正确；备品齐全定位，清扫工具干净隐蔽；资料、台账完整，填写清楚。

（2）始发站作业

①开门立岗。

广播预告放客后，锁闭乘务间，打开车门，悬挂活动顺号牌，卡牢脚踏板（高站台摆放安全渡板，悬挂警示带），抹扶手，面向旅客放行方向，迎接旅客。

质量要求：出岗准时统一，立岗姿势端正，表情自然，活动顺号牌悬挂一致。

②组织旅客上车。

a. 车门验票，查堵危险品，协助重点旅客上车。

b. 引导旅客对号入座，安排重点旅客就座，帮助安放行李、物品。

质量要求：门岗宣传到位，验票认真，防止危险品带上车，防止摔伤；上车秩序良好，行李物品摆放牢固整齐。

（3）始发站开车作业

①车门管理。

a. 铃响站线，铃止上车，收取活动顺号牌，放下脚踏板（高站台收取安全渡板和警示带），收取活动顺号牌，车动锁门，面向站台行注目礼。

b. 列车出站台，自检互检边门，开启厕所门。

②安排整理。

a. 安排、登记重点旅客（妥善安排无座重点旅客），帮助摆放行李、物品。

b. 带垫布整理行李架、衣帽钩。

质量要求：重点旅客做到“三知三有”；行李架物品摆放牢固整齐，达到大不压小、重不压轻，铁器、利器及杆状物品不放在行李架上；行李架整齐划一。

③卫生清扫。

清扫地面、通过台、连接处、洗脸间。

质量要求：走廊、通过台干净，无积水、污迹。

④供水及登记。

a. 向旅客全面供水一次。

b. 访问旅客，对旅客去向和旅客携带的硬质包装容器情况进行登记。

质量要求：送水时带桶、站稳、接杯，水开、适量，以防烫伤；去向登记准确，重点旅客记载清楚。

⑤安全宣传检查。

a. 做好旅客安全乘车事项及无烟车厢宣传工作。

b. 检查旅客有无携带危险品，查出后交列车长处理。

质量要求：认真宣传查堵，问题处理及时。

（4）中途作业

①运行中作业。

a. 运行中作业：拖（拖地面）、冲（冲开水）、宣（宣传旅行安全常识）、抹（抹三间四壁、茶几）、访（访问重点旅客）。

b. 做好车厢旅客服务工作。

c. 巡视车厢，解答旅客问询。

d. 采暖期间做好车厢取暖工作。

e. 遇通过较大隧道、桥梁时，应落放车窗，锁闭厕所门（集便式厕所除外），加强宣传和巡视。

f. 协助列车长查验车票。

g. 遇临时停车做好宣传，到边门处立岗（左单右双），加强瞭望。

质量要求：重点旅客做到“三知三有”，服务做到“四勤”；车厢保持整齐，温度适宜，卫生做到随脏随扫，及时冲刷厕所，达到“三无”；临时停车瞭望及时。

②到站前作业。

a. 到站前作业：扫（清扫地面）、报（通报站名、到开时刻、停站时间）、带（把重点旅客带到车门口）、锁（厕所冲洗后锁闭）、试（试开车门）。

b. 到站前察看水表水位。

c. 清理垃圾桶（箱），垃圾装袋扎口放置反边门处。

质量要求：卫生整洁，通报准确，到岗及时。

③停车时作业。

a. 停车时作业：开（车停开门，高站台停车 3min 以上必须摆放安全渡板，悬挂警示带）、挂（挂顺号牌）、抹（抹扶手）、宣（门岗宣传安全及查堵“危险品”）、看（看票上车）、扶（扶老携幼）。

b. 垃圾袋到垃圾投放站定点投放。

c. 铃响站线，铃止上车，放下脚踏板（高站台收取安全渡板、警示带），取下活动顺号牌，车动锁门，面向站台行注目礼。

质量要求：先下后上，有序乘降，保证安全，垃圾装袋完好，交站及时。

④开车后作业。

a. 开车后作业：锁（车动锁门）、开（开厕所）、检（自检互检车门）、安（安排重点旅客座位和行李）、整（整理行李架、衣帽钩）。

b. 开车 2min 以内核对车厢水表水位，确认给水站是否上水并做好登记。

c. 宣传旅行、卫生常识，劝阻旅客不随地吐痰、不向窗外乱扔废弃物、不在车厢内吸烟，解答旅客问询。

质量要求：宣传到位，劝阻及时，自检互检落实，不漏锁车门，防止旅客跳车、坠车；开厕所门及时；及时收取旅客饮用完毕后的硬质包装容器。

⑤夜间作业。

a. 向旅客介绍安全注意事项。

b. 关闭半夜灯前扫拖地面，擦抹茶几、窗台。

c. 加强重点区间的巡视，发现问题，妥善处理。

d. 整理乘务室，清扫厕所、洗脸间、通过台、锅炉室。

e. 做好夜间旅客去向登记，停站前通报站名，唤醒旅客，防止越站。

质量要求：宣传及时，巡视认真，保持车内秩序良好；卫生干净整洁；通报站名及时准确，防止旅客越站、误降。

⑥清晨作业。

a. 冲刷厕所。

b. 擦抹洗脸池、面镜、茶几、窗台。

c. 扫拖地面、通过台、连接处、垃圾装袋。

d. 整理衣帽钩、行李架。

e. 全面供应开水。

质量要求：厕所无异味，洗脸间台面、连接处保持干净，行李架整齐，开水供应充足。

⑦交接班作业。

a. 交班前清理果皮盘（垃圾桶），倾倒烟灰盒，全面清扫地面，垃圾装袋扎口，擦抹三间、四壁、窗台，冲洗厕所，整理衣帽钩、行李架。

b. 交接重点旅客、清扫工具、服务设施、备品，取暖锅炉（非空调车冬季供暖时），填写交接簿。

c. 排队交接班，听取列车长传达有关事项。

质量要求：卫生整洁干净，备品齐全定位，交接清楚有签认，不准信用交接，队列整齐统一。

（5）折返站作业

①折返站前作业。

a. 清理果皮盘、垃圾桶，清倒烟灰盒，擦抹茶几、乘务间，冲洗洗脸间、厕所，清理锅炉室（非空调列车），扫拖地面、通过台、连接处。

b. 到站前，锁闭厕所门。

c. 通告终到站时刻和注意事项。

d. 垃圾装袋扎口，放置反边门处。

质量要求：卫生达到无污水、无粪便，垃圾装袋及时，通报准确，语言规范。

②组织旅客下车。

a. 进站前到岗，试开车门，面向站台立岗；停稳开门，卡牢脚踏板（高站台摆放安全渡板，悬挂警示带），悬挂活动顺号牌，抹扶手，帮助重点旅客下车。

b. 垃圾装袋，到站定点投放。

c. 全面检查车厢，发现旅客遗失物品交列车长处理。

质量要求：及时到岗，姿势端正，活动顺号牌悬挂一致，防止摔伤，垃圾投放及时；及时上交旅客遗失物品。

③停留作业。

a. 工具、备品定位隐蔽存放。

b. 与列车保洁人员办理交接，签字确认。

c. 卫生整理（异地无保洁人员时），主要包括：倒烟灰盒，清理果皮盘、垃圾桶；擦抹三间、四壁、窗台、茶几；冲洗脸间、厕所、清理锅炉室；扫拖地面、通过台、连接处；接受列车长卫生检查。

d. 听从列车长安排，列队到公寓休息。

质量要求：工具备品隐蔽定位；地面干净无垃圾，座席四壁无灰尘，窗台、茶桌无杂物，烟灰盒无烟头、烟灰，洗脸池、便器洁净，厕所无异味，车窗、窗帘全列一致；严格纪律，队伍整齐。

④返程整备。

a. 列队接车整备，与列车保洁人员办理交接，签字确认，参加车班返乘会。

b. 检查客运服务设施设备运用状态和车内安全锤挂放情况；发现问题及时报告列车长。

c. 整理清扫工具及业务台账资料，定位放置清扫工具。

d. 落放车窗，整理窗帘。

e. 清扫地面，整理车容，摆放果皮盘。

f. 锁闭厕所门、乘务间。

g. 接受列车长出库整备鉴定。

h. 列车出库（或转线）前锁闭车门。

质量要求：准时参加；车窗、窗帘全列摆放一致；备品齐全，隐蔽定位。

（二）列车长工作内容与质量要求

1. 始发站准备作业

（1）出乘准备

①按规定时间提前到段接受任务。

a. 向乘务科、车队请示工作，接受任务。

b. 到收入科申领票据、IC卡。

c. 填写乘务报告。

d. 到派班室摘抄命令指示，了解列车编组、重点旅客运输及班组人员情况。

②准时到指定地点列队点名，检查仪容、着装，听取有关命令、电报、业务事项传达，接受业务提问。

③布置趟计划，提出工作重点和具体目标。

④组织各项备品设施设备的申领及补充。

⑤检查列车上料、上水情况。

质量要求：着装统一，标志齐全，精神饱满，仪容整洁，列队整齐；命令、电报摘抄齐全，字迹清晰；布置计划重点突出，措施具体，做到人人清楚；备品齐全，设施设备良好，餐料、燃料充足。

（2）接收列车

①组织列车员与保洁人员办理交接，接收列车。

②到各车厢检查、了解安全、服务设施设备情况。

③组织各车厢卫生整备鉴定，与保洁领班进行对口签字交接。

质量要求：列队整齐，乘务包统一，交接准确；按标准验收，质量达标签收。

（3）库内车容整备

①检查各工种作业准备工作情况。

②审批广播计划和餐车预制计划。

③检查开水准备情况（直供电车除外）。

④检查各车厢按规定悬挂摆放各种备品、卧具、车容整理情况。

⑤整理办公席规章、台账、资料票据及办公用具。

⑥组织做好“三乘”联检工作，检查餐车设备及油垢清理情况并签认（直供电车不晚于开车后2h）。

⑦检查行李车装车准备情况。

⑧出库前检查列车边门、厕所门锁闭情况。

质量要求：分工明确，联劳协作，规章台账资料表报齐全、完整，卫生达到列车等级标准，卧具整齐统一，备品定位隐蔽，车容全列一致，“两炉一灶”状态良好；开水充足；“三乘”联检落实有记录；饭菜预制计划、广播计划审批有签字。

2. 始发作业

（1）旅客准备

①与车站联系，了解有关事项。

②根据车站旅客放行时间，督促广播员通知列车员到岗到位。

③检查各车厢边门立岗以及高站台安全渡板摆放、警示带悬挂情况。

质量要求：人员到岗到位，站立统一，活动顺号牌悬挂一致，渡板放置到位，警示带悬挂到位，立岗姿势端正、规范。

（2）组织旅客上车

①列车长按具体分工双班作业，组织并引导旅客乘车，了解行包装车、交接情况。

②检查列车员验票上车、查堵危险品、帮助重点旅客上车、组织旅客有序乘车情况。

③做好重点旅客的接待安排。

④妥善处理临时发生的问题。

质量要求：分工明确，职责落实，态度和蔼；重点旅客安排落实，验票认真，乘车秩序良好；行包交接清楚，处理突发问题及时、妥当。

（3）站车交接

①接收乘车人数通知单，接收站方传达有关命令、指示、通知。

②办理客车上水签认工作。

③交接旅客上车中的其他事宜。

质量要求：在列车中部办理交接，交接内容清楚，有记录、有签收。

3. 中途作业

（1）始发开车检查

①检查各岗位作业标准的落实情况。

②召开“三乘”会议，与乘警长、检车长及时沟通情况，提出要求。

质量要求：检查全面，沟通及时，发现问题，整改到位；会议定期、定时召开，内容具体，记录翔实。

（2）途中业务处理

①接待安排重点旅客。

②核对卧铺使用情况，办理剩余卧铺。

③及时填写旅客列车密度表；列车到站，下车办理交接，上水站进行检查签认，联系站车交办事项。

④接待旅客来访，受理旅客投诉，签署旅客留言簿。

⑤组织查验车票，办理补票业务，处理有关事宜。

⑥按规定及时拍发电报或编制客运记录，移交旅客、物品及“危险品”。

⑦加强列车售货管理，劝阻、制止商贩随车叫卖。

⑧组织开餐（旅客及乘务餐）。

⑨遇首长及上级主管乘车或检查，做好接待及汇报工作。

质量要求：重点旅客服务落实；剩余卧铺公开发售；密度表填写准确；站车交接及时，交接事项清楚，记录签收认真；接待旅客热情，解答问询耐心，处理问题稳妥，审批意见及时；按规定查验车票、清理卧铺；票据填写清楚正确；编制记录和拍发电报准确及时、内容简练、符合要求；餐车供应质价相符，保证重点，秩序良好；接待汇报得体大方、重点突出。

（3）巡视车厢

①巡视检查各岗位作业标准、各项安全制度的落实情况及“二炉一灶一电”运用状况，并在列车巡视检查记录进行记载。

②检查各车厢列车员仪容着装和文明服务情况。

③检查车容卫生、车厢秩序、开水供应情况。

④检查广播作业及行邮装载情况。

⑤检查餐车供应、商品供应、饭菜质量和价格情况。

⑥检查旅客密度、车内温度，组织均衡运输。

⑦检查交接班卫生及备品定位、资料填写、重点旅客交接情况。

质量要求：巡视检查到位，记录填写真实；到站停车交接，问题处理及时；服务项目落实，重点照顾到位；均衡疏导旅客，行邮装载良好，车内秩序井然；上水站上水签认，开水供应充足；饭菜供应良好，商品销售正常；温度适宜，卫生随脏随扫；作业质量达标。

（4）卧铺管理

①按规定安排宿营车铺位。

②按章办理卧铺；夜间卧车熄灯前核对卧铺。

③夜间巡视检查卧铺车列车员按规定值岗，有无闲杂人员乘坐。

质量要求：宿营车定人定铺；核对卧铺准确；卧铺车列车员按规定值岗，午间、夜间停止会客。

4. 折返站作业

（1）到站准备

①组织全体列车员按作业程序，做好折返站终到卫生。

②审核票据，清点票款，签署旅客留言簿。

质量要求：卫生达到无污水、无粪便，垃圾装袋扎口到站定点投放；账款相符，入柜及时。

（2）组织旅客下车

①列车长双班作业，分工组织旅客下车。

②检查各车厢列车员立岗、扶老携幼、组织旅客下车情况。

③巡视全列车厢，发现问题及时处理。

质量要求：旅客下车有序，车门立岗整齐，扶老携幼落实，车厢巡视到位。

（3）站车交接

①交办重点旅客。

②移交旅客遗失物品。

③交接有关旅客旅行其他事宜。

质量要求：交接清楚，手续齐全。

（4）停留作业

①督促餐车班做好返乘补料和饮食供应准备工作。

②组织列车员与保洁人员办理交接，进行卫生检查验收。

③安排守车相关工作，组织列车员到公寓休息。

④组织列车员列队接车整备，按质量标准做好始发车容、备品整理。

⑤组织做好“三乘”联检工作，检查餐车设备及油垢清理情况并签认（直供电车不晚于开车后2h）。

⑥召开会议，总结单程乘务工作，布置返乘工作要求。

质量要求：车容整洁、备品定位、卫生达标、守车制度落实；工作布置清晰，重点突出；三乘联检落实有记录。

（5）终到退乘

①与接班组（守车组）列车长办理交接；与保洁领班进行签字交接。

②在指定地点集合列队，总结本趟乘务工作。

③回段向派班室（值班室）汇报乘务工作和提交乘务报告。

④按规定及时交款。

质量要求：交接认真有记录，总结全面具体，汇报及时，账款相符，台账填写准确，上报资料齐全。

（三）旅客列车餐车经营服务

1. 餐车经营范围

其他旅客列车餐车供应以快餐为主，适当供应部分单炒菜，兼营商品。此外，还可以根据季节和客流特点，提供夜宵、冷饮等其他服务。列车售货组主要以供应食品为主，兼售烟、饮料、水果等商品。

一日三餐，每餐的供应根据旅客的需求来安排。早餐可安排面条、粥、馒头、包子、牛奶、咖啡、面包、蛋糕等；中、晚餐可安排面食、快餐、单炒菜、卤菜、汤以及低度白酒、红酒、啤酒及其他饮料。快餐主食以米饭、面食（包括包子、饺子、花卷、烧卖等）为主，根据地区货源和旅客需求搭配副食（包括蔬菜、鸡蛋、鸡块、鱼肉、排骨、火腿等）。可以搭配供应，也可以单一快餐食品装袋或装盒供应。一般来说，进京、进沪和出入特区的列车以中档为主，根据旅客需求也可供应高档品种，其他列车以中、低档相结合供应。

随着人民生活水平的提高，旅行饮食也向着口味、风味和中、高档层次发展。特别是外出旅游的旅客，把品尝美食、研究饮食文化作为旅游生活的一个重要内容。列车的饮食结构也要适应这些变化，除了解全国各地的饮食习惯外，对少数民族、外籍旅客的饮食文化也应熟悉和掌握，尽量制作出有特色的风味菜、各地名菜，如咕佬肉、鱼香肉丝、宫保鸡丁、糖醋黄河鲤鱼、麻婆豆腐等，以满足旅客需要，丰富其旅途体验。

为满足旅客多方面的需要，报请铁路局集团公司审批后，餐车可以开办经营性休闲茶座，但是必须符合以下条件：

（1）隶属旅行服务部门管理，由所在班组餐车负责经营。

（2）以新型空调特快、快速旅客列车为主，其他旅客列车具备条件的可比照办理。

（3）消费者自愿。

（4）购买休闲茶座票的旅客必须持有有效车票。

（5）经营项目、内容、收费价格、使用票据等符合国家法律法规规定。

（6）开办的经验项目、服务内容、收费价格公开，明码标价，保证专人休闲茶座服务，兑现服务承诺，杜绝变相卖座和只收费不服务。

（7）休闲茶座营业时间为22:00—次日6:00。

（8）办理休闲茶座时，须留出不少于2个餐桌席位。

（9）接受旅客监督，公布受理旅客投诉的部门、通信地址、邮政编码、电话号码（市电）。

2. 餐车的营业时间

餐车供应实行一日三餐定时供应或不间断供应，营业时间一般如下：

早餐：6:00—8:00

中餐：10:30—13:30

晚餐：16:30—19:30

夜宵：19:30—21:00

由于各次列车始发、终到的时间不同，旅客对就餐的需求各异，各次列车可从方便旅客的角度出发，考虑餐车加工条件，具体规定供应餐次、营业时间和区段。

3. 餐饮价格制定

餐车经营要遵守公开、公平、公正和诚实信用的市场原则，合理定价，自觉维护价格秩序，向旅客提供质价相符的服务。

餐车经营的饮食品价格，必须遵守国家关于禁止谋取暴利的规定，符合规定的饮食品价格毛利率及差价率。列车上的餐饮利率规定如下：

（1）自制的主食品、冷热菜、酒水、饮料等饮食品的综合毛利率最高不得超过55%。其中，制作简单、不提供就餐场所的盒饭等饮食品毛利率最高不得超过45%；包装盒价格按进价单独计算，不计入原材料成本。

（2）外购饮食品、饮料、酒水等饮食品差价率不得超过50%。

根据以上规定的毛利率和差价率，餐车供应饮食品的价格计算如下：

$$\text{自制饮食品销售价格}=\frac{\text{原材料成本}}{1-\text{毛利率}} \tag{5-1}$$

原材料成本包括主料、配料、调料和燃料，其中燃料费原则上按主料、配料、调料总和的5%～10%计算。

$$\text{外购饮食品销售价格}=\text{进价}\times(1+\text{差价率}) \tag{5-2}$$

进价按实际进货价格确定。

餐车经营必须遵守国家关于明码标价和价格结算的各项规定，使用价目表、价目簿进行标价，做好价目，标价详细准确，字迹清晰，摆放位置醒目。使用标价签时，要做到一货一签，除盒饭外，结账时向旅客提供票据或结算清单。

4. 餐车供应方法

列车餐车供应采用餐厅（动车组列车为吧台）供应与送盒饭（售货）到车厢供应相结合，实行一日三餐，准时营业或不间断供应的方法。

（1）长途列车，就餐旅客较多，时间也较为集中，应实行先送盒饭到车厢、餐厅后开的方法，保证多数旅客按时吃到饭，少数旅客可以到餐厅就餐，保证就餐秩序良好。

（2）短途列车，旅客上下频繁，就餐时间难以集中，可以先开餐厅后送盒饭的方法，满足不同层次旅客的需求。

（3）餐车供应，原则上应做到售票到座、送饭到桌、先票后饭、凭票取食，也可以根据不同对象，采用不同的供应方法：

①旅客在车厢或餐厅先行购买餐票，服务员见票送饭。

②送盒饭到车厢，现收款现卖饭，以提高供应速度，适应客流多的需要。

③外宾、首长等旅客在餐厅就餐，可以先就餐后结算。

5. 乘务用餐

列车乘务餐，只供应本列车乘务员、机车便乘员（交验司机报单和便乘证或调度命令进行登记），邮政乘务员、机要交通人员用乘务餐要核收加成。

本列车乘务员包括机车乘务员、运转车长以及列车员、公安乘警。他们长年工作、生活在旅客列车上，以车为家。餐服人员应安排好他们的饮食，照顾好他们的生活，让他们能全身心地为旅客服务。做到粗菜细做、细菜精做，在烹调上多下功夫，以多数人的口味为主，讲求花色变化，每餐的菜肴尽量避免重复。要照顾有特殊需求的列车员用餐，为身体不好或临时生病的列车员安排营养可口、易于吸收消化的食物。

列车员就餐的时间应与旅客用餐分开，一般安排在10：00、16：00、23：00左右，凌晨3：00安排一次夜宵。列车员要求集体用餐，按列车长分配的餐桌就座。餐具要严格消毒，餐厅要干净整洁，餐服人员要热情接待、微笑服务。对工作独立性较强，一时因工作繁忙而未能赶上集体就餐的人员，如列车长、广播员、行李员、乘警等，餐车长要交代厨房领班留好饭菜。特别是春运期间，列车超员严重，离餐车较远的列车员因人多拥挤无法及时赶到餐车就餐，列车长或餐车长应派人送饭到位，让全体列车员都能体会到集体的温暖，从而提高工作的积极性。

拓展阅读

00后列车员的第一次春运

春运是铁路人一年中最紧张、忙碌的日子，是一场“硬仗”。对第一次参加春运的青岛客运段成都车队的列车员毛雨晴来说，经受了硬仗的考验，成为一名真正的列车员(图5-1)。

图5-1　工作中的毛雨晴

刚担任列车员时，毛雨晴并不像现在这样，各项工作都得心应手。工作中，她也曾出过一些纰漏。刚上车时，毛雨晴就因为对列车工作不熟悉，没有及时地为旅客换票，差点造成旅客越站；还经常因为小事没有向旅客做好解释，受到旅客的质疑。在家她是父母呵护的“小公主”，在车上却备受委屈。一开始，毛雨晴也想过放弃列车员岗位，但列车长的开导和同事们的帮助让她坚持了下来。“没有任何工作是轻轻松松就能完成的，我现在受到的批评和委屈，是因为我做得还不够好，只要我努力去做，认真去学，别人能做好的，我一定也能做好。”从毛雨晴的话里流露出了新时代年轻人的坚毅与勇敢。

真正面临春运的时候，毛雨晴平时苦练的基本功让她表现得非常从容。上车整理备品、车门口检票宣传、帮助旅客安放行李、车厢卫生清洁等各项工作有条不紊地进行着，丝毫看不出这是一名第一次参加春运的“新兵”。当然毛雨晴心中还是有些紧张：“没想到春运会有这么多人，看到站台上大片的旅客向你走来，当时感觉很有压力”。春运客流量大，值乘中会遇到各种各样的旅客和各种各样的问题，毛雨晴积极地调整心态，耐心细致地为旅客解决各种问题。“春节期间，旅客都着急回家，越是着急，就越容易出问题，我必须认真做好我的本职工作，确保每一位旅客平安舒适地到达目的地”，毛雨晴坚定地说道。

农历大年三十到正月初二，毛雨晴都在列车上度过，这是她第一个远离父母亲人的春节。毛雨晴说：“过年的时候只能给家里打个电话，虽然我不能回家，但却能够亲自送成百上千的旅客回家团圆，也是挺值得高兴的”。

毛雨晴只是千千万万个铁路职工中的普通一员。在每一个本该团结的春节里，他们都在有条不紊地忙碌着，他们的身影在拥挤的春运大潮中显得那么的挺拔而又亲切。

旅客列车广播内容编排规范

旅客列车广播工作在为旅客服务和社会主义精神文明建设中，处于重要地位，发挥着突出的作用。为了进一步加强对这项工作的管理，丰富广播内容，提高广播水平，旅客列车广播内容的编排，必须遵循下列规范。

一、始发前

(1) 向列车员播放做好准备工作、迎接旅客上车的有关通知和要求。

(2) 宣传疏导旅客有秩序地上车、有条理地摆放行李物品。

(3) 通告本次列车的去向、发车时刻及有关注意事项，防止旅客乘错车。

(4) 宣传携带易燃、易爆、危险品上车的危害性和政府部门的有关规定，防止“三品”(易燃品、易爆品、危险品) 上车。

二、起动后

(1) 播放列车起动辞，并配上《祝你一路顺风》的歌曲。

(2) 介绍本次列车的编组、服务设施和沿途主要停车站的到开时刻。

(3) 组织列车员按作业程序进行工作，如组织列车员向旅客做自我介绍，给旅客送水等。

(4) 预告列车广播节目。

(5) 预告本次列车全程各餐的开饭时间、饭菜品种、价格和沿途主要站的饮食供应品种。

三、运行中

从实际出发，分区段、有计划地播放下列节目：

(1) 介绍安全旅行常识。

(2) 介绍铁路旅客运输的有关规定。

(3) 介绍途经大站的中转车次、时刻和城市概况、交通、旅游点以及名优土特产品等。

(4) 介绍沿线风光、名胜古迹、革命纪念地。

(5) 宣传党的路线、方针、政策，及时转播中央人民广播电台早、晚两次的新闻节目，如转播有困难，可委托前方站代录音的方法解决。

(6) 宣传我国改革成就和铁路建设取得的发展规划和成绩。

(7) 介绍铁道科技、工农业先进技术、天文、地理、历史、社会、卫生等方面的科普知识，介绍经济信息。

(8) 播放铁路有关的优秀歌曲和其他文艺、体育节目。

(9) 宣传建设文明列车是每位旅客的共同责任，提倡人人做文明旅客，提倡讲究卫生、团结互助，宣传严禁在列车上进行各种形式的赌博活动和其他违法违纪行为。

四、就餐前后

(1) 介绍开餐时间、饭菜品种和价格等。

(2) 介绍饮食卫生、饮食与健康等方面的知识。

(3) 适当播放一些轻松、愉快的文艺节目。

五、入夜前

(1) 介绍有关睡眠方面的卫生健康常识。

(2) 宣传防火、防盗等安全方面的注意事项。

(3) 停止播音前，预告列车途径各站的到开时刻。

六、清晨

(1) 在徐徐的音乐声中，音量由小到大开始播音，介绍中国铁路历史上的今天。

(2) 介绍清晨卫生健康常识。

(3) 宣传节约用水，疏导旅客有秩序地洗漱。

(4) 介绍当天的列车广播节目安排。

七、临时通告

根据旅客列车的实际情况，如列车晚点、超员、寻人、找药、请医生、临时停车等应播放临时通告，以排除旅客由此产生的各种疑虑，解决遇到的一些实际问题。

八、终到站前

(1) 介绍终到站城市概况、交通、风光、名胜以及特产。

(2) 介绍终到站的有关服务设施及其中转换乘车次、时刻。

(3) 播放清扫卫生的通告和市容卫生、交通管理的有关规定。

(4) 播放告别辞。

项目训练

【训练目的】

做到教、学、做一体化，提高学生运用理论知识解决实际问题的能力。

【训练内容】

分小组运用该任务相关知识进行角色扮演，模拟旅客列车的列车员、列车长、餐车经营作业情境进行训练，落实现场处理主要环节，各小组派代表进行总结汇报。

【考核标准】

小组互评，教师点评。评分标准为百分制（10分一个等级，如100分、90分、80分等）。

复习思考题

1. 简述“四条线”标准内容。
2. 简述旅客列车途中作业标准。
3. 简述列车员始发站车门管理的具体内容。
4. 简述卧铺列车员到站具体作业内容。
5. 简述硬座车列车员运行中作业的质量要求。

6. 简述列车长终到退乘的作业内容。

7. 旅客列车的餐饮利率是如何规定的?

单元 5.3 旅客列车接待服务标准

相关知识

一 动车组列车服务所需的备品及用品

(一) 服务所需的备品

航空车、专用小桌、小桌罩、头枕、头枕片（一、二等车)、安全渡板、靠腰垫、坐垫、安全链、软隔断帘、毛毯、雨伞。

(二) 服务所需的用品

红杯垫、瓷杯（大、小)、水晶杯、乐扣壶、密封罐、吸管、花瓶及鲜花、托盘及防滑垫、白毛巾、清洁毛巾、瓷毛巾托、普通毛巾托、湿纸巾、白手套、果皮盘、卫生间用品（卷纸、抽纸、香皂、洗手液、护手霜、梳子、香水、芳香盒、马桶垫)。

(三) 辅助用品

小剪刀、水果刀、保鲜膜、抽纸、小垃圾箱。

(四) 食品、饮品要求

1. 水果采买要求

自采必须明确责任，所有食品专人负责。做到24h不离人看护，所有食品、饮品必须逐项留样、品尝，存封的食品、饮品由段保卫科负责保管。

2. 水果消毒要求

任务前由担当部门对水果进行清洗消毒，分类装入整理箱，由专人进行保管。

3. 水果运输要求

任务当日由专人护送至任务车厢。

4. 水果种类

原则上要选用带皮的、便于清洗的水果，如香蕉等。

5. 干果

干果有核桃仁、腰果、开心果、杏仁、黑瓜子、白瓜子等，选择独立包装，协调搭配。

6. 饮品

饮品有鲜榨水果原汁、无糖酸奶、咖啡、小瓶矿泉水。

7. 茶叶

茶叶有龙井、碧螺春、铁观音等小包装高级茶叶。

（五）服务用品要求

1. 食品、用品采购要求

所有食品、用品的采购必须是正规供货渠道，统一在大型超市购买，各种用品必须是名优产品，包装上生产日期、食品有效期、生产厂家标注齐全，符合规定，由商家提供正规发票留存。

2. 食品、饮品保管要求

由专人负责，全过程进行看护，所有入口食品、饮品必须逐样品尝，所有服务的食品、饮品留样存封并由段保卫科负责。任务前对水果进行卫生清洗，所有食品分类装入器皿，摆放适量，保鲜膜包装密封平整。

3. 器皿、用具消毒要求

所有器皿、用具必须严格按照消毒标准进行清理消毒，消毒后分类存放并指派专人看管。

4. 食品包装运输要求

（1）根据任务车次、时间，提前3～4h指定专人对所需食品进行分装。

（2）所有食品包装后分类放置于整理箱，逐项清点、专人看管。

（3）提前一个车次将所需食品安排专人运送到任务车上，指定专人负责运输过程中的安全工作。

5. 服务物品的储备要求

（1）由材料车间负责按规定数量配置。

（2）遇有服务任务由车队进行申领。

（3）由于服务任务繁忙有一定的物品储备率，统一放置在专用备品库房，由专人保管。

（4）服务用房的管理和日常服务物品的保管由车队负责。

二 服务卫生准备要求

（一）车厢内卫生及定型标准

（1）对任务车行李架、内玻璃、窗台、小桌板、座椅扶手、一等车脚踏、车厢自动门板和玻璃进行彻底清擦。

（2）对车厢地面全面清理，无杂物。

（3）一等车头靠枕套进行更换，并对一等靠枕套再次检查确保无碎发，头靠枕统一与座席上边缘取齐，更换头枕片，将颜色调整一致。

（4）座椅靠背网袋内进行彻底清理，按顺序依次摆放清洁袋、服务指南、杂志（更新并逐本检查）。

（5）对车厢上下座席用微型吸尘器进行清理，确保无碎屑及微尘。

（6）将遮光帘逐个拉下检查卫生后复位。

（7）检查车厢个部位电源盒是否呈闭合状。

此外，还应对商务车厢地毯进行清洁，对商务座椅缝隙进行清理，检查内置式小桌板和影视系统，达到光洁无污渍；检查商务座网袋定型。

（二）卫生间卫生及定型标准

（1）墙壁全面清擦，镜面清擦洁净、光亮，保持洁净。

（2）台面手盆洁净、干燥，不锈钢龙头和不锈钢纸架清擦干净。

（3）马桶盖正反面清擦，马桶内沿至下水口彻底擦净，马桶外沿至地面连接处清擦，无污渍、水渍。

（4）地面彻底清擦至无污渍、水渍，一尺下墙壁至地面连接处擦净，不得有纸屑及头发。

（5）卫生间内外门板洁擦洁净，门与地面连接不锈钢条清澈见亮。

（6）定型：卷纸边打成三角露在外面，内置垃圾箱套袋不能露到外面，服务垃圾箱放置在左右侧墙壁处，一次性棉制作便圈套置在马桶上，做到一次一换，芳香盒定置于适当位置。

（7）卫生间空气保持循环，喷洒空气清新剂，做到无异味，并用规定三色专用抹布进行消毒后锁闭。

（三）电茶炉卫生标准

（1）水龙头洁净光亮。

（2）内测墙壁无水渍。

（3）不锈钢漏网干净、无杂物。

（4）周围地面保持干燥无污渍。

（四）列车外皮卫生标准

（1）动车组外皮、门框、内外玻璃洁净明亮。

（2）站台补偿器无杂物，表面洁净、干燥。

三　列车长接待礼仪程序和标准

（一）对不同级别、不同部门客人的接待程序

（1）客人乘车前，服务列车长首先要了解客人乘车的车间及乘坐位置，并亲自指挥、安排，检查列车所有准备工作，尤其对客人乘坐区域的设施设备、卫生、安全、服务备品的定型从上到下各个部位做全面的检查，确保设施设备良好，卫生质量和客人乘车安全。

（2）客人乘车前，服务列车长要了解乘车客人的级别，第一时间向客人的随身秘书询问客人的需求，按照相应的接待程序和计划进行督促落实。

（3）遇有计划的重点客人乘车，服务列车长应及时与车队联系相关事宜，并将接待工

作的计划安排和程序向车队做详细报告，听取车队干部的指导意见。遇无计划客人乘车，按客人级别实施相应的接待程序并及时向上级领导进行汇报。车内如有段、车队干部陪同客人时，及时做好接待的准备工作，征求意见。

（4）对其他路局系统客人（段长以上级别）乘车或检查列车长要亲自接待，并致问候，征求意见。

（5）对客运系统以外客人乘车（如稽查处、财务处，卫生处等）列车长要有礼节性地做好接待；汇报工作要简明扼要，按乘车客人分管的内容，汇报相关的列车工作征求意见。

（6）客人上车后，列车长指挥服务列车员按程序做好接待工作。

①服务列车长第一时间向客人的随行秘书了解客人或领导的需求，选择是否用茶、水或其他饮用品。

②开车后服务列车员为客人上热毛巾，双手递送及托，顺序为先主要客人、后随行人员，并视情况收取毛巾返回。

③服务列车长负责给客人送上茶，准备好的茶水加至七成满，立即上茶水，同步撤毛巾，衔接要紧凑。

④运行中适需添水，适时清理小桌杂物。

⑤如客人中途需使用卫生间时，服务列车员要注意及时引导方向，提示相关安全注意事项，主动打开卫生间门，并在客人出卫生间时递上热毛巾（湿巾）。

⑥途中立岗于车门处关注领导需求，尽量减少打扰客人的次数；做好应需服务。服务列车长随时做好服务安排。

⑦根据客人乘车时间或区间，了解客人是否需要在客车上用餐，如需在列车上用餐。列车长要及时征求客人或陪同人的意见询问相关细节（如用餐时间、用餐地点、民族习惯等）。当了解情况后要及时做好准备，如客人需到餐吧用餐，列车长亲自检查、督促、落实餐吧接待客人的程序和各项准备工作，检查餐吧前厅各部位的卫生情况及备品情况（如桌布、靠背纱的洁净程度）和摆台规格，摆台（小方巾、牙签、餐巾纸、湿纸巾、餐具）是否标准，餐后水果是否准备齐全。如客人需在座位处用餐，要求餐吧提前加热饭菜，准备配菜、餐具、湿纸巾、餐后水果等。

（二）在站台上迎接客人时的程序、标准

（1）服务列车长站在规定位置，一般在客人乘坐车厢门口处，面带微笑站立等候，主要服务列车员站在列车长旁边，与列车长并排站立，紧靠车门口处位置，面带微笑规范立岗。

（2）客人走近时，服务列车长主动迎向前，鞠躬问好致欢迎词“您好，我是××列车长，××欢迎您位临指导工作，请您上车（要有斜臂式手势）”，引领客人从服务列车员立岗车门处上车，服务列车员鞠躬问好，并致欢迎词“您好，欢迎您乘车”。

（3）服务列车长引领客人上车，并向客人声明，如“我为您引路”。服务列车长走在客人前方约一步距离将客人引领到座位后，请客人入座，将主要客人安排在列车运行方向左侧临窗正位位置乘坐，随后安排其他随行人员。斜臂式手势，用语为“请您休息，稍后为您送水”。

(4) 2号服务列车员在风挡处立岗，协助随行人员安排行李，核实行李件数。

(三) 去车站候车室迎接客人时的程序、标准

(1) 列车长在接到通知，需到候车室去迎接客人时，要对自身的着装及礼仪容仪表进行迅速整理，要做到：服装干净整洁，鞋子无灰尘，保持良好的精神面貌。

(2) 进入候车室，距离客人3～4m时，步伐轻快一些，面带微笑地向主要客人鞠躬问好，握手，向陪同客人做相应环视，致问候语："您好，欢迎您！您请"！

(3) 在站台上，引领客人上车时要有直手臂式手势，保持动作规范，平稳利落，走在客人左前方，保持与客人一步远的距离，注意调整速度，在通过站台时，要走在靠车底一侧为客人引路。

(4) 客人到车门口时，服务列车长亲自引领安排客人上车，并到指定座位处就座，使用用语："您请坐，请您稍后，马上为您上茶。"

(四) 在列车上迎接客人时的程序、标准

(1) 途中在列车上迎接客人时，列车长要面带微笑、主动迎上，点头示意。

(2) 使用问候语"您好！欢迎乘车，请您到一等座车厢（商务车厢）就座"，在客人前方引路，步速适中，与客人保持1m远的距离，并辅助用语"列车速度较快，请您注意安全，您这边请"。

(3) 客人就座后，使用用语："请您稍做休息，马上为您上茶水"。

(4) 安排客人在车内就座时，一般安排在列车运行方向左侧靠窗位置（运行左侧不会有错车时的噪声）。

(5) 一般规定遇客人乘车时，请示随从客人用茶水还是白开水，茶一般用绿茶接待。

(6) 遇有计划的重要客人乘车，在接到车队通知后，班组应准备干、鲜果，一般不超过两种。

(7) 水果放在密封盒内、放好牙签再送上，使用敬语"请您品尝"。

(五) 当客人在机车添乘时的接待程序、标准

(1) 提前与车站联系了解客人乘车的目的，如需到机车添乘，及时与司机联络。

(2) 将客人引领至司机室后，请示客人有什么指示和要求，用语为："请您稍做休息，马上为您上茶水，我就在司机室外等候，随时为您服务"。

(六) 请示客人汇报工作时的程序、标准

(1) 在客人上车就座送茶后（有计划乘车、特定时），列车长应递送列车员名单，按照《管规》的规定，对主要客人要递交乘务报告，随行客人递交列车员名单，递交乘务报告或乘务名单时，应注意字体正面朝向客人，双手递送，并使用接待语"这是我们乘务报告（列车员名单），请您过目"。

(2) 请示报告时，服务列车长应站在主要客人的右前方，面向客人，音量适中，上身微前倾，面带微笑，用语"您好！您几时方便，向您汇报一下近期工作情况"或"客人好，现在方便汇报工作吗?"（如知道客人姓名、职务时，要称呼其职务）。

(3) 经客人同意方可坐下。汇报工作时，服务列车长应面向主要客人就座，并要环视

其他客人，保持规范坐姿（坐在桌椅的2/3处），面带微笑，肢体语言不能过大，音量适中，语速不宜过快。

（4）汇报内容，要围绕阶段性工作中心，简明扼要，层次清楚，重点突出，汇报时间不超过10min。

（七）途中请客人用餐时的程序、标准

（1）服务列车长请客人用餐前，首先与陪同客人确定用餐规格、用餐时间及用餐位置，确定后通知餐服长是否需要提前准备餐台。

（2）客人在座位处用餐时，服务列车长要亲自查看准备工作，提前指定1～2名列车员负责为客人上餐，其他人员做好辅助工作。

（3）客人到餐吧用餐时检查前厅摆台情况及各部位卫生，确定客人座次，按预订时间，请客人用餐。

（4）按规定服务列车长要亲自请客人用餐，如段或添乘干部亲自请，服务列车长应在餐吧端门处迎候引领，并要亲自安排客人座次（主要客人就座于运行方向左侧靠窗正位处）。如服务列车长亲自请客人用餐，提前指派一名餐服人员在餐吧端门处迎候引领，列车长辅助安排客人座次。安排客人座次。

（5）安排客人入座后，由餐服人员请示为客人打开餐饭外包装，并将撕下的外包装及时清理，餐具、湿纸巾一并上齐。客人用餐时，不要频繁问候或干扰客人用餐，以免使客人产生反感。

（6）客人用餐完毕后，由服务列车长问候客人："您用好了吗？是否需要添加？"之后引领回车厢，主要服务列车员要站在端门处迎候。

（7）客人用完餐完毕后，餐服人员或主要服务列车员为客人送上餐后水果或茶水。

（8）客人车内休息时，要减少人员干扰。服务列车长亲自检查客人就座车厢卫生间的整体卫生质量（卫生间、洗面间要干净、无任何异味，地面要保持干洁度、无积水，并指派服务专人盯控）。

（八）终到站送别客人时的程序、标准

（1）在距到达终点站15min前，服务列车长视情况请示随行人员后应提前到客人就座车厢与客人道别，请示工作，并做指示。

（2）服务列车长向客人致道别语，"您好，终点站就要到了，非常感谢您对我们工作的指导和帮助，请您对我们的工作给予评点，稍后到站我恭送您下车"。

（3）服务列车长根据到站前面开门的方向通知随行人员，2号列车员协助随行人员整理行李，做好下车的准备。

（4）服务列车长陪同客人下车到站台，要向主要客人致送别语并握手，向其他客人逐一握手告别，送别语："欢迎您再来"。服务列车长面带微笑行注目礼送别客人直至走远。1号列车员面带微笑站在车门规定位置处送别客人。

（5）客人下车后，2号列车员迅速进入车厢检查是否有遗失物品，如发现遗失物品及时与服务列车长联系上交。

四 列车员接待客人时的程序、标准

（一）站台迎客的标准

（1）列车员在车门口迎接客人时应做到：挺胸收腹、面带微笑、平视前方，按规定姿势站立，当客人走到门口时，使用横摆式手势，请客人上车，使用问候语“您好，欢迎您”。

（2）2号列车员应做到：面对车门，避开通道，站姿规范，迎候客人，问候“您好，欢迎您，请随我来（您这边请）”，侧身站立，请客人休息，如服务列车长引领时，站在原地问候“您好，欢迎您”。

（二）为客人送水时的程序、标准

（1）为客人送水工作要提前准备好，如泡茶、准备热毛巾或湿巾。

（2）客人就座后，1号列车员为客人送上热毛巾，双手递上毛巾及托。顺序为先主要客人、后随行人员，并视情况收取毛巾返回。随后将准备好的茶水倒至七成满，立即送上，并同步撤下毛巾。衔接要紧凑。

（3）按照服务列车长的安排，如果需要给客人送水果时，必须先送上小毛巾让客人净手。通常情况下，客人上车前水果应提前摆好，要有用语，“请您品尝。”（送水后送上小毛巾）

（4）接待列车员要体现出礼貌礼节，服务时要音量适中，面带微笑，服务完毕及时离开，不得干扰客人休息，要充分体现高速铁路列车员良好的综合素质。

（5）在适当的时间，给客人加水，用语为“您好，我来为您添水”。

（三）其他服务标准

（1）接待列车员应在客人休息时，盯控卫生间及洗面间的卫生保持情况。

（2）洗面间镜面擦拭明亮，台面脸盆无污渍、无水渍。消耗品准备充足，缺少时及时进行补充。

（3）客人休息中要根据当时情况做好深度服务，放下窗帘，调整广播音量，调整车内温度，为客人提供航空毯，两边端门关闭好，保持车内的安静。服务用语包括“您好，您觉得车内温度适宜吗?”“您好，您需要毛毯吗?”等等。

（四）终到立岗时的程序、标准

（1）列车距到达终点站5min前，1号列车员提示客人做好下车准备，辅助用语为“各位客人终点站就要到了，您需要我帮您整理一下吗。稍后我们在车门口恭送您”。

（2）客人下车时，1号列车员在规定车门处立岗出场，要提示每位客人，如，“各位客人，欢迎再来”，并按规范姿势站岗；2号列车员协助随行人员将行李提前整理到位。

①客人起身时，1号列车员及时进行下车车门方向的引领；如服务列车长引领时，1号列车员应提前到车门口处准备出场。

②2号列车员协助拿取行李时应站在客人身后方，列车停稳后，先请客人先下车，随

后将行李送至车下。

拓展阅读

重点旅客的服务注意事项

（1）对各类残疾旅客和老年旅客，列车员应主动介绍列车设施及作用，尽可能地为他们提供方便，做到帮拿行李、搀扶上下车、帮助安排卧铺或找座位、联系三餐、端茶送水、协助上厕所等。

（2）儿童旅客好动，列车员发现其有危险举动时，要及时制止，提醒其父母看好自己的孩子；同时，注意观察他们是否还有类似的危险举动。

（3）孕妇旅客易疲劳，行动不方便，列车员可为其安排一个方便走动的下铺或座位，动员周围旅客轻走动、轻交谈，给她们创造一个安全、良好的休息环境。

（4）发现有突发性精神病的旅客，列车员可及时给旅客创造一个相对隔离、安静的环境；通过广播找医生以药物控制病情，指定专人看护，多对病人说些宽慰的话，播放一些节奏舒缓、旋律优美的音乐，尽量减轻病人的压力，转移病人的注意力，以助病人恢复平静的心情。

（5）对气短脸红、患有心脏病的旅客，列车员应引起警惕，及时关注，了解旅客的心脏急救药品放在什么地方，并委托他随行的同伴或周围旅客及时给予关照，避免发生不测。

（6）对刚动过手术或患有糖尿病的旅客，列车员应及时主动和他们联系，关心他们的起居饮食，若旅客有需要的话，可请餐车做特殊的“病号饭”。

（7）为外宾服务时，列车员应举止得体，谈吐彬彬有礼，不卑不亢，并适当掌握、学习一些简短的列车常用外语以及国外的风俗习惯、宗教知识、生活禁忌、礼貌礼节等。对外宾的称呼要合适，可根据不同性别、年龄，称为“先生”“女士”“夫人”“小姐”。若外宾有无理要求，列车员应委婉拒绝。

泰国东方饭店体贴入微的服务

企业家A先生到泰国出差，下榻于东方饭店，这是他第二次入住该饭店。

次日早上，A先生走出房门准备去餐厅，楼层服务生恭敬地问道：“A先生，您是要用早餐吗?”A先生很奇怪，反问“你怎么知道我姓A?”服务生回答：“我们饭店规定，晚上要背熟所有客人的姓名。”这令A先生大吃一惊，尽管他频繁往返于世界各地，也入住过无数高级酒店，但这种情况还是第一次碰到。

A先生愉快地乘电梯下至餐厅所在楼层，刚出电梯，餐厅服务生忙迎上前：“A先生，里面请”。

A先生十分疑惑，又问道：“你怎知道我姓A?”服务生微笑答道：“我刚接到楼层服务电话，说您已经下楼了。”

A先生走进餐厅，服务小姐殷勤地问：“A先生还要老位子吗?”A先生的惊诧再度升级，心中暗忖“上一次在这里吃饭已经是一年前的事了，难道这里的服务小姐依然记得?”服务小姐主动解释：“我刚刚查过记录，您去年6月9日在靠近第二个窗口的位子上用过早餐”，A先生听后有些激动了，忙说：“老位子！对，老位子!”于是服务小姐接着问：“老菜单？一个三明治，一杯咖啡，一个鸡蛋?”此时，A先生已经极为感动了“老菜单，就要老菜单!”

给A先生上菜时，服务生每次回话都退后两步，以免自己说话时唾沫不小心飞溅到客人的食物上，这在美国最好的饭店里A先生都没有见过。

一顿早餐，就这样给A先生留下了终生难忘的印象。

此后三年多，A先生因业务调整没再去泰国，可是在A先生生日的时候突然收到了一封东方饭店发来的生日贺卡：亲爱的A先生，您已经三年没有来过我们这里了，我们全体人员都非常想念您，希望能再次见到您。今天是您的生日，祝您生日愉快。

A先生当时热泪盈眶，激动不已……

虽然泰国的经济在亚洲算不上最发达，泰国东方饭店的服务却堪称亚洲饭店之最，几乎天天客满，入住更是需要提前预订。

是什么令东方饭店对大都来自西方发达国家的客人充满如此魅力？仅仅因为泰国的旅游风情吗？抑或是其独到的人妖表演？都不是，其征服人心靠的是几近完美的客户服务，靠的是一套完善的客户管理体系。

据西方营销专家的研究和企业的经验表明：“争取一个新顾客的成本是留住一个老顾客的5倍，一个老顾客贡献的利润是新顾客的16倍。”这就是现在经常提及的客户关系管理的实质。

项目训练

【训练目的】

做到教、学、做一体化，提高学生运用理论知识解决实际问题的能力。

【训练内容】

分小组运用该任务相关知识进行角色扮演，模拟旅客列车接待服务情境进行训练，落实现场处理主要环节，各小组派代表进行总结汇报。

【考核标准】

小组互评，教师点评。评分标准为百分制（10分一个等级，如100分、90分、80分等）。

复习思考题

1. 列车长在站台上迎接客人时的程序与标准是什么？
2. 列车长去车站候车室迎接客人时的程序与标准是什么？
3. 列车长在列车上迎接客人时的程序与标准是什么？
4. 列车长请示客人汇报工作时的程序与标准是什么？
5. 列车长终到站送别客人时的程序与标准是什么？

模块 6

旅客列车行包运输

内容描述

行包运输一直是世界各国铁路的经营业务。近年来，各国铁路采取了不同的改革措施，如实行集中化、集装化运输，将零担货物与行包合并运输，成立独立的行包运输系统，开行行包邮政列车等多种运输方式来发展行包运输。

中国高速铁路为了更好地提供服务，强调对行李、包裹运输，承运人应采取取送货上门、多式联运、快运等多种方式，以满足托运人的不同需求。在运输中，要求行李随旅客所乘列车装运或提前装运；包裹尽量以直达列车或中转次数少的列车装运，以缩短运输时间。对抢险救灾物资、急救药品、零星支农物资更要优先安排装运。中国高速铁路的迅速发展及其特有的速度优势，2014 年初由中铁快运组织，利用日常开行的高速铁路列车，在京沪高速铁路上试运行。2014 年 4 月开始，除京沪高速铁路外，中国有 20 个城市将借助高速铁路网开通高速铁路快递，一共有 4 种产品，最快产品是当天寄货当天抵达，资费首重 130 元/kg，续重 25 元/kg。2016 年，国铁集团正式推出高速铁路快运业务，使得高速铁路开始与物流行业联姻，标志着我国物流行业走进高速铁路时代。2017 年，高速铁路快运涉及徐兰、京广、京沪等 58 条线路，共 25 个城市。

教学目标

1. 能力目标

能了解列车行李员任职条件及行李车定置管理标准；能编制行包运输方案；能掌握行李车定置管理标准；能对列车行李员安全、服务质量问题的判定与处理；能熟悉列车行李员乘务管理制度；能熟练掌握高速铁路快件的车厢装载要求。

2. 知识目标

列车行李员任职条件；行李车定置管理标准；列车行李员安全、服务质量问题的判定与处理；列车行李员乘务管理制度；行包运输方案编制；列车行李员作业流程及标准；高速铁路快件发送及到达作业流程；高速铁路快件的车厢装载要求。

3. 素质目标

通过学习旅客列车行包作业相关知识，进一步提升学生的业务技能与综合服务能力，高质量地完成旅客行包运输。

案例导入

“高速铁路生鲜递”为云南松茸搭建快速通道
中铁快运携手京东物流创新农产品物流

G1372 次列车从昆明南站发出，与往常不同的是，这趟列车上的高速铁路快运专柜里搭载着一批“娇贵客人”——云南松茸。11h 后，高速铁路快运冷藏箱中的新鲜松茸，将到达终点站上海虹桥，继而通过京东物流配送体系安全、快捷地送达消费者手中。

首批云南松茸顺利发出，标志着中铁快运与京东物流联合打造的“高速铁路生鲜递”松茸项目正式上线运营。

松茸被誉为“菌中之王”，是珍稀名贵的天然药用菌。娇贵的松茸，不仅对生长环境十分挑剔，采摘后的保存时间一般不超过 7 天，对物流时效的要求较高。以往，运送松茸多采取航空运输，但每年 7～9 月的采集期，恰逢产地的雨季，雷雨天气导致航运延误的情况时有发生。相比高速铁路，不仅能提高运输稳定性，高速铁路的内环境优势，也能为松茸提供恒温、整洁的运输条件，确保松茸的品质。

此次首批推出的云南松茸项目，由京东物流安排的冷藏车从香格里拉、丽江和昆明三个产地上门揽货，昆明集结，统一使用高速铁路运力，覆盖全国 51 个城市。“高速铁路生鲜递”产品的服务承诺，是自揽收起 48h 送达消费者手中。

“高速铁路生鲜递”的运营模式，在深度开发高速铁路网络运力资源的同时，有效破解生鲜产品长久以来面临的运输难题，推动生鲜农产品畅销，拓展生态农业全产业链发展。未来，随着互联网、物流网、高速铁路网的不断创新与融合，有力促进了生鲜寄递市场的繁荣发展，从产地到餐桌的物流服务水平大幅度提升，生产者和消费者将广泛受益。

随着电商和铁路企业双方合作的深入，“高速铁路生鲜递”的朋友圈，将逐步扩大至鲜花、水果、大闸蟹、小龙虾等更多品类。双方也将把“高速铁路生鲜递”作为产业扶贫的抓手，承担起更多的社会责任。

中铁快运携手京东物流，以高速铁路引导供应链转型升级，紧紧围绕国家供给侧结构性改革，共建绿色、智慧铁路供应链平台，向“打赢蓝天保卫战目标”不断迈进。

单元6.1 其他旅客列车行包运输

相关知识

一 列车行李员相关规定

（一）列车行李员任职条件

1. 文化素质

应具有初中以上文化程度，具有一定的写作、运算能力。

2. 身体状况

身体健康，能信任本岗位工作，持有健康证。

3. 职业道德

遵章守纪、爱护行包、文明装卸、认真负责。

4. 技能要求

应熟知本岗位业务知识和职责，认真执行规章、制度、作业标准，具备妥善处理突发事件的能力。上岗前应通过安全、技术、业务培训，经中铁快运分公司组织的理论、实作考试合格后，方可持证上岗。

（二）行李车定置管理标准

1. 规章资料

规章资料依据现行《铁路旅客运输服务质量标准》配置标准，运行中按从大到小（A4→A5）、由左至右排列，定置于办公桌面左侧靠车窗处，值乘完毕入柜。

2. 设施设备

（1）灭火器材。4具水型（干粉）灭火器装挂于灭火器套内。

（2）隔离红带。隔离红带（捆齐）定置于办公桌右侧抽屉内。

（3）站牌。定置于办公桌右侧抽屉内。

（4）链条锁。定置于办公桌右侧抽屉内。

（5）货票、交接证。定置于办公桌中间抽屉内。

（6）办公用文具。笔、计算器、印纸、票夹、垫板等定置于办公桌中间抽屉内。

（7）暖瓶。定置于行李车办公间密件柜边并配有暖瓶座。

（8）水杯。定置于行李车办公桌上右前角。

（9）清扫工具。墩布（洗净）、笤帚、簸箕清扫后放在水桶内，定置于行李车厕所门后；抹布叠摆成方块形，定置于厕所梳妆台靠门一边；无梳妆台的则叠摆成方块形定置于洗面池边上靠车窗玻璃一侧。

（10）焚火工具。铁锹、铲子（摇把）、炉钩（钎子）定置于行李车锅炉室内左侧小水箱一侧。

（11）箱包。轮乘制列车行李员箱包必须统一放置在宿营车规定位置，列车未编挂宿营车的，箱包可定置于行李车办公间行李架上。

（12）饭盒。定置于办公桌左侧抽屉内。

3. 标志悬挂

（1）货位示意图、本次列车时刻表。定置于行李车办公间靠货仓一面墙壁左侧。

（2）“岗位责任制”“押运人员须知”“押运人员须知”定置于行李车办公间靠货仓一面墙壁右侧。

（3）严禁烟火标志。定置于行李车货仓一位端月牙板正中位置，与“爱护行包”位置相对。

（4）爱护行包标志。定置于行李车货仓二位端月牙板正中位置，与“严禁烟火”位置相对。

（三）列车行李员安全、服务质量问题的判定与处理

1. “红线”管理

对发生下列问题的责任人，视为“触红线”。分公司应按照与局集团公司签订的《集体劳务用工协议》的有关规定处理，退回劳务输出单位，触犯法律的移交司法部门处理。

（1）在乘务期间伤害旅客、货主及其他人员情节严重者（责任人承担医疗费）。

（2）在乘务期间违法乱纪，受治安拘留或行政记过以上处分。

（3）在乘务期间酗酒、赌博。

（4）利用职务之便私带无票人员，私留行李车货位，获取私利；捎带盈利性物品，私带货物情节严重者。

（5）行包运输发生责任火灾、爆炸及行包灭失、破损，构成行包重大、大事故。

（6）利用职务之便，盗窃运输物资。

（7）故意损坏车辆设备、运输物品。

（8）服务行为粗暴，推、拉、拽旅客或货主，造成投诉或影响恶劣的（新闻媒体曝光）。

（9）每月在工作质量考评中，被累计处罚 3 次以上。

（10）漏乘。

2. “黄线”管理

对发生下列问题的责任人，视为“触黄线”。应给予调离本岗位处理，年内连续两次发生的比照“红线”管理考核中相关条款处理。

（1）被各级检查组通报批评。

（2）刁难、调戏旅客，并向旅客、货主进行敲诈、勒索钱物。

（3）参与非法速递活动，无论是否获取利益。

（4）旅客在乘务室逗留。

（5）收受押运人员的钱、物。

（6）行李车发生异常情况，不及时报告，造成不良影响或损失。

（7）中途作业，不办理站车交接或在行李车有能力情况下拒装行包。

（8）出现火灾苗头。

（9）不按规定出勤、退勤；在值乘中串岗、睡觉及有其他违反“两纪”行为，造成失控。

（10）旅客、货主投诉，经核实属一般服务质量问题。

各分公司应依据上述规定，自行制定列车行李员日常管理细则及考核办法，并报公司业务管理部备案。

（四）列车行李员乘务管理制度

加强对列车行李员的乘务管理是公司实现站车一体化管理目标的重要组成部分，是保证货物安全、准确、便利、优质送达的重要措施。

1. 列车行李员乘务管理模式

列车行李员的乘务管理主要是以属地营业部管理为主，同时发挥专业公司网络的优势，实施网络互控与值乘中“四乘一体”管理相结合的模式。

2. 网络管理的权利和职责

（1）对各分公司所管辖区域内所属营业部和途径各次列车行包运营的安全服务质量进行监督和检查。

（2）对违章违纪和影响行包运营安全、服务质量的列车行李员予以通报批评，限期整改，并予以经济处罚及建议给予行政处分。

（3）对全公司所辖范围内的列车行包运输安全及服务质量进行动态监控。

（4）查阅营业部及列车行李车的有关文件、档案、卷宗、票据等资料。

3. “四乘一体”管理中列车长的监管职责

（1）列车长依据现行《铁路旅客运输服务质量标准》实施考核。

（2）列车长应加强对行包运输的乘务管理，列车始发时必须检查列车行李员的作业情况及行包装载情况。

（3）当列车长巡视车厢时，对行李车的日常工作进行检查；遇有特殊、应急物品运输时，应严格执行有关规定，随时掌握货物运输中的情况，确保货物安全运输。

（4）各中铁快运分公司与属地客运段签订列车长对行李车的监管协议，明确责任、权利、利益。

二 其他旅客列车行包运输

（一）编制行包运输方案

1. 行包运输方案的编制依据

（1）指定月份的直通、管内行包流向流量图。

（2）直通列车行包密度表等资料（按局别、中转站、终到站统计）。

（3）主要站分车次、区段装车件数和卸车件数。

（4）指定时间主要站行包承运件数（按局别或线别分区段资料）。

B 特、一等站两年以内的行包流调查报告。其内容包括：

①吸引区内政治、经济、文化发展状况。

②产品销售运输渠道。

③集市贸易状况及交通工具发展状况。

④各种交通工具运价水平以及铁路运能和适应状况等。

2. 编制行包运输方案应遵循的原则

（1）长途直达原则

长途直达原则即直通列车优先装运至终到局及其以远的行包，优先满足长途中转和长途始发的需要。

（2）长短途分工原则

长短途分工原则即长途行包优先利用长途列车装运，短途行包利用短途列车装运。

（3）中转组织原则

①有直达列车的必须以直达列车装运，以减少行包中转次数，从而减轻对枢纽中转站压力。

②没有直达列车的，选择在中转次数最少、有始发列车接运的车站中转。

③途中几个中转站中转次数相同时，应优先选择在能力充裕的车站中转。

④除方案规定的中转范围外，不得改变中转车站和增加中转次数。

（4）区域集散原则

①在局管内，对直通能力紧张的二等及以下车站，准将始发行包向有直通能力的中转站集结，增加一次中转；当直通能力紧张的一等站的始发行包需进行区域集结时，由局集团公司与中铁快运协商确定。

②对直达运能紧张的中转站，准该站将行包装至到达局管内有始发能力的车站，增加一次中转。

（5）适量装卸原则

适量装卸原则即行包装车站必须按照保证列车安全正点、先卸后装的原则，根据列车行李员提供的卸车站待卸行包件数和重量适量安排装车件数。

①装运至列车途中到站的行包件数，按卸车站站停时间每分钟不超过 15 件掌握。装运至列车终到站的行包件数不受限制。

②对体积小、重量轻的行包，单件重量在 16 ~ 20kg 的，最大按卸车站站停时间每分钟卸行包总重不超过 300kg 掌握；单件重量均在 15kg 以下的，最大按卸车站站停时间每分钟卸行包总重不超过 450kg 掌握。

③对超大包裹要相应核减装卸车件数。对超重包裹，重量每超过 15kg 核减一件。站停时间不足 4min 的停车站和直达特快旅客列车禁止装运超重包裹。

④特快旅客列车在停车时间不足 4min 的车站只卸不装，在停车时间 4min 以上的车站可装运至列车终到站的行包。

(6) 优先运输原则

①行包办理站应按照“先行李后包裹、先中转后始发、先快运后普包的原则组织运输。

②快运包裹不受装运区段和限装区段的限制，但到站必须是快运办理站，车站和列车行李员不得拒绝装卸和交接。

(7) 限定原则

①鲜活（鲜花除外）包裹不准中转。

②同一城市有两个以上到站时，应选择有终到或经停的列车装运，严禁同城中转。

3. 行包运输方案的执行

(1) 注意事项

执行行包运输方案时，应注意以下有关事项：

①“某站以远、以东、以西、以北”不包括某站，“某站及其以远”则包括某站。

②“装运区段”栏内，某站以远系指快、慢车停车站；“限装区段”栏内某线、某站以远、某站以东、某站以西、某站以南、某站以北、某站至某站间等均指限装去有快车站的行包，快车不停车站的行包不限。

③行李、包裹的装车站或到站无直达列车时，可不受限装区段的限制。

④一站装至另一站的行包（包括中转行包）每次车不得超过100件；装至停车时间不足10min的车站，每次车不得超过50件；装至列车终点站的行包件数不限。

⑤始发行李、电影胶片、急救药品以及规章规定旅客自押物品，可不受装运区段限制，但必须符合规定。

⑥包裹和中转行李应以直达列车装运，不受计费经由的限制。

⑦行包中转站，在同一线路上产生往返运输超过100km时，视为不合理中转；行包中转站停办业务时，由铁道部重新指定行包中转站。

(2) 调整情形

行包运输方案在下列情况下可以进行调整：

①运能运量有较大变化。

②较大行包中转站的行包房施工受影响。

③产生其他影响行包均衡运输的原因。

(二) 行包的装卸和交接

在行包运输过程中，列车行李员的工作十分重要，列车行李员必须与车站密切协作，做到巧装满载；同时，应掌握乘务区段的线路情况、停站时分及行李中转站的范围、接续车次和各停车站的装卸规律，以便防止事故，保证列车安全、正点。

列车行李员出乘前，应根据列车长的传达或到派班室摘抄有关行包停限装的电报、命令、指示，主动到始发站行李房了解情况，掌握行包装车数量、性质及主要到站，并收集附近站预报，做到心中有数；按行包运输方案及行包装卸交接证核对票据，确定堆放位置。装车时按站方递交的装车计划，认真监装，清点件数，始发站至终点站的行包应集中装在行李车两端，到各中间站的行包按站顺远装里、近装外，大不压小、重不压轻，堆码整齐，装载平衡，货签朝外，易碎、易污、放射性物品分别隔离，鲜活物品注意通风。作业时严格执行“三检三对”，即检查货票、检查标签、检查包装；对件数、对品名、对到站。列车行李员应认真监装，发现危险品、政府限制运输品及包装不符合要求的货件应拒绝装车。各站都要建立装车前票、货核对制度，做到票货相符，一票一清；车站行李员核对无误后，在站、车交接单上签注“核对无误”并加盖规定名章，方可组织装车。无车站行李员名章，列车行李员有权拒绝装车。办理信件交接时，应坚持“一确认、二检查、三清点”的制度，即确认到站、检查封印包装、清点件数，做到信件清点正确，贵密件封印符合规定，签收交接加盖规定印章。

列车行李员采用轮班制时，始发站两名列车行李员同时上岗；或者一人接收款、密信件、公文（要求按站顺整理好），另一人负责装货；或者两人同时先装行包，然后接收公文信件。单班作业时，列车行李员则应先装货后接受公文信件。凡不合规定的款、密信件应拒绝接收。

列车到达途中各停车站时，行装人员要密切配合，先卸后装，列车停妥后先与站方核对行包票据、件数、公文信件，然后指明待卸货位。卸车要坚持“二对一隔离”（对件数、对到站，不卸行包用红带隔离），列车行李员监卸点件，盖章办理交接，卸完后按站方递交的装车计划，接收待装票据、信件、指定货位监装点件，组织装车，其基本作业与始发站相同，列车行李员应认真进行票、货核对，防止错卸、漏卸、有货无票、混装顶件等事故的发生。为充分利用运输能力，列车行包要做到巧装满载，每站卸车后及时将剩余能力和待卸行包向前方站做出预报，一般交站方行李员代报。遇有大批行包或列车晚点时提早预报，列车长应组织人力，协助站方快卸快装，配合赶正点。

列车与车站、车站与列车各工序之间的交接，是划清行包运输责任的重要作业过程，为了保证行包安全和运输无误，必须严格交接手续。在承运行包时，应指定专人负责进仓，认真做到票、货对照，一票一进仓，盖章交接，归位堆放；行包出库后运送途中，各站应根据本站情况制定交接制度，必须做到“货动有交接，交接有手续”，不准信用交接，货票相符，件数正确。做到站车交接一车一清，卸车进仓一趟一清，仓库交接一班一清。

站车交接时，接收方不盖规定印章或印章不清无法确认，以及接收方应签收而未签收，或虽已签收，但对件数、包装等情况站车双方有异议时，且在开车后3h内（如区间列车运行超过3h不停车为前方停车站）又未拍发电报确认的，发生事故时，由列车接收站段承担责任。列车到达终到站后，超过1h不签收或虽未超过1h而列车入库，行包未卸完，发生事故由终到站责任。

列车到达终到站之前，列车行李员应将票据、公文信件整理清楚，票货核对无误后，准备与站方交接、卸车；然后将往返乘务的行包交接证整理装订成册，统计行包件数，将完成任务情况、有关记录和电报事项向列车长汇报；最后搞好行李车的终到卫生，包括仓位的清扫、办公间的擦抹、厕所的冲洗等，整理各项备品与接收班组办理交接。

（三）行包的运送

1. 车门管理

在始发和各种停车站行包装卸完毕，列车行李员应及时关闭货仓门，插好插销，货仓连接其他车厢端门必须加锁，风挡处端门、边门应加锁（有运转车长值乘除外），要求各车门无漏检、漏锁，确保安全。

2. 安全检查

列车运行中，行李员要经常巡视货仓，做好防火、防盗、防塌、防潮湿、防丢失等工作。行李车内应写有“严禁烟火”“轻拿轻放”“大不压小、重不压轻”等标语。货位应悬挂到站显示牌，必要时整理翻装，各站分开，码放整齐，到站一目了然，下站要卸的行包放好隔离带，注意位置准确，避免行包遗漏。

3. 押运人员登记

《客规》规定，车站承运金银珠宝、货币证券、文物、枪支、鱼苗、蚕种和途中需要饲养的动物等，要求发货人必须派人押运。押运人凭“铁路包裹运输押运证”和旅客列车全价车票登乘行李车押运。装卸车时，行包房与列车要对押运包裹进行重点交接，并在站车交接凭证上注明“自押××批××件”字样。

装车时，列车行李员要查验押运人的押运证和居民有效身份证，无有效押运证和居民有效身份证或者两者不符的，列车行李员应拒绝该批货物装车及押运人登乘行李车，由此引起的一切后果由装车行包房负责。

装车后，列车行李员要告知押运人安全注意事项和押运管理要求，指定押运位置，保管好押运人随身携带的火种（下车前归还），查验押运人车票，在乘务日志记事栏内登记押运人姓名、性别、身份证号码、联系电话，包裹票编号、押运证编号、包裹装卸车站等信息。

列车行李员要坚守岗位，加强巡视，监督押运人遵守铁路旅客及行李、包裹运输的有关规定。

押运须知：

（1）严格遵守铁路规定，服从铁路工作人员指挥，负责所押货物的安全。

（2）凭证押运，不得饮酒，不得擅离职守。

（3）严禁携带易燃易爆等危险品进站上车，严禁在仓库和列车内吸烟、用火、使用电器，随身火种交列车行李员保管。

（4）不得移动、翻动仓库和列车内的物品，不得靠近放射性物品，不准打开车门乘凉，不准在货垛高处坐卧、停留，以杜绝发生人身意外伤害事故。

（5）密切关注行包动态，对危及货物和列车安全的情况，要立即报告铁路工作人员。

4. 整理票据，填写报表，分检公文

列车从始发站和各停车站开出后，应按行李票、包裹票分别各站填写行李包裹装卸交接证，其目的是保证行包的运输安全与完整，划清运输责任，凭此按规定办理站车交接。

填写交接证时应注意票货核对，要求字迹清楚、准确无误。

列车行李员还应根据车内行包件数、重量、各站装卸行包情况填入“列车行李、包裹运输密度表”。“列车行李、包裹运输密度表”是行包计划运输的原始资料，是列车行李员正确掌握行包密度，向前方车站提交预报的依据，能及时调整和挖掘运输能力，充分利用剩余能力，防止行李车超重或虚糜，实现行包的均衡运输。

为了使行李车内货位使用充分、明朗，列车行李员应填写货位揭示板，将货位存放行包的件数、重量、去向标记清楚；对行包存放情况、货位利用一目了然。

为了便利路内各单位之间往来公文及其附件的迅速传递，准许由旅客列车或混合列车传递。列车行李员应将各站收到的公文、信件按站顺分存放入格内，无论挂号与否，均应注意保管、传递，保证不丢失、不延误。传递过程中，还应填写公文交接证，对贵密件在记事栏内注明。密件、公款的封皮封口处，要粘贴薄纸条，加盖骑缝章，并在封皮的左上角标明挂号的“字号”“密别”或“贵重品”以便经办人易于识别。

拓展阅读

列车行李员作业流程及标准

一、始发作业

（一）出乘准备

1. 作业内容

（1）按规定时间到营业部乘务中心（室）出乘点名；穿着规定服装，佩戴职务胸章。

（2）摘抄命令、指示及停限业务电报，签收查询电报。

（3）申领备品、资料。

（4）提前到行包发送区了解行包装车计划。

2. 作业标准

（1）按时间出乘，出乘前8h内严禁饮酒，保持精力充沛；服装、职务、仪容仪表符合现行《铁路旅客运输服务质量标准》的规定。

（2）命令、指示及停限业务电报摘抄及时、准确。

（3）备品、资料按需申领。

（二）始发前作业

1. 作业内容

（1）清点清扫工具、办公用品，按规定交接车辆设备、备品（检查货仓是否灵活；检查门窗锁、玻璃、制动阀、灭火器材、配电盘、便器、洗脸池、行李架、衣帽钩、翻板、天棚盖等是否牢固）。

（2）采暖期间，交接取暖锅炉及焚火工具，检查缺煤、缺水情况。

（3）发现备品丢失、损坏时互相签字明确责任。

（4）整理清扫工具。

（5）卫生保洁：先上后下、先内后外，先冲洗、后擦抹，先扫后拖；刷擦窗台；擦抹四壁、顶棚、办公桌椅、行李架、衣帽钩、洗脸池、面镜、暖管（罩）；冲洗厕所、便器、锅炉室；扫拖办公间地面、通过台，刷货仓四壁，扫冲地面。

（6）落放车窗，挂摆窗帘，挂放提示牌。

（7）整理规章资料、设备设施。

2. 作业标准

（1）工具备品完整齐全，车辆设备作用良好。

（2）取暖锅炉达到规定标准，焚火工具齐全，不缺煤、缺水，交接手续完备。

（3）清扫工具，隐蔽定位。

（4）办公室窗明地净，四壁无尘，窗帘挂摆平整，桌椅洁净，洗脸池、便器洁净，厕所无臭味，暖管无积灰，锅炉室无杂物。

（5）货仓无杂物，四壁无污垢，地面干净。

（6）办公间有规定的时刻表、岗位职责、货位示意图和“押运人员须知”，货仓内有“严禁烟火”“爱护行包”标志，按标准揭挂。

（7）表报资料齐全，规章修改及时、规范准确，隔离红带、站名牌、链锁等设施齐全，按规定标准定置摆放。

（三）如发站台作业

1. 作业内容

（1）按车站行李员递送装车计划，指定货位，车门监装，清点件数。

（2）坚持“三检、三对、一隔离”制度。

（3）办理信件交接坚持“一确认、二检查、三清点”制度。

（4）与车站行李员办理交接，根据交接证的记载清点票据、装车计划清单和货物件数。

（5）盖规定印章，办理交接班。公司级大客户、时限快递及其他重点货物重点交接。

2. 作业标准

（1）先远后近，计划装车，车门监装点数，按票逐批清点；充分利用货仓空间，合理安排货位，货物堆码“大不压小、重不压轻”，做到装载平衡，巧装满载，堆码平稳。

（2）“三检”：检查货票、标签、包装；“三对”：对件数、品名、到站；“一隔离“：易碎、易污、放射性物品分别隔离。

（3）“一确认”：确认到站；“二检查”：检查封印、包装；“三清点”：清点件数，保证信件清点正确，贵密件封印符合规定，签收交接加盖规定印章。

（4）与车站行李员办理交接时，点清票、货件数；重点货物指定专门货位，重点交接。

（四）始发站开车作业

1. 作业内容

（1）装车完毕，关闭货仓门，按规定加锁车门，正确使用链条锁。

（2）巡视货仓，整理堆码货物，挂站名牌，放隔离红带。

（3）遇有押运人员，要看票验证，按规定格式逐项登记，交代安全注意事项。

（4）整理票据，填写行包交接证，铁路公文物品运送单；核对票货；填写“行包密度表”、货位示意图。

(5) 公文、信件按站顺分存，放入格内。

(6) 对贵重品、密件要入柜加锁。

(7) 运输麻醉品及精神药品时，妥善保管运输证明副本。

2. 作业标准

(1) 装车完毕，关闭货仓门，插好插锁，加锁封闭，风挡处端门、边门锁闭并加锁底锁（有运转车长值乘时除外），连接其他车厢端门必须加锁隔离（不允许加锁底锁）。各车门无漏检、漏锁，确保安全。遇有货仓门锁作用不良或承运鲜、活包裹需开启仓门时，要加锁链条锁。

(2) 货位有序，堆码整齐，留有防火通道（通道底宽50cm，上宽80cm，装载高度距棚顶中心线高度不小于50cm）；站名牌悬挂准确、挂牢，隔离红带按规定放置。

(3) 看票验证认真，登记清楚，安全注意事项交代详细；遇有押运动、植物时，同时查验检疫部门出具的检疫证明。

(4) 贵重品、密件入柜加锁，不丢失、不泄密，并在词栏内注明。

(5) 票据按站顺整理，表、簿资料填写及时、准确，字迹清晰；货位示意图与实际货位相符。

二、往程中途作业

（一）到站前作业

1. 作业内容

(1) 到站前按票核对件数、到站，不卸行包用红带隔离。

(2) 整理货物，将预卸货物移至货仓门边。

(3) 做好到站前卫生，锁闭厕所。

2. 作业标准

(1) 件数、到站正确，不卸行包用红带隔离。

(2) 发生误装、误卸、货票分离等差错时，立即查找原因，及时处理，查清到站并编制客运记录，交站方处理。

(3) 整理货物，将预卸货物移至货仓门边，做好前方站卸车准备。

(4) 到站“三不带”：不带垃圾、污水、粪便。

（二）停站作业

1. 作业内容

(1) 列车停稳后，开门后先交要卸的行包票据、公文信件，指明应卸货位，监装、监卸；大站双人组织装卸作业。

(2) 向站方行李员提出前方停车站应卸件数、容积重量预报（传真）。

(3) 盖章办理交接。重点货物重点交接。

2. 作业标准

(1) 车门监装、监卸，点数正确，按站方装车计划，指定货位监装点数，组织装车，做到巧装满载；双人值乘时，执行大站双人作业规定。

(2) 按规定预报，件数、重量准确。

（3）按规定与站方盖章办理交接，加盖规定印章，不准信用交接；公司级大客户、时限快递及其他需重点交接货物，单独制证交接。

（三）开车后作业

1. 作业内容

（1）按规定加锁车门。

（2）整理货位，挂站名牌，放隔离红带。

（3）业务处理。

（4）对押运人员登记，交代安全注意事项。

（5）拍发电报，编制记录。

（6）整理职场卫生。

（7）加强货仓巡视。

2. 作业标准

（1）装车完毕，关闭货仓门，插好插销，风挡处端门、边门锁闭并加锁底锁（有运转车长值乘除外），连接其他车厢端门必须加锁隔离（不允许加锁底锁）。各车门无漏检、漏锁，确保安全；遇有货仓门锁作用不良或承运鲜、活物品时，需加锁链条锁。

（2）货位有序，堆码整齐，留有防火通道（通道底宽50cm，上宽80cm，装载高度距棚顶中心线高度不少于50cm）；站名牌悬挂准确、挂牢，隔离红带按规定放置。

（3）票据按站顺整理，表、簿资料填写及时、准确，字迹清晰；货位示意图与实际货位相符。

（4）遇有押运人员时看票验证认真，登记清楚，安全注意事项交代详细。遇有押运动、植物时，还需查验检疫部门出具的检疫证明。

（5）遇有行包满载时，及时拍发电报；遇有行包超载、偏载时，立即汇报列车长、检车员，及时处理，视情节拍发电报，编制客运记录。

（6）按标准整理职场卫生，扫拖、整理办公间，冲刷厕所，做到清洁无卫生死角。

（7）行李车内严禁吸烟，严禁闲杂人员进入货仓，防止货物倒塌。

（四）交接班作业

1. 作业内容

（1）交班前卫生整备。

（2）交接票据、信件、设备设施，填写行李员乘务工作日志，认真交接。

（3）交接押运人员情况。

2. 作业标准

（1）交班前整理职场环境，做到卫生无死角；整理用具、备品，做好交接班准备。

（2）与接班行李员进行交接，做到“七不交”，即公文、信件、贵重品、窑件不清不交，行包件数不清不交，货位不清不交，行包堆码超规不交，备品不全不交，卫生不好不交，锅炉温度不达标不交。

（3）详细交接押运人员情况；重点货物单独交接。

三、折返站作业

（一）折返站到达作业

1. 作业内容

（1）整理职场卫生，冲洗厕所、锅炉室。

（2）到站前整理票据，清点件数。

（3）核对贵重品、密件，点清公文信件。

（4）填写“行包密度表”，汇总单程运送行包件数、重量；填记资料、台账。

（5）监督卸车，站车交接。

（6）差错处理。

（7）整理资料台账、设备设施。

（8）到折返站营业部乘务中心（室）报到。

（9）按规定到公寓休息。

（10）执行折返站库内看车制度。

（11）参加班组返乘会。

2. 作业标准

（1）到站前清扫地面，擦抹办公桌椅、柜、信格、洗脸池、照面镜，冲洗厕所、锅炉室，卫生做到“三不带”。

（2）票据正确，件数相符，资料台账填写规范、数据准确；设施设备齐全有效，作用良好。

（3）组织卸车，监卸点数，与站方办理交接，加盖规定印章。公司级大客户、时限快递及其他需重点交接货物单独交接。

（4）资料台账入柜加锁，设施设备定置摆放。

（5）到折返站营业部乘务中心签到，汇报单程工作，接受达示。

（6）到公寓休息时，执行外埠公寓的各项规定。

（7）严格执行冬季采暖库内规定，确保安全。

（二）折返站始发作业

同行李车始发作业内容，但折返站始发前须到折返站乘务中心（室）办理出乘并接受达示。

四、返程中途作业

同行李车“往程中途作业”。

五、终到作业

（一）终到前作业

1. 作业内容

（1）清理职场卫生。

（2）终到站前整理票据，清点件数，汇总行包、公文交接证、电报、记录、“行包密度表”及站方装车计划清单，装订成册，并加封面，写清乘务日期、车次、班组、区间、件数、重量、行李员姓名。

（3）检查清理取暖锅炉。

（4）整理“列车行李员工作质量写实记录”，由列车长签字对本次值乘质量予以鉴定。

2. 作业标准

（1）到站前清扫地面，擦抹办公桌椅、柜、信格、洗脸池、照面镜，冲洗厕所、锅炉室，卫生做到“三不带”。

（2）票据正确，件数相符，点清公文、信件、贵重品、密件的数、重量并统计正确，交接证装订整齐，封面逐项填写无遗漏。

（3）设施设备齐全有效，锅炉作用良好。

（4）如实填写，到达交乘务中心审核、保管，下趟出乘时领取。

（二）终到站作业

1. 作业内容

（1）监督卸车，站车交接。

（2）差错处理。

（3）按规定交接车辆设备、备品、清扫工具。

（4）妥善保管备品、资料。

2. 作业标准

（1）组织卸车，监卸点数，与站方办理交接，加盖规定印章；公司级大客户、时限快递及其他需重点交接货物单独交接。

（2）发生误装、误卸、货票分离等差错时，立即查找原因，及时处理。

（3）按规定交接车辆设备、备品、清扫工具。

（4）妥善保管备品、资料；遇有甩挂车命令时，将备品、资料妥善保管。

（三）终到退乘作业

1. 作业内容

（1）做好退乘、汇报准备。

（2）到营业部乘务中心（室）签到，上交表报，汇报趟车工作情况。

（3）退乘。

2. 作业标准

（1）按规定到营业部乘务中心（室）签到，上交行包密度表、行包装卸交接证、计划单、铁路公文物品运送单、“列车行李员工作质量写实记录”等表报，汇报本趟乘务工作情况，汇报详细、实事求是。

（2）按规定退乘。

案例分析

行包违章运输案例

×年×月×日 23:33，昆明开往成都的 2512 次列车在西昌开车后，正在车内检查行包装载情况的行李员发现货仓内有两条蛇，立即通知列车长、乘警一起抓蛇。这时发现广通站发峨眉站冻带鱼1批3件120 kg，票号B000118，其中1件木箱包装的1块木挡被其他行包压掉，里面是冻蛇，行李员谨慎将木挡封回原处钉好。

处理过程：

①《客规》规定，蛇、猛兽和每头超过20kg的活动物（警犬和运输命令规定运输的动物除外）不能按包裹运输。

②少量蛇跑出时，可设法捕抓，使其不危及人身安全；数量较多不好控制的，可以停止行包作业，并拍电报通知货主，尽量不甩车，挂运至终到站处理。

③编制客运记录交到站处理。

④追究货主责任。

客运记录编制如下：

××年×月×日23:33，昆明开往成都的2512次列车在西昌开车后，正在车内检查行包装载情况的行李员发现货仓内有两条蛇，立即通知列车长、公安乘警一起抓蛇。这时发现广通站发峨眉站冻带鱼1批3件120 kg，票号B000118，其中1件木箱包装的1块木挡被其他行包压掉，里面是冻蛇，行李员谨慎将木挡封回原处钉好。

处理：

①《客规》规定，蛇、猛兽和每头超过20 kg的活动物（警犬和运输命令规定运输的动物除外）不能按包裹运输。

②少量蛇跑出时，可设法捕抓，使其不危及人身安全；数量较多不好控制的，可以停止行包作业，并拍电报通知货主，尽量不甩车，挂运至终到站处理。

③编制客运记录交到站处理。

④追究货主责任。

客运记录编制如下：

××铁路局　　客统-1

客运记录

第0601号

记录事由：包裹品名不符
峨眉站行李房：
××年×月×日23:33，本次列车在西昌开车后发现广通站发峨眉站冻带鱼1批3件120kg，票号B000118，其中1件木箱里面是冻蛇。现编记录交你站，请按章处理。
站、车需要编制记录时均适用。 编 制 单 位 2512次列车长 参加人员签字 ×× ××年××月××日编制

项目训练

【训练目的】

做到教、学、做一体化，提高学生运用理论知识解决实际问题的能力。

【训练内容】

分小组运用该任务相关知识进行角色扮演，模拟行包运输行李员作业情境进行训练，落实现场处理主要环节，各小组派代表进行总结汇报。

【考核标准】

小组互评，教师点评。评分标准为百分制（10分一个等级，如100分、90分、80分等）。

复习思考题

1. 编制行包运输方案应遵循的原则有哪些？
2. 简述行包作业时“三检、三对”“一确认、二检查、三清点”“二对一隔离”。
3. 行包装车后，行李员要告知押运人哪些事项？
4. 简述“四乘一体”管理中列车长的监管职责。
5. 列车行李员红线管理的内容有哪些？

单元6.2　动车组旅客列车高速铁路快件运输

相关知识

一　高速铁路快运业务概述

高速铁路快运是中国铁路为客户提供的与高速铁路品牌形象和客运服务水准相匹配的高端货运服务产品；以高速铁路动车组列车为主要运输工具的小件快运服务，具有时效快、品质优、标准高的特点。

（一）发展沿革

（1）2013年12月16日，在京沪间（北京、上海两城市）开办“高速铁路快递”业务，仅办理当日达、次晨达、次日达产品。

（2）2014年，实现151个城市通办，增加经济快递和同城快递产品，产品增至6个。

（3）2016年，实现505个城市通办。明确产品分为限时服务产品（当日达、次晨达、次日达、隔日达、特定达）和标准服务产品（经济快递、同城快递、车票快递）两类。

（二）经营主体及管理架构

1. 经营主体

国铁集团《高速铁路快运业务管理办法》（铁总运〔2016〕220 号）中明确：高速铁路快运作为新服务类型纳入铁路包裹业务范畴，由快运公司作为高速铁路快运业务经营主体对外经营，经铁路运输时向铁路局办理托运手续。

2. 管理构架

（1）国铁集团

负责确定局集团公司、快运公司高速铁路快运业务职责；公布高速铁路快运业务办理车站；规定列车装载条件；制定车站、列车相关设备设施技术标准；监督检查铁路企业的安全和服务质量。

（2）局集团公司

负责审核并向国铁集团提报快运公司提出的高速铁路快运业务办理车站开办与停办申请；对快运公司办理高速铁路快运站间运输业务；向快运公司提供适合高速铁路快运作业的车站场地、进出通道等必要设施设备条件，协助快运公司组织高速铁路快运集装件列车运送。

（3）快运公司

负责提出高速铁路快运业务办理车站开办与停办申请；按照市场需求和铁路站车资源情况制定，并对外公布快运公司业务种类、办理城市、服务范围、服务时效和办理条件等；负责高速铁路快运安检、车站作业组织、中途作业列车随车作业，以及相应的人员、设备管理等工作，并承担相应安全责任；负责高速铁路快运业务有关的信息、财务、收入、统计等工作。

快运公司对高速铁路快运业务实施三级管理：

①公司。按照市场需求和铁路站车自营情况制定，并对外公布快运公司业务种类、产品体系、价格标准、办理城市、服务范围、服务时效和办理条件等；负责制定业务、质量、财务、收入、统计等管理制定，制订发展规划。

②分公司。与局集团公司协商提出高速铁路快运业务办理车站开办与停办的建议；设置适合高速铁路快运作业的车站场地、进出通道等必要设施设备条件；负责高速铁路快运安检、车站作业组织；相应的人员、设备管理；建设经营网络和运营网络。

③营业部。负责具体业务的开展与实际操作。

（三）产品体系

1. 限时服务产品

（1）当日达

为满足客户对快件高时效的需求，提供的城市之间当日收取当日送达的快运服务。当日达业务包括“省内当日达”和“省际当日达”。

服务时效：当日截单时间前所承接的快件，承诺当日 22：00 前送达收件人。

（2）次晨达

城市间当日收取、次日上午送达的门到门快运服务。次晨达业务包括“省内次晨达”和“省际次晨达”。

服务时效：当日截单时间前所承接的快件，承诺次日11：00前送达收件人。

（3）次日达

城市间当日收取、次日送达的门到门快运服务。次日达业务包括“省内次日达”和“省际次日达”。

服务时效：当日截单时间前所承接的快件，承诺次日18：00前送达收件人。

（4）隔日达

城市间当日收取、第三日送达的门到门快递服务。

服务时效：当日截单时间前所承接的快件，承诺第三日18：00前送达收件人。

（5）特定达

为满足客户的个性化需求，发挥高速铁路运力和服务优势，提供的定制化运输服务。

服务时效：城市间高速铁路站到站定时到达，当日指定高速铁路动车组列车发车时间1h前车站承运，承诺列车到站1h后收件人车站自提。

2. 标准服务产品

（1）经济快递

为满足客户一般性时效需求，所提供的快递服务时效根据距离远近在3～5日送达（含寄送当天）的快递产品。

服务时效：所辖省的省会城市间距离1600km以内的城市间3日送达，距离超过1600km的城市间4日送达，距离超过2400km的城市间或者交通不便的地区（偏远地区）5日送达。

（2）同城快递

为客户提供的取派件均在同一城市的快递服务。

服务时效：收取快件后24h内送达。

（四）产品价格

1. 价格管理

产品价格按照“一口价”原则，同一快递产品在省际城市办理，执行同一报价；同一快递产品在省内任意城市间办理，执行同一报价；同一快递产品在同一城市内办理，执行同一报价。快递产品价格应保持相对稳定。

产品价格按照“首重＋续重”的计费模式，首重和续重计费重量均为1kg，不足1kg按1kg计费。

省际城市运距按省会城市之间的距离核定，如收、派件地为非省会城市，运费按省会城市间价格收取。

公司负责制定分公司间产品价格，分公司负责制定管辖区域内产品价格。

2. 限时服务产品价格（表6-1）

限时服务产品价格　　表6-1

城市范围	产品	首重价格（元）	续重价格（元/kg）	
			0～1600km	超过1600km
省际	当日达	130	25	—
	次晨达	30	15	—
	次日达	17	10	14
	隔日达	15	6	10
	特定达	50	6	8

3. 经济快递产品价格（表6-2）

经济快递产品价格　　表6-2

城市范围	城市间距离	首重价格（元）	续重价格（元/kg）
省际	1600km及以内	10	4
	超过1600km	12	6
	偏远地区	18	10

4. 高速铁路快运业务资费分区表（表6-3）

高速铁路快运业务资费分区表　　表6-3

始发地	目的地		
	0～1600km（一区）	1600km以上（二区）	偏远地区（三区）
黑龙江	黑龙江、辽宁、吉林、北京、天津、河北、内蒙古、山东、山西	上海、江苏、浙江、安徽、江西、河南、湖北、湖南、陕西、甘肃、宁夏	福建、广东、广西、海南、重庆、四川、贵州、云南、青海、新疆、西藏
河北	北京、天津、河北、内蒙古、山东、山西、黑龙江、辽宁、吉林、上海、江苏、浙江、安徽、河南、湖北、陕西、甘肃、宁夏	江西、福建、湖南、广东、广西、海南、重庆、四川、贵州、云南、青海	新疆、西藏
江苏	江苏、上海、浙江、安徽、江西、福建、北京、天津、河北、山东、山西、河南、湖北、湖南、陕西	黑龙江、辽宁、吉林、内蒙古、广东、广西、海南、重庆、四川、贵州、云南、甘肃、宁夏、青海	新疆、西藏
广东	广东、湖南、广西、海南、上海、江苏、浙江、安徽、江西、福建、河南、湖北	辽宁、吉林、北京、天津、河北、内蒙古、山东、山西、重庆、四川、贵州、云南、陕西	黑龙江、甘肃、宁夏、青海、新疆、西藏

二 动车组旅客列车高速铁路快件运输

（一）高速铁路快件发送作业流程（图6-1）

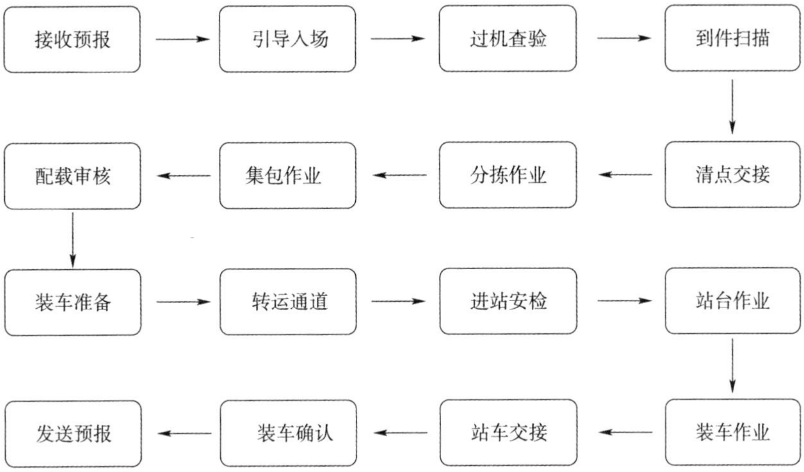

图6-1 高速铁路快件发送作业流程图

1. 接收预报

（1）集散中心作业人员实时通过高速铁路快运信息系统接收、核准各站点、合作方预报。根据预报信息，提前安排分拣人员、集装容器等。

（2）作业人员根据预报信息，统计集货预报量，向各装卸站进行预报，预留相应的装载舱位。

（3）如接到车站关于计划运力车次发生延误、取消等异常问题通知时，应及时知会现场作业人员、营业部操作负责人，上报分公司值班调度，通知各市区高速铁路站点以及路由司机。

2. 引导入场

（1）各网点路由车辆到达高速铁路车站营业部后，由分拣人员负责引导集货车辆、人员进入指定地点进行卸载。

（2）贵重物品、高保价快件、重点物资、特殊要求的快件等单独打印交接单交接。“当日达”快件单独交接并优先入场作业。

（3）卸车时，根据交接单记载数量进行清点、核对，并查验快件的外包装是否完好，如发现破损、开包等异常情况，对问题快件进行拍照，在高速铁路快运信息系统中进行“问题件”登记。

（4）卸载完毕后需进入车厢内检查，确认有无遗漏。

3. 过机查验

（1）卸载完毕的快件，由交接人员对快件的详情单上是否加盖“已验视”章和“实名信息已复核”章，核对无误后须对快件进行集装操作，详情单上未加盖“已验视”或“实名信息已复核”章的，应退回承运网点。检查合格后由营业部具有安检资质的作业人员进行过机验视，若货物中夹带禁限寄、危险品等物品，作业人员做好台账记录，并将不合格快件返回承运网点或交给相关部门进行处理，同时在信息系统登记问题件。

（2）通过高速铁路动车组列车进行押运作业的高速铁路快运货物，必须进行执行实名制符合、开箱验视和过机安检作业。

（3）如遇货量较大时，可根据现场情况先过机安检再检查是否加盖“已验视”或“实名信息已复核”章。

4. 到件扫描

经安全验视合格的快件，分拣人员要逐件进行到件扫描。

5. 清点交接

交接单与信息系统核对扫描的快件数量是否相符，在确认无误后与路由人员签认交接单；交接严格执行“四清、五不准”。

6. 分拣作业

（1）集散班组作业人员将集货扫描入场的集装件，按产品时限要求组织拆包作业，含有“当日达”快件的集装件优先拆包分拣。已拆包的快件须保证有快递详情单的一面向上，在核对高速铁路快运信息系统中集装件内快件数目后，逐件进行扫描。

（2）拆包完毕后，分拣人员应检查已拆开的集装容器内部，以便确认完全清空并无遗漏快件；清空后集装容器应清除相关标识，放入物料区保管。

（3）分拣员按照路由班车的发车时间和各装卸站的截止时间的规定，确定快件分拣的优先顺序，按照快件到达城市、产品类型、服务时限及运输方式等对快件进行分拣作业，按照货物到达城市放置相应货位架；当日进入集散中心的快件，须在当日分拣完毕，不得留入下一班组处理。

（4）分拣作业完毕后，需及时清理作业场地，确认无快件遗漏。

7. 集包作业

（1）作业人员根据货物的体积大小准备相应的集装容器，将施封锁和施封条拴挂在集装容器规定位置。

（2）在集装件施封条的标签上，用黑色记号笔注明运到城市。

（3）扫描集装件上施封条上条码后，开始逐件扫描属于该集装容器目的地相符的区域内的快件，并将扫描后的快件放入集装容器内，集装后的快件连同包装总重量，单件不允许超过25kg，冷链箱单件重量不允许超过50kg。快件应按文件类和物品类分别封装，不允许混装。对集装件逐件进行发货扫描至相应的装卸站。

（4）装载集装件时，要轻拿轻放，杜绝猛拉、拖拽、抛扔等野蛮作业的行为，确保快件完好无损。

（5）用施封锁将袋口和集装件施封条标签扎紧，在施封条上加盖“已验视”戳记，完毕后在高速铁路快运信息系统中完成装包作业操作。

（6）完成装包作业后，对集装件进行过秤称重，准备进行配载。

8. 配载审核

（1）信息操作人员在高速铁路快运信息系统中根据到站、产品时效将集装件按运力方案制订装车计划，进行“配载”和“配载审核”操作。

（2）“配载审核”后由高速铁路快运信息系统推送至高速铁路站间运输系统生成电子包裹票作为高速铁路站间运输收入票据。

（3）配载审核完成后的集装件，作业人员须将待装运快件放至在指定位置，打印“高铁快运装运情况表”（一式三份），填写清楚日期、车次、发站、装载位置、件数、站台号等信息，并加盖“已验视”和“实名信息复核”戳记，等待上站装运；要求、监督送车人员在装载清单送车人栏内签字确认。

9. 装车准备

（1）高速铁路车站营业部作业人员将待装运集装件放置在常态制动的平板推车上，码放时必须保证“下重上轻、上小下大”，集装件不得妨碍常态制动装置，码放高度不得超过推车人员视线，横向宽度不得超出车体两侧0.2m，必须使用捆扎绳对集装件进行固定，防止掉落。

（2）掌握装运列车车次、作业站台号、驶入站台时间、开车时间、装载车厢和位置。

（3）检查清单货物与交接证信息一致。

（4）根据运力方案，待装集装件需在指定车次图定开车前1h完成清点复核，原则上40件以内的货物在开车前40min从集散出发；遇大批量货物、暑运、春运、重大会议、恶劣天气造成列车大面积晚点等特殊原因导致运送时间延长时，要在开车前1h左右从集散出发。

10. 转运通道

（1）上站执行装车作业时使用指定作业通道，原则人要双人以上作业，作业时需防护集装件掉落。

（2）作业人员要佩戴作业记录仪（要求全程拍摄）并携带手持电台及“高铁快运装运情况表”按照指定的上站安检通道推行行进。

（3）按固定送车路线行进过程中，使用无障碍电梯或与旅客混行时，要认真遵守“旅客先行、货物随行”的运输原则，尽可能避让旅客，防止碰触，严禁推车猛跑，与旅客抢行。

11. 进站安检

（1）到达车站指定的安检仪，由车站安检人员对集装件逐件过机安检，安检完成后，车站安检人员在“高铁快运装运情况表”签字盖章并留存一份。

（2）安检时发现疑似危险品时，作业人员协助车站安检人员开包查验，确认为危险品的按车站安检人员指令处置，符合承运要求的恢复包装继续运输。

12. 站台作业

（1）在站台行进时，应主动避让旅客，严禁骑线、侵限推行。如遇列车进入或驶出站台前，应立即停止作业，列队立岗接、送列车，待车辆停稳后再进行作业，作业时装载工具应有专人值守。

（2）到达站台指定装车位置后，应在距离站台边沿不少于3m（站台中部，即黄线外两块砖外）顺向定位停放，使用装载工具制动装置进行常态制动，确保车辆无溜逸，严禁与线路垂直停放。

13. 装车作业

（1）装车时，集装件应先全部码放在相应车门站台距离站台边沿不少于3m（黄线外两块砖外），集装件最多码放2层，在旅客上车前、下车后进行装卸作业，避免与旅客同乘同降。集装件码放完毕后，将常态制动平板推车顺向停放于距离站台边缘3m靠近站台中心线位置，并由作业人员值守，防止溜逸。无人看守时将小推车锁在距离作业车相较近的两个无障碍电梯、滚动浮梯后面栏杆处或垃圾房正面栏杆处。

（2）装车时应优先使用快递柜。无快递柜时，严格按照“集装件装载数量及位置标准”执行，可将集装件装载于指定车厢最后排座椅后面空档处、大件行李处。因特殊情况需要调整装载位置时，按照列车长指定位置进行码放。集装件最外沿不得超过座椅最外沿，不得侵占车内通道。作业时不堵塞通道、不影响旅客乘降。

（3）装车时，集装件需轻拿轻放，不得摔放、抛放、拖行集装件，避免剐蹭车体及车内设施设备，同时要注意列车与站台间隙，防止快件掉落或作业人员摔伤。

（4）列车开车铃声响起时停止装车作业，严禁追车猛跑、抢装抢卸或野蛮装卸集装件。

（5）装车完毕与列车长或列车员办理交接。

14. 站车交接

（1）装车作业完成后，将“高铁快运装运情况表”交列车长签字确认后，一联交列车长留存，一联返回营业部集散班组长装订留存。

（2）装车时，如遇根据列车长要求调整了集装件装载位置，要在“高铁快运装运情况表”上进行修改。

15. 装车确认

作业人员返回营业部后，将“高铁快运装运情况表”上报班组长，遇装载车厢号发生变化时，及时报告班组长，由班组长向到站发出转载更改信息。在高速铁路快运信息系统进行装车确认操作。

16. 发送预报

在列车开车1h内，根据装车确认信息，在高速铁路快运信息系统“扫描”模块下“配载”中，做装车预报，将装运车次、装运车厢位置、装运数量按实际进行填写后上传。

17. 动检装车作业

（1）对于装载动检车的货物，合作商将货物从落客处进行安检，作业人员对货物要做到逐一安检，对于安检中发现的禁运品货物要将整包返回，不再拆包进行分拣查找禁运品。合作商提供货物物品清单不符时，禁止作业人员接受合作商货物。

(2) 动检运送货物要在开车前 135min 从集散出发，保证在开车 20min 前将集装件转运至相应站台指定位置等待装车。利用动检确认列车装运集装件时，应保证在列车停靠站台前 1h，将集装件码放至站台指定位置。

(3) 装载确认车时，可将集装件装载于座椅中间空档处（不允许将集装件码放在座位上），集装件最外沿不得超过座椅最外沿，不得侵占车内通道。

（二）高速铁路快件到达作业流程（图 6-2）及要求

高速铁路快件到达作业流程图如图 6-2 所示。

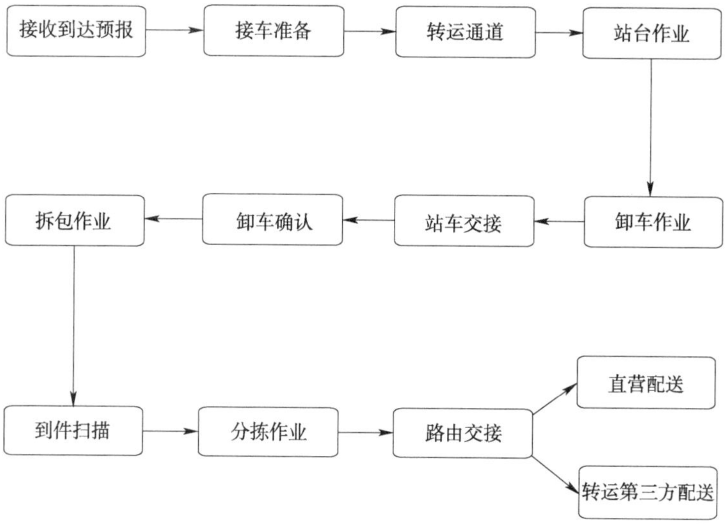

图 6-2 高速铁路快件到达作业流程图

1. 接收到达预报

(1) 车站营业部作业人员实时通过高速铁路快运信息系统接收、核准各发送、中转站发往该站的预报信息。

(2) 根据预报信息，核实到达车次、到达时间、停靠站台、集装件数量、车厢号、装载位置情况。统计集货预报量，合理安排分拣作业人员、集装容器等。

(3) 作业人员根据汇总后的预报量，按照相关运力方案，向调度员、司机管理员进行反馈，调度员、司机管理员协调路由担当方预留相应的装载舱位。

(4) 确认列车到达时间，有无晚点，出现晚点及时通知接车人员对应调整。

2. 接车准备

根据到达运力核实情况，集散班组长合理安排接车作业人员和设施设备，接车作业人员根据接车计划，列车到达时刻、停靠站台、车厢号在列车到达前 20min 到达站台指定位置等待接车。

3. 转运通道

作业人员要佩戴作业记录仪（要求全程拍摄）并携带手持电台，通过指定作业通道进入站台。

4. 站台作业

(1) 在站台行进时，应主动避让旅客，严禁骑线、侵限推行。如遇列车进入或驶出站台前，应立即停止作业，列队立岗接、送列车，待车辆停稳后再进行作业，作业时装载工具应有专人值守。

(2) 到达站台指定装车位置后，应在距离站台边缘3m靠近站台中心线位置（黄线外两块砖外）停放，使用装载工具制动装置进行常态制动，严禁与线路垂直停放。

5. 卸车作业

(1) 作业人员应提前到达列车停靠站台指定车门处，将常态制动平板推车顺向停放于距离站台边缘3m靠近站台中心线位置，并由作业人员值守，防止溜逸。列车到达停稳后，在旅客下车后、上车前进行装卸作业，避免与旅客同乘同降。

(2) 卸车时，集装件需轻拿轻放，不得摔放、抛放、拖行集装件，避免剐蹭车体及车内设施设备，同时要注意列车与站台间隙，防止快件掉落或作业人员摔伤。

(3) 卸车时，集装件应先全部码放在相应车门在距离站台边缘3m靠近站台中心线位置，顺向车门处，集装件最多码放2层，

6. 站车交接

(1) 卸车作业完成后，巡视车厢避免遗漏，逐个检查集装件是否封锁脱落、破损等异常情况，如有异常情况现场拍照进行记录。

(2) 卸车完毕后，向列车长汇报，根据列车长提供的“高铁快运装运情况表”确认卸车数量是否相符，如存在异常情况的，会同车长一并在“高铁快运装运情况表”上签字确认，无异常的，作业人员签字完成交接。

(3) 卸车交接完毕后，按规定装入运载工具，转运至营业部作业场地。

7. 卸车确认

转运至作业场地后，有异常的，第一时间在信息系统等级问题件信息并上传照片。根据实际到达情况与高速铁路快运信息系统中集装件件数进行核对后，对到达集装件进行扫描，完成高速铁路快运信息系统“卸车确认”，数目不符的，立即在信息系统中如实登记问题件信息。

8. 拆包作业

(1) 高速铁路车站营业部作业人员将已扫描卸车的集装件，按产品时限要求进行拆包作业，含有“当日达”快件的集装件优先拆包。

(2) 拆包完毕后，分拣人员应检查已拆开的集装容器内部，以便确认完全清空并无遗漏的快件。清空后集装容器应清除相关标识，放入物料区保管。

9. 到件扫描

已拆包的快件须保证有快递详情单的一面向上，在核对高速铁路快运信息系统中集装件内快件数目后，逐件进行到件扫描。数量、单号不符的，立即在信息系统中如实登记问题件信息。

10. 分拣作业

（1）分拣人员按照产品时限、路由方案和派送时效截止时间上的差异，确定快件拆包分拣的优先顺序，进行拆包分拣作业。含有“当日达”快件的集装件优先拆包分拣。已拆包的快件须保证有快递详情单的一面向上，在核对高速铁路快运信息系统中集装件内快件数目后，折包后须逐件进行扫描。

（2）分拣人员对已拆包的集装容器应当仔细检查，确认清空并无遗漏快件。清除集装容器外部的旧标识后，存放在指定区域保管。

（3）分拣人员根据地址信息将快件分拣到各对应的派件自营网点或分包方的指定区域。当日进入集散中心的快件，须在当日分拣完毕，不得留到下一日处理。

（4）分拣作业时如有中转快件，参照中转件业务流畅操作。

（5）分拣作业完毕后，需及时清理场地，确认没有快件遗漏。

11. 路由交接

（1）车站营业部按照各时效产品要求的时效时间和对应时间段交通路况，制订合理的市内路由方案。

（2）分拣完毕的集装件，根据市内快件派送区域、路由方案分别打印交接清单与路由班车司机进行交接，交接时逐单核对，将出场转运的集装件按照路由顺序装上指定的转运班车，装车时分拣人员和班车司机需共同确认快件数量，避免转运错误。

（3）如果一辆转运班车上装有发往多个站点的集装件时，分拣人员在装车时应用隔网等其他辅助手段将不同目的地的集装件分隔开来，方便下一环节操作单位区分卸货。

装载集装件时，要轻拿轻放，杜绝猛拉、拖拽、抛扔等野蛮作业的行为，确保快件完好无损。

（4）在装车作业时，对集装件逐件进行“发件扫描”至相应的站点。

（5）装车完毕后在双方的监督下关闭车门，司机确认车门闭合无误。

（6）路由班车司机按照在规定的时间内，按既定市内路由方案将快件送达相应自营网点或分包方。

（三）中转作业

（1）中转作业分为跨局中转作业、管内中转作业和管内中转作业。根据公司要求，跨局利用高速铁路动车组列车中转的仅可选择以下中转站中转一次，管内中转作业不得超过两次。

（2）管内中转作业参照到达、发送作业流程执行。

（3）涉及中转作业的在始发站营业部按照目的地对涉及中转作业的快件进行集包操作，车站站营业部参照发送作业流程进行中转作业。

（4）中转集装件不进行拆包集装作业，仅更换集装件施封条，并在高速铁路快运信息系统中完成“到件”“拆包”“装包”“配载”“配载审核”操作；按配载计划进行装车。

拓展阅读

高速铁路快件的车厢装载

一、集装容器满足的条件

(1) 集装容器外部长、宽、高尺寸之和不大于160cm，最短边长不小于30cm，并采取防火、防水、防漏、防撞、防滑及内部捆绑、衬垫等必要防护措施，适宜在列车指定位置装载。集装容器应有高速铁路快运标志、统一编号和条码，带锁闭装置。

(2) 集装容器装货后形成的集装件总重量不超过25kg。冷藏箱等特殊运输条件需求的，外部长宽高尺寸之和不大于220cm，总重量不得超过50kg。

(3) 集装容器应保持整洁卫生，防止夹带鼠虫等病媒生物。

二、动车组列车车厢装载

(一) 高速铁路载客动车组列车

高速铁路载客动车组列车可将集装件装在大件行李存放处（图6-3）、二等车厢最后一排座椅后空档处（图6-4）、高速铁路快运专用柜位置。

图6-3　大件行李存放处

图6-4　最后一排座椅后空档处

高速铁路快运专用柜注意事项：

(1) 使用快运柜装运高速铁路集装件时，应按分配方案在快运柜指定位置存放，集装件装载应顺向摆放，堆码牢固，码放整齐；作业完毕，锁闭柜门。

(2) 快运柜内高速铁路集装件码放时，高速铁路G型箱（图6-5）最多码放4层共计20个；集装袋（图6-6）、纸箱等集装件根据每件实际大小最大限度地码放，但堆码顶层空隙间距不得小于10cm。

(3) 堆码完毕后，要将每个快运柜内部格挡提手放下，确保列车运行途中不晃动、不倒塌；最后，关闭所有柜门并使用专用钥匙锁闭。

(4) 装车完毕后应向列车长汇报集装件装载快运柜号及件数；快运柜编号按快运柜自

近端车门至远端方向进行排序，近端车门为 1 号柜。

（5）每组快运柜（5 个柜体）最大装载重量不超过 500kg；每个卧铺动车组包间最大装载重量不超过 400kg。

图 6-5　快运柜装载 G 型箱

图 6-6　快运柜装载集装袋

（二）高速铁路确认车

（1）高速铁路确认车可将集装件装在每排座椅间隔处、二等车厢最后一排座椅后空档处、大件行李存放处。货物使用集装袋装载，要求装载的快件包装规格统一，大小以能卡放在每排座椅间隔处为准。(图 6-7)

（2）装卸人员与列车长（或负责开关车门人员）对接，开启车门装车，在开车前 8min 停止装车作业；确认车装载每个车厢 2 门 8 人同时作业，过道不码放，集装件码放座椅间隔处，每排地面码放一层共 4 件，每节车厢可装载 1t，短编组列车共可装 5 ~ 8t。

图 6-7　高速铁路确认车车厢装载

（三）载客动车组不售票车厢

（1）高速铁路载客动车组不售票车厢可将集装件装在每排座椅间隔处、座椅上方、二等车厢最后一排座椅后空挡处、大件行李存放处。货物使用集装袋装载，要求装载的快件包装规格统一，大小以能卡放在每排座椅间隔处为准（图 6-8）。

(2) 装载货物前须在车厢全部座椅上罩好座椅套（图6-9），装载时2门8人同时作业，过道不码放，每排地面码放三层共15件，每排座椅上码放两层共10件，每排最大合计码放共25件，每车最大可装载3t。

图6-8　集装件码放

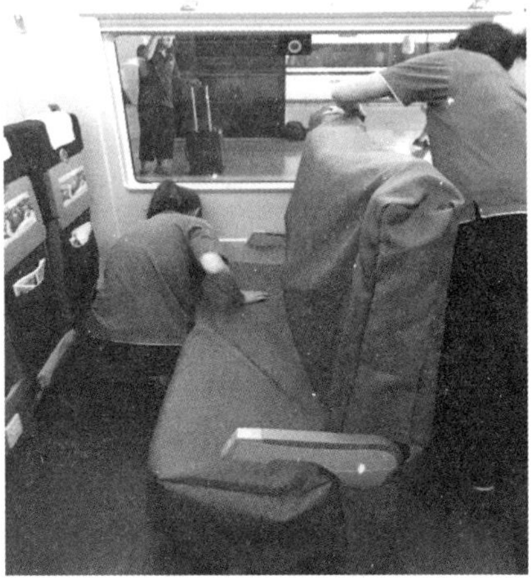

图6-9　座椅防护罩

铁路货运融入大市场　高铁改变物流大格局

物流业被称为"第三利润源泉"，是经济发展的基础性产业。但高昂的物流成本现已成为我国经济提质转型的障碍。

近年来，我国高速铁路事业快速发展，进而释放了大量既有线路运能，为降低物流成本提供了可能。在这一背景下，国铁集团于2013年6月启动货运组织改革，推动铁路货运加快向现代物流转变。高速铁路快递、电商班列、货物快运等一系列创新服务的推出，有效地降低了全社会物流成本，提高了资源利用效率，为改善我国物流结构提供了契机。

借着高速铁路建设的"春风"，我国的物流产业正快步向前。

近年来，随着我国大批高速铁路线路相继开通运营，高速铁路网越织越密，这让既有线路的铁路运能不断释放。为此，广铁集团推出了货物快运、电商班列、高速铁路快递等一系列面向大众市场的货运产品，并把上百个货物受理窗口开到了物流市场的最前沿。

自2014年7月起，广铁集团在广州至北京、上海间每日开行3趟运行速度为160km/h的电商班列，其中×104次广州至北京全程仅需18h，比普通旅客列车速度还快。以2014年11月为例，当月3趟电商班列车编组共46车，日均装42车，装车上线率超过90%，直接创收超过2000万元。

市场前景同样被看好的还有近年兴起的高速铁路快递业务。从2012年3月份开始，广铁集团充分挖掘高速铁路运能，尝试利用每天清早（4:45开行）的第一趟高速铁路检查确认车（不载客）装运快递货物。由于市场各方反响良好，从2014年4月15日起，该集团进一步扩展至广州南、深圳北、长沙南等8个高速铁路站正式开办面向全国的高速铁路快运业务。

高速铁路快运主要是通过动车组列车开展城际间小件快速运输，目前有3种经营方式：一是动检车协议运输，有效释放运能，利用动检车空车体压道检测线路，与申通物流公司等单位强强联手，合作共赢，利用动检车在沈阳、长春、大连间运送信件等物品；二是载客动车组急特件运输，根据货主需求，随时随地通过最近车次在最短时间内将货物运到目的地；三是定时运输，满足固定客户需要，指定固定车次固定到站定时开展运送服务。

高速铁路快运最突出的特点是“快”。例如，沈阳发往鞍山、海城、辽阳等地的运到时限为1h内，发往大连、长春、锦州等地的运到时限为1～2h，这就大大促进了高速铁路沿线城市的物资往来，进一步拉近了城市间的距离。

中欧班列架起“桥梁”。公元115年，在悠扬的驼铃声中，张骞出使西域，踏出了一条震古烁今的世界级贸易走廊——古丝绸之路。现在，随着长达1.6万km的高速铁路释放了普铁线路运能，中欧班列作为经贸交流的新使者续写传奇，打开了我国中原地区通向欧洲的又一扇大门。

2013年7月18日，随着一声汽笛长鸣，中欧班列（郑州至汉堡）80601次列车满载着41节集装箱，自郑州圃田集装箱中心站开出，沿着新丝绸之路一路西行，到2014年8月1日，从郑州已开出100列中欧班列。

目前，郑州至汉堡中欧班列其货物重量占国内“中欧班列”的三分之二，货值、频次占国内“中欧班列”的三分之一。“郑州开往德国汉堡的班列，比海运节约25天，比空运节约运费20%～80%，为社会提供了高效的物流通道。”王小东说。

项目训练

【训练目的】

做到教、学、做一体化，提高学生运用理论知识解决实际问题的能力。

【训练内容】

分小组运用该任务相关知识进行角色扮演，模拟高速铁路快件运输作业情境进行训练，落实现场处理主要环节，各小组派代表进行总结汇报。

【考核标准】

小组互评，教师点评。评分标准为百分制（10分一个等级，如100分、90分、80分等）。

复习思考题

1. 简述高速铁路快件运输限时产品。
2. 简述高速铁路快件发送作业流程。
3. 简述高速铁路快件到达作业流程。
4. 高速铁路快件集装容器应满足哪些条件？
5. 简述动车组列车车厢装载内容。

模块7

旅客列车安全与应急处理

内容描述

近年来，随着我国高速铁路、客运专线的不断投入使用，“和谐号”“复兴号”系列动车组列车已成为我国旅客运输的重要工具，其快速、便捷和舒适的特点，越来越受到广大旅客的欢迎。但随着运营里程的延长和动车组开行数量的增多，各种运营安全与突发事件也时有发生，对旅客的乘坐舒适性、正常出行和列车的运行安全都将带来不良影响。如何确保旅客列车以最优的状态服务运输、服务旅客、服务国家经济社会发展全局？本模块主要介绍旅客列车安全管理、旅客发生急病和意外伤害处理、非正常情况的应急处理等内容。

教学目标

1. 能力目标

能根据旅客列车安全管理规定制定安全检查项目；能正确操作旅客列车设施设备；能熟练使用旅客列车消防器材；能熟悉处理旅客发生急病和意外伤害事故；能掌握非正常情况的应急处理程序。

2. 知识目标

了解旅客列车安全管理相关内容；掌握旅客列车安全与应急处理作业流程及标准。

3. 素质目标

通过学习旅客列车安全与应急处理，进一步学生强化劳动作业安全意识，提升学生的应急处理技能，达到旅客列车员岗前安全及应急技能要求。

案例导入

京哈上行线汽车侵限与D8次旅客列车碰撞事故

2012年12月21日23时9分，沈阳北——北京的D8次动车组列车运行至北京铁路局京哈线燕郊站—通州站间31km+564m处与一辆闯进防护栅栏冲上线路的小型汽车相撞，事故造成D8次5039号动车组前部受损，同时造成燕郊站—通州站间京哈上行线接触网设备损坏，导致燕郊（不含）—北京东（不含）间京哈上行线接触网跳闸停电。

随车机械师按照调度命令下车检查，并拨打动车段应急指挥中心电话，汇报现场有关情况。沈阳局应急指挥中心根据所汇报的情况断定列车无法运行，令其申请救援，并同时将有关信息通知北京局应急指挥中心。

12月22日0时46分，北京局安排5061和5013号重联动车组担当救援任务，1时45分到达区间组织旅客换乘，2时14分换乘完毕，2时15分开车，3时29分到达北京站，终到晚点4h2min。

对停留在区间的故障动车组，北京局车辆部门派出动车组专家与沈阳局随车机械师共同制订了救援方案，并协调相关部门安排机车进入区间将动车组拉至北京动车段。

单元7.1　旅客列车安全管理

相关知识

一　安全和安全管理

安全的概念可归纳为两种，即绝对安全和相对安全。

绝对安全观认为，安全指没有危险、不受威胁、不出事故，即消除能导致人员伤害，发生疾病、死亡或造成设备财产破坏、损失，以及危害环境的条件。相对安全观认为，安全是相对的，绝对安全是不存在的。

美国哈佛大学的劳伦斯教授将安全定义为“安全就是被判断为不超过允许极限的危险性，也就是指没有受到损害的危险或损害概率低的通用术语”。

安全依附于生产过程，伴随生产过程而存在。但安全不是瞬间的结果，而是对系统在某一时期、某一阶段过程状态的描述。

安全是指在生产活动中，能将人或物的损失控制在可接受水平状态。

安全管理是管理科学的一个重要分支，它是为实现安全目标而进行的有关决策、计划、组织和控制等方面的活动，主要运用现代安全管理原理、方法和手段，分析和研究各种不安全因素，从技术上、组织上和管理上采取有力的措施，解决和消除各种不安全因素，防止事故的发生。

（一）危险品

具有燃烧、爆炸、毒害、放射性等物质，以及在运输过程中能引起人身伤亡、财产毁损的物质，均属危险品。

常见危险品按其性质和运输要求分为以下九大类：

(1) 爆炸品。例如，雷管、导火线、炸药、鞭炮、子弹、烟花、发令纸等。

(2) 氧化剂。例如，氯酸钠、高氯酸钾、漂白粉、硝铵化肥等。

(3) 压缩气体和液化气体。例如，液化石油气、煤气、氧气、氢气等。

(4) 自燃物品。例如，黄磷、硝化纤维胶片、油布及其制品。

(5) 遇水燃烧物品。例如，金属钠、镁、电石粉等。

(6) 易燃液体。例如，汽油、煤油、酒精、松节油、香蕉水、油漆等。

(7) 易燃固体。例如，红磷、硫黄、松香、铝粉、镁粉、火柴等。

(8) 毒害物。例如，砒霜、磷化锌、DDT、敌敌畏等。

(9) 腐蚀性物品。例如，硝酸、硫酸、盐酸、过氧化氢、烧碱、苛性碱、磷酸等。

(二) 铁路劳动人身安全

劳动安全是指劳动者在生产过程中不发生职业伤害。

铁路劳动人身安全是指铁路职工在生产劳动过程中，防止中毒、车祸、触电、塌陷、爆炸、火灾、坠落、机械外伤等危及劳动者人身安全的事故发生。

(三) 火灾的类型

根据物质及其燃烧特性，火灾一般分为A类火灾、B类火灾、C类火灾、D类火灾和E类火灾等五种。

A类火灾：主要指含碳固体可燃物燃烧所形成的火灾，如棉、毛、木材、纸张等燃烧引起的火灾。对A类火灾的扑救，应选用水型灭火器、泡沫灭火器、磷酸铵盐干粉灭火器。

B类火灾：主要指各类液体燃烧所形成的火灾，如汽油、煤油、柴油、甲醇等燃烧引起的火灾。对B类火灾的扑救，应选用干粉灭火器、泡沫灭火器、二氧化碳灭火器。

C类火灾：主要指可燃气体燃烧所形成的火灾，如煤气、天然气、液化石油气等燃烧引起的火灾。对C类火灾的扑救，应选用干粉灭火器、二氧化碳灭火器。

D类火灾：主要指可燃金属燃烧所形成的火灾，如钾、钠、镁、钛等燃烧引起的火灾。对D类火灾的扑救，应由设计单位和当地公安消防部门协商解决。

E类火灾：主要指带电物体燃烧所形成的火灾，即带电火灾。对E类火灾的扑救，应选用干粉灭火器、二氧化碳灭火器。

二 动车组列车安全管理

(一) 旅客安全管理

(1) 旅客应当接受并配合铁路运输企业在车站、列车实施的安全检查，禁止携带易燃、易爆、腐蚀、毒害、放射性等危险品和管制刀具进站上车，不得在托运的物品中夹带危险品。

(2) 车站于开车前停止检票，请关注车站公告的停止检票时间并于此前登车或在站台上安全线以内等候。

(3) 旅客进站乘车、出站应当接受铁路工作人员的引导；注意自身安全，乘降列车时请排队先下后上，不要拥挤；禁止在列车底下钻爬或爬上车顶，禁止跳下站台进入铁道线路，禁止随未停稳的列车奔跑和抓上、抢下。

(4) 乘坐列车时，请勿挤、靠车门；禁止随意扳动（按下）列车上的紧急制动阀、手制动机、紧急停车按钮等安全设备。

(5) 禁止在列车各部位抽烟。

(6) 当发生危及列车、旅客安全情况时，应听从列车工作人员指挥，保持良好的秩序，不要急于拿东西。遇有险情时，请及时通知列车工作人员。

（二）劳动人身安全管理

保证广大旅客的安全是列车员应尽的职责。而保障列车员自身人身安全，是做好服务工作的先决条件。

(1) 新入职人员须经过业务知识和技术安全教育培训、考试合格取得合格证书，持证上岗。

(2) 列车员接班前必须充分休息，保持精力充沛。不得在接班前和工作中饮酒，如有违反，列车长应停止其工作。在执行职务时，不得与他人闲谈或做与本职无关的工作。

(3) 出乘时，列车员不得穿塑料鞋、木板鞋和带钉的鞋，女职工不得穿高跟鞋。

(4) 在开始任何工作之前，均应首先检查使用的机械、设备和工具及工作有关事项，按规定穿好防护服。如有不安全现象，必须消除或采取安全措施后，方可进行工作。

(5) 在任何情况下，均不得在机车、车辆、机械设备等下面或有倒塌危险、有毒气体、过分湿潮的地点附近休息、饮食、乘凉和避风雨。

(6) 通过线路时，应走天桥、地道，无天桥、地道时则走平过道，并严格执行“一停、二看、三通过”制度。严禁钻爬车底，跨越车钩。顺线路行走时应走路肩，不走轨心、轨面和轨枕头，并随时警觉前后列车。严禁在道心、钢轨、枕木头上站立、坐卧休息。禁止在运行中的机车、车辆前抢越线路。夜间出乘或返乘时，要特别注意信号机的显示和调车情况。

(7) 严禁摸黑开关电器设备，防止触电。

(8) 列车运行中，禁止高空作业，必要时身系安全带，梯子有人扶，物品不下掷；整理行李架应注意防止物品掉下。

(9) 遇恶劣天气时，室外作业、行走严禁用衣帽、围巾遮盖耳目妨碍视听，提高自我保护意识。

(10) 列车员在上下车和车门立岗时，应按规定摆放安全渡板和车厢之间的隔离带，注意列车与站台之间的空隙，防止滚落站台。

(11) 当列车长、公安乘警、随车机械师下车处理问题时，应注意掌握时间，防止漏乘。如果列车已启动来不及上车的，不得呼唤其他列车员使用紧急制动阀停车。

（三）电气化作业安全

(1) 在电气化铁路上，接触网的各导线及其相连部件，通常均带有高压电，因此禁止直接或间接地通过任何物件（如棒条、导线、水流等）与上述设备接触。

(2) 当接触网的绝缘不良时，在其支柱、支撑结构及其金属结构上，在回流线与钢轨的连接点上，都可能出现高电压。因此，平常应避免与上述部件相接触；当接触网绝缘损坏时，禁止与之接触。

（3）为保证人身安全，除专业人员按规定作业外，电气化铁路附近任何人员所携带的物件（包括长杆、导线等）与接触网设备的带电部分需保持2m以上的距离。

（4）在接触网没有停电并接地的情况下，禁止到列车车顶上进行任何作业，也禁止使用胶皮软管冲刷列车上部。

（5）电气化铁路附近发生火灾时，必须立即通知列车调度员、电力调度员或接触网工区值班人员，用水或一般灭火器浇灭离接触网带电部分不足4m的燃着物体时，接触网必须停电；若使用沙土灭火时，距接触网在2m以上者，可不停电。距接触网超过4m的燃着物体，可以不停电用水浇，但必须特别注意使水流不向接触网的方向喷射，并保持水流与带电部分的距离在2m以上。

（四）消防作业安全管理

（1）旅客列车消防工作在列车长的统一领导下实行岗位防火责任制。

（2）动车组应建立由列车长为组长，本务司机、随车机械师、公安乘警、列车员、餐服人员、保洁人员参加的消防安全小组，履行下列职责：

①认真贯彻执行上级有关消防工作的规定和工作部署，定期召开消防安全小组会议，组织安排和总结分析消防工作。

②组织列车员认真学习消防知识，人人达到“三懂三会”（“三懂”即懂得本岗位火灾危险性、懂得预防火灾的措施、懂得扑救火灾的方法；“三会”即会报警、会使用灭火器、会扑救初起火灾）。

③督促列车员落实岗位防火责任制。

④做好对旅客的防火安全宣传教育工作，落实易燃、易爆危险物品查堵措施。

⑤发生火灾时，启动火灾事故应急预案，疏散旅客，扑救火灾，报告火灾情况。

⑥建立消防安全台账。

（3）动车组消防安全台账由列车长负责填写和管理，台账在车队存放，包括以下主要内容：

①上级有关消防工作的文件（复印件或摘抄件）。

②动车组消防安全小组名册。

③火灾事故应急预案及人员分工。

④消防安全小组会议和活动记录。

⑤列车员消防安全培训记录。

（4）列车长岗位防火职责。

①全面负责动车组消防安全管理工作，贯彻上级有关消防工作部署，接受上级的消防安全检查。

②检查督促列车员落实岗位防火责任制。

③主持召开消防安全小组会议，总结分析、安排布置消防工作。

④组织列车员学习消防知识，提高防火灭火技能。

⑤按规定运行中进行防火巡查，发现和消除火灾隐患，制止违反消防管理行为，并作好巡查记录。

⑥组织列车员向旅客宣传防火、防爆安全知识，做好易燃、易爆危险物品查堵工作。

⑦运行中发生火灾时，启动火灾事故应急预案，组织指挥列车员疏散旅客，扑灭火灾；及时向列车调度员及有关部门报告，协助公安、安监部门查明起火原因，组织恢复列车运行。

⑧按规定填写消防安全台账。

⑨参加联检交接。

（五）本务司机岗位防火职责

（1）认真执行操作规程，熟练掌握动车组设备的性能和应急处置方法。

（2）出库前做好联检交接，确认 IDU（接口数据单元）监控状态良好，发现问题及时妥善处置。

（3）运行中做好电气设备、火灾自动报警控制设备的监控，发现报警按规定程序处置。

（4）发生火灾事故时，按火灾事故应急预案，立即报告列车调度员，指挥随车机械师、列车长处理有关行车、列车防护和事故救援等工作，负责 CRH1、CRH3、CRH5 型动车组车门集控开关，负责通知 CRH2 型动车组随车机械师集控开关车门。

（5）学习消防知识，达到“三懂三会”。

（6）做好动车组终到后退乘前对司机室的安全检查和交接。

（六）随车机械师岗位防火职责

（1）出库前，按照作业标准检查确认电气、消防设备状态，做好联检交接。

（2）在运行中，按规定巡视与检查车辆电气、火灾自动报警控制器等设备，发现隐患故障及时妥善处置。

（3）当发生火灾时，按火灾事故应急预案及时通知司机采取停车措施或使用紧急制动阀停车；在司机指挥下做好有关行车、列车防护和事故救援工作，负责 CRH2 型动车组集控开关车门操作。

（4）按规定操作动车组设备，指导列车员正确地使用设备，制止纠正违章行为。

（5）做好动车组终到后的安全检查和交接。

（七）列车员岗位防火职责

（1）严格遵守动车组消防安全规章制度，服从命令，听从指挥，坚守岗位，落实防火措施。

（2）认真巡视车厢，及时制止旅客吸烟。

（3）加强列车运行中对电气设备、火灾自动报警显示屏的监视，严格执行操作规程，发现报警及故障，及时向列车长或随车机械师报告。

（4）学习消防知识，达到“三懂三会”，熟练掌握火灾应急处置预案。

（5）做好查堵易燃、易爆危险物品工作，发现易燃、易爆危险物品时应及时报告列车长妥善处理。

(6) 当发生火灾时，按火灾事故应急预案立即通知列车长和司机，及时疏散旅客，扑救初起火灾，维护秩序，保护旅客安全。

(八) 乘警岗位防火职责

(1) 依照有关消防法律法规的规定，负责动车组消防监督检查，查处违反消防管理行为，督促列车员落实岗位防火责任制。

(2) 做好运行中的巡视检查，发现隐患，督促整改。

(3) 当发生火灾时，在列车长领导下，按照火灾事故应急预案做好火灾扑救、现场保护和调查取证。

(九) 随车餐服人员、保洁人员岗位防火职责

(1) 遵守动车组消防管理规定，服从命令，听从指挥，坚守岗位，严格按操作规程使用电器设备。

(2) 学习消防知识，达到“三懂三会”，熟练掌握火灾事故应急预案。

(3) 当发生火灾时，按火灾事故应急预案立即通知列车长和司机，及时疏散旅客，扑救初起火灾。

拓展阅读

客运专业安全管理规则

二维码

案例分析

一、旅客在动车组列车上抽烟被处罚

【案例描述】

2016 年 1 月 7 日上午 11 时 30 分许，当杭州东开往怀化南的 G1421 次列车开至宜春至长沙南区间时，该高速铁路 5 号车厢厕所内的烟雾报警器突然发出报警信息，导致正在加速运行中的高速铁路列车自动紧急减速。发现情况后，列车长立即赶往 5 号车厢厕所并进行敲门。约 2min 后，一男子从厕所内出来，当时厕所内弥漫着一股香烟味道。在询问下，男子承认是犯了烟瘾吸了一支烟。

由于发现及时，对整体行程没有造成较大影响。7 日 14 时许，列车到达怀化南站，吸烟男子赵某被带至怀化南站派出所。经过调查询问，赵某如实供述了其在动车组列车上吸烟的事实。依据《铁路安全管理条例》规定，警方对赵某处以 500 元罚款，并对他的行为进行了批评教育。

【相关链接】

(1) 2014年1月1日起实施的《铁路安全管理条例》第77条第14项和第95条都有规定，在高速铁路车厢内或其他列车的禁烟区域吸烟，按照违法行为的情节和后果，对吸烟行为人处以500元以上2000元以下的处罚；对吸烟导致列车火灾等严重后果的，依法追究刑事责任。

(2) 按照国铁集团运输局《通话记录》（运营客管〔2016〕62号）要求，全路客票系统（含售票窗口、12306网站及手机客户端、自动售票机）对在动车组列车上吸烟被公安机关依法处罚的可暂停发售全国各次动车组列车车票，普速列车车票可购买。主要内容如下：

①实施时间：自2016年8月15日起开始实施。

②限制对象：在动车组列车上吸烟，被公安机关处罚的旅客。

③限制措施：

a. 自被公安机关行政处罚之日起，暂停发售全国各次动车组列车车票，旅客需携带身份证原件在任一铁路客户服务中心签订协议书后，即可购买动车组列车车票，普速旅客列车车票不限制购买。

b. 在签订协议书后，再次违法在动车组列车上吸烟的旅客，将停止对其乘坐全国各次动车组列车的服务。

二、动车组列车长妥善处置电路起火，防止了火灾事故扩大

【案例背景】

××××年7月15日，天津站开往北京南站的D5002次列车，天津站8:50开车，9:00左右4号车厢突然冒烟出现火情，旅客一片惊慌。列车员及时赶到现场，稳定旅客情绪，并迅速通知列车长。列车长闻讯，立即启动动车组火灾事故应急处置预案，组织列车员、乘警、随车机械师、餐饮、保洁人员，一面及时疏散旅客，一面迅速开展火灾扑救，争取了宝贵的时间。由于电路原因起火，火势蔓延，列车长果断判明情况，通知司机立即停车并请求救援。司机冷静判明形势，在请列车长尽力控制火情的同时，和列车调度联系停车，请求救援车支援。列车调度员迅速安排临时停车及火灾救援工作，同时向路局及所在地有关部门报告。

列车停站后，动车组热备车底D5101次迅速赶到停车地点，将旅客疏散到D5101次热备车底继续开行。列车在JJK26KM处停车25min后，恢复了运输秩序，旅客无一人伤亡，旅客财产无重大损失。

【相关链接】

动车组消防安全管理规定之火灾预防

第24条 严格执行联检制度。动车组出库联检时，应对电气设备、消防设施、器材等设备及各部位的消防安全状况进行全面检查，确认状态良好，严格办理交接。终到后，进行消防安全检查，按规定办理交接。

第25条 运行中，动车组乘务人员应严格标准化作业，认真执行岗位防火责任制。

第26条 动车组各部位均不得吸烟。车厢内应设置禁止吸烟标志。

第27条 应通过图形标志、电子显示、广播宣传等方式，向旅客进行禁止吸烟、严禁携带易燃易爆危险物品、逃生知识、灭火器、紧急破窗锤使用方法等消防安全宣传。

第28条 铁路局应制定动车组消防设备、电气装置的操作规程。

第29条 对担当动车组乘务的工作人员进行消防安全培训，熟悉新技术新设备的性能，掌握各岗位防火职责和消防知识技能，经考试取得合格证后方可上岗。

第30条 配电柜、箱体无破损，锁闭状态良好，保持清洁无杂物。电器元件安装牢固、接线及插销无松动，按钮开关、指示灯作用良好。

第31条 严禁乱拉电线和违章安装、更换电气装置、元件。严禁擅自使用电热器具等电器。

第32条 餐车配备的冰箱、电烤箱、微波炉、电磁炉等电器及各车厢的电茶炉插座、插头安装牢固，保持清洁，周围不得放置杂物。餐饮炉具使用时，操作人员不得离岗，做到人离断电。

第33条 火灾自动报警系统保持状态良好，并按规定进行定期检测。配置列车内部无线对讲机，保证不间断使用及状态良好。

第34条 乘务人员应严格遵守电气设备、消防设备操作规程，加强巡检，发现故障及时处置。

第35条 各车厢应配备手提式2kg ABC干粉灭火器和2L水型灭火器各2具，应设置在车厢两端适当位置，安装牢固，便于取用。驾驶室配备5kg二氧化碳或5kg ABC干粉灭火器1具，固定放置在便于取用的位置。

第36条 灭火器应由定期专业维修企业，按照国家有关规定进行检查维修，张贴维修标志，并在灭火器筒体上涂打到期时间（×年×月到期）。干粉、二氧化碳灭火器维修期限为1年，水型灭火器维修期限为3年。

第37条 加强灭火器日常维护保养和管理，保证处于良好状态。灭火器应保持清洁，严禁搭挂物品，严禁挪作他用。

第38条 发现有旅客违章携带易燃易爆危险物品，要采取措施妥善处理。对判明不了性质的物品，严禁在车上进行试验。

第39条 严禁用水冲刷地板和电气设备，严禁用湿布擦拭电器和在电气设备上放置物品。作业人员在车上作业时严禁吸烟。

第40条 动车组出库后停留期间，由动车组停放所在局负责安排人员在地面看守，看守人员不得上车。各铁路局要制定动车组车底看守制度，落实看守责任，防止发生火灾事故。

第41条 动车组运行途经的铁路沿线各车站以及动车段、所应加强消防设施建设，具备扑救动车组火灾能力。

第42条 办理动车组旅客乘降的车站，要落实易燃易爆危险物品查堵措施，严禁旅客携带易燃易爆危险物品进站上车。

第43条 铁路局应加强动车组消防安全检查，及时发现和消除火灾隐患，确保动车组消防安全。

三、旅客上车时掉入股道发生险情

【案例背景】

2015年10月4日，南京高速铁路南站发生一起惊险事故，市民马女士在登乘列车时，没有注意到列车车门和站台之间的缝隙，不慎踩空掉进站台。当时，马女士的膝盖卡在列车门延伸出来的铁板上，整个人虽然没有完全掉入轨道，但是膝盖以下已经完全悬空，一只鞋也掉在了轨道上。马女士用双手撑住了列车门口的地板，身后一位男旅客立即伸出援手，将马女士从缝隙中拉了出来。被好心的旅客扶进车厢以后，马女士发现双腿多处擦伤，其他尚无大碍。不过，女子掉在股道上的一只鞋子，列车开车后，车站寻找未果。

【安全提示】

由于列车运行有轻微晃动，为了保证列车顺利进出车站，站台与列车之间必须保留一定的间隙。旅客上下列车时一定要注意脚下位置，依次排队上车、先下后上，特别是在人多拥挤的时候。同时，上下车时不要低头看手机，拿好随身物品和行李，特别是穿拖鞋或高跟鞋的人更要当心，避免发生意外。

目前CRH_3和CRH_5动车组列车上配备了站台补偿器，在列车停稳开门后能自动伸出，补充站台与车体之间的空隙。

四、铁路职工劳动安全事故

【事故一】　××××年2月4日，某客运段厨师闫××值乘L170次旅客列车到达郑州后，套跑漯河—郑州388次，在漯河临时停车时，闫××见餐车顶部的烟囱排风口朝向不利于排烟，于是攀上餐车顶部向调整烟囱口，结果被电网的高压电击中，当场死亡。

【事故原因】

当班厨师缺乏安全意识和电气化铁路安全生产知识，未执行电气化铁路“在接触网没有停电并接地的情况下，严禁攀登列车顶部从事任何作业”的规定。

【事故二】　2005年12月25日，汉口开深圳的T167次列车到达深圳车站，车底拉到深圳北站南场6道，退乘列车员毛某下车后准备到公寓洗澡，在横越广深高速上行正线时，被正在通过的T962次列车撞到，当场身亡。

【事故原因】

列车员横越线路时，没有执行“一站、二看、三通过”的规定，盲目上道。车班对列车员疏于管理，未执行“列车员出退乘必须集体列队按单位规定线路行走、严禁在站内解散队伍”的规定。

项目训练

【训练目的】

做到教、学、做一体化，提高学生运用理论知识解决实际问题的能力。

【训练内容】

分小组运用该任务相关知识进行角色扮演，模拟动车组安全管理情境进行训练，落实现场处理主要环节，各小组派代表进行总结汇报。

【考核标准】

小组互评，教师点评。评分标准为百分制（10 分一个等级，如 100 分、90 分、80 分等）。

复习思考题

1. 危险品按其性质和运输要求可分为哪几大类？
2. 火灾的类型有哪些？
3. 简述动车组列车安全管理相关内容。
4. 简述禁止携带物品内容。

单元 7.2 旅客发生急病和人身伤害事故的处理

相关知识

一 旅客急病

旅客急病是指旅客在旅途中突然发生、病情变化快、症状较重、不及时救治可能导致病情扩大甚至危及生命安全的疾病。旅客发生急病，铁路负有救助义务。

旅客常发生的急病有急性心脑血管病、急性呼吸系统疾病、急性内分泌系统疾病、突发精神性疾病、急性消化系统疾病、阑尾炎、宫外孕等急病以及孕妇分娩。

二 旅客人身伤害事故的定义

凡持有有效乘车票据的旅客，经检票口进站验票（手工加剪或自动检票机打印标志）开始至到达目的地出站检验乘车票据时止（中转和中途下车的旅客自出站至进站期间除外），在旅途中遭受到外来、剧烈、明显的意外伤害事故以及承运人等原因的过错，致使旅客人身受到伤害以致死亡、残疾或丧失身体机能者，均属旅客人身伤害事故。

常见的铁路旅客人身伤害事故包括车辆伤害、高处坠落、触电、食物中毒、摔伤、挤伤、烫伤、砸伤等。

三 旅客人身伤害事故种类

旅客人身伤害按程度分为以下三种：

（1）轻伤。伤害程度不及重伤者。

（2）重伤。肢体残废、容貌毁损、视觉、听觉丧失及其器官功能丧失参照司法部颁发《人体重伤鉴定标准》。

（3）死亡。

四　旅客人身伤害事故等级

（一）轻伤事故

轻伤事故是指只有轻伤没有重伤和死亡的事故。

（二）重伤事故

重伤事故是指有重伤没有死亡的事故。

（三）一般伤亡事故

一般伤亡事故是指一次造成死亡 1 ~2 人的事故。

（四）重大伤亡事故

重大伤亡事故是指一次死亡 3 ~9 人的事故。

（五）特大伤亡事故

特大伤亡事故是指一次死亡 10 ~29 人的事故。

（六）特别重大伤亡事故

特别重大伤亡事故是指一次死亡 30 人以上的事故。

五　相关处置

当旅客发生急病或意外伤害时，站、车均应千方百计地抢救，会同公安人员勘查现场，搜集旁证、物证，调查事故发生的原因，编制有关记录。列车须向车站移交时，开具客运记录，并根据有关规定进行处理。

（一）旅客发生急病或死亡的处理

持有车票的旅客和无票人员，在车站、列车上发生急病、死亡时，按国务院批转铁道部制定的《旅客丢失车票和发生急病、死亡处理办法》规定处理。

（1）当持有车票的旅客在列车上发生急病时，列车长应填写客运记录，送交市、县所在地的车站或较大站转送定点医院、传染病医院或其他地方医院治疗。

（2）旅客因病治疗产生的医疗费由旅客自己承担。

（3）当旅客在列车上死亡时，列车长应填写客运记录，会同公安人员，将尸体和死者遗物交给市、县所在地的车站或较大的车站，接收站按照在车站死亡时办理。

（4）对死者的遗物妥善保管，待死者家属或工作单位前来认领时一并交还。旅客死后所需的费用，先由铁路部门垫付，事后向其家属或工作单位索还。如死者家属无力负担或无人认领，铁路可在“旅客保险”项下列支。

（5）当没有车票的人员，在列车上发生急病或者死亡时，由铁路部门负责处理。

（二）旅客人身伤害事故的处理

当旅客发生人身伤害事故时，列车员均应本着对人民生命健康高度负责的精神，采取有利于抢救的措施，尽力给予救助，并会同公安人员勘查现场，搜集旁证、物证，调查事故发生原因，编制有关客运记录。列车须向车站移交时，开具客运记录，并根据有关规定进行处理。

1. 旅客人身伤害事故的现场处置

（1）当列车发生旅客人身伤害时，列车员应当到场查看旅客伤害情况，报告列车长、站长组织救护，稳定人员情绪，维护现场秩序。

（2）当因旅客伤害需交车站处理时，应移交前方县、市所在地车站或者当地具有公共医疗条件的停车站；需要提前报告运行所在铁路局客运调度员时，由客运调度员通知车站做好救护准备工作。

若旅客不同意在前款规定的停车站下车处理时，应当由旅客出具拒绝下车治疗的书面声明，并按规定收集两份及以上证人证言。

（3）列车因旅客伤害严重需紧急停车处理或发生 3 人以上疑似食物中毒的，应立即报告运行所在铁路局客运客调。接到报告后，客运调度员应当立即根据列车长提出的要求，通知有关车站及值班主任（列车调度员）；需要紧急停车处理的，列车长还应报告本铁路局客运处。

（4）当列车发现旅客在区间坠车时，应当立即停车处理，并通知就近车站或将受伤旅客移交就近车站；需要防护时，按有关规定处理。

当不具备停车条件或者迟延发现时，列车长应当报告运行所在铁路局客运调度员，客运调度员接到报告后立即通知值班主任，值班主任通知相关列车调度员和铁路公安局指挥中心，由列车调度员和铁路公安局指挥中心分别通知邻近车站及车站铁路公安派出所派人寻找。列车运行至前方停车站时，列车应拍发电报，向发生地和列车担当铁路局主管部门报告。

（5）发生旅客人身伤害后，列车长应当及时组织现场查验，全面搜索、梳理相关证据资料，检查旅客所持车票的票种、票号、发到站、车次、有效期及有效身份证件信息等，描绘现场旅客定位图，收集不少于两份同行人或见证人的证言及查验记录、现场照片、录像等其他相关证据，形成比较完整的证据链，能够证明发生的过程和原因，初步明确性质，并妥善保管。

旅客或第三方能够说明事件发生经过或责任的，应当由其出具书面材料，并签字确认。

涉及违法犯罪或者旅客死亡的，由铁路公安机关组织现场勘查。

证人应当具有完全民事行为能力。证人证言中应当记录证人的姓名、性别、年龄、地址、联系方式、有效身份证件信息等内容。有医务工作人员参加救治时，应当由其出具参与救治经过的证言。证言、证据应当真实，能够反映事故发生的时间、地点、过程、原因和结果。

（6）列车向车站移交受伤旅客时，车站不得拒绝接收。

办理移交手续时，列车应当编制客运记录和旅客携带品清单一式两份，一份由列车存查，一份连同车票、证明材料、相关证人或其联系方式等一并移交。客运记录应载明日期、车次、旅客姓名、性别、年龄、国籍、民族、职业、单位、有效身份证件号码、联系方式、住址，车票种类、号码、发站、到站、车厢席位，受伤地点、受伤原因、受伤部位、处理简况以及证据材料清单等内容。因时间来不及记明前述内容时，可在客运记录中简要记明日期、车次、下交原因，并必须在3日内向处理单位补交有关材料。特殊情况来不及编制客运记录的，列车长或其指定的专人应随同伤害旅客下车办理交接。涉及第三人时，应将第三人同时交站处理。

对已经控制的违法、犯罪嫌疑人，应当及时移交车站铁路公安派出所。

（7）列车发现精神异常旅客时，应重点关注，并按规定交到站或下车站妥善处理。列车运行途中，该类旅客有同行成人的，应要求其同行成人看护；若无同行成人时，应指派专人看护。必要时，可安排在适当位置看护。

（8）旅客在法定时限内索赔且能够证明伤害是在铁路旅客运输过程中发生的，受理单位应及时通知事故发生单位，并本着方便旅客的原则，移交旅客就医所在地车站或旅客发、到站处理，被移交站应当受理。发生单位应当在10日内收集并向处理单位移交相关证据材料。

2. 事故速报和报警

（1）事故速报

当列车发生旅客人身伤害事故时，可用电话向所在单位或上级主管部门报告概况；当发生重伤以上旅客人身伤害时，应在第一时间以短信方式向所属铁路局主管部门报告，随后向有关铁路主管部门拍发速报，并逐级向上级主管部门和宣传部门报告。

报告（含速报）内容主要包括：

①发生日期、时间、车次、发生地点、车站、区间里程。

②伤亡旅客的姓名、性别、年龄、国籍、民族、职业、单位、有效身份证件号码、联系方式、住址以及车票种类、号码、发站、到站、车厢、席位等基本情况。

③发生经过、旅客伤亡及现场处理简况。

（2）报警

对下列情况造成的旅客人身伤害应当立即向铁路公安机关报警：

①杀人、抢劫、抢夺、强奸、爆炸、纵火、绑架、结伙斗殴、寻衅滋事、故意伤害、击打列车、故意损坏、移交站车设备等违法犯罪行为。

②因散布谣言，谎报险情、怡情、警情，扬言放火、爆炸，投放危险物质，非法阻拦行车，堵塞通道等引起公共秩序混乱。

③火灾、爆炸、中毒等治安灾害事故。

④精神病人肇事肇祸，醉酒滋事行为。

⑤自然灾害。

⑥铁路设备、设施故障造成的事故。

发生旅客人身伤害及携带品损失且有下列情形之一的，应当及时报告铁路公安机关：

①应当控制、约束违法犯罪嫌疑人和扣押相关涉案物品的。

②应当保护现场、维持秩序、协同救助的。

③应当由铁路公安机关介入调查、获取证据、查明原因的。

④引发治安纠纷或者酿成群体性事件并影响站车秩序，应当及时处置的。

⑤造成旅客死亡的。

3. 旅客伤亡事故责任划分

铁路旅客人身伤害事故责任分为旅客自身责任、第三方责任、铁路运输企业责任及其他责任。

（1）旅客违反铁路安全规定，不听从铁路工作人员的引导和劝阻等违法违章行为或其他自身原因造成的伤害，属于旅客自身责任。

（2）由于铁路运输企业人员的职务行为和设施设备的原因给旅客造成的伤害，属于铁路运输企业责任。

铁路运输企业责任又分为客运责任和其他单位责任。其中，客运责任分为车站责任、列车责任。

有下列情形之一的，属于列车责任：

①由于车门未锁造成旅客跳车、坠车或站内背面门下车造成旅客伤害的。

②因列车工作人员的过失，致使旅客在不办理乘降的车站（包括区间停车）下车造成人身伤害的。

③由于列车工作人员组织不力，旅客下车挤、摔造成伤害的。

④车站误售、误剪车票以及列车未能妥善处理造成旅客跳车伤害的。

⑤因列车报错站名致使旅客误下车造成伤害的。

⑥因列车工作人员的过失造成旅客挤伤、烫伤的。

⑦因餐车、售货车销售的食物造成旅客食物中毒的。

⑧因违章操作、管理设备不善造成火灾、爆炸，造成旅客伤害的。

⑨因列车设备不良造成旅客人身伤害的。

⑩事故处理工作组有理由认为属于列车责任的。

（3）由于旅客和铁路运输企业合同双方以外的人给旅客造成的伤害，属于第三方责任。

（4）非上述三种责任造成的伤害，属于其他责任。

因不可抗力或旅客的健康原因造成的或者承运人证明伤亡是旅客故意、重大过失造成的，承运人不承担责任。

4. 铁路旅客人身伤害事故调查处理

（1）在铁路旅客运输过程中（自旅客进展检票时起至出站检票时止）发生的铁路旅客人身伤害，由发生地的铁路安全监督管理办公室（客运专业管理部门）组织其上级主管部门、铁路公安派出所或其上级铁路公安机关、相关专业管理部门等开展调查工作，了解相关情况，确定责任主体，提出处理意见。

（2）下列情况造成的铁路旅客人身伤害，依据有关法律法规由相关部门组织调查：

①因铁路交通事故造成铁路旅客人身伤害的，依据《铁路交通事故调查处理规则》由相关部门组织调查。

②属于铁路公安机关管理职责范围的，由铁路公安机关组织调查。

③旅客食品安全事故调查处理由铁路食品安全监督管理办公室负责，并依据有关法规规定程序执行。

（3）发生旅客轻伤且经旅客或第三方同意现场调解、责任明确的，可由车站会同铁路公安派出所、发生单位、旅客、第三方等共同进行现场处理。

（4）在铁路安全监督管理办公室（客运专业管理部门）组织调查过程中，相关单位或人员应当按要求及时提供相关证据资料。

旅客人身伤害可能涉及设施设备、列车运行等原因的，应当通知有关管理单位。被通知单位接到通知后，应当按要求在5日内提交有关证据材料。

（5）在旅客人身伤害调查中，涉及旅客或第三方责任，且旅客、第三方或其代理人没有异议的，应当在有关调查报告中载明，并经其签字确认后，作为善后处理的依据；旅客、第三方或其代理人不予认可的，可告知其协商解决或通过司法途径处理。

（6）铁路安全监督管理办公室（客运专业管理部门）在调查中，对涉及铁路运输企业责任的，应按发生原因、铁路运输企业及其各部门职责等确定责任单位；两个以上单位都负有责任时，可以列两个以上单位的责任。

（7）当发生原因基本确定，但由于发生单位或相关设施设备管理部门未及时收集或妥善保管相关证据资料，导致不能确定责任主体时，发生单位或相关设施设备管理部门应承担相应责任。

列车需将伤病旅客交站处理，调度部门因信息处置或安排停车不及时，车站因推诿或未及时联系医疗机构影响救治的，可将调度部门、车站与责任单位共同列为责任主体。

（8）对责任划分有争议时，铁路安全监督管理办公室（客运专业管理部门）应将调查报告、案卷、处理意见等有关资料报发生单位与处理单位共同的上级主管部门或其授权的主管部门裁决。

发现定性不准确或处理不符合规定的，上级主管部门可以责令重新审查或纠正。

（9）出具“铁路旅客人身伤害及携带品损失定责通知书”（图7-1），交善后处理工作组，并于10日内寄送责任单位及其上级主管部门。

NO. ________________

________________铁路局：

________________站（段）：

关于______年_____月_____日发生____

______________________旅客人身伤害（携带品损失），经调查处理工作组研究，列__________________站（段）______________责任。

特此通知。

××安全监管办公室（公章）

______年_____月_____日

注：本通知一式四份，一份交善后处理工作组，一份处理站（段）留存，寄送责任单位及其上级主管部门各一份。

图7-1 铁路旅客人身伤害及携带品损失定责通知书

拓展阅读

旅客列车急救药箱管理办法

二维码

案例分析

旅客意外受伤

【案例描述】

2017 年 12 月 19 日，在由厦门北开往上海虹桥的 G1654 次列车上，一名男孩意外弄伤左脚。列车长在得知情况后，立即通过广播寻求旅客中的医护人员为男孩做伤口包扎，并联系该旅客所到站（上海虹桥站）提供救助服务。在列车工作人员的接力帮助下，受伤男孩与家人顺利乘坐上回家的出租车。

【应急处理】

（1）列车长

立即赶赴现场处置，将情况报告客运段值班干部；采取积极措施，广播寻医进行初步救治，联系公安乘警共同处理；现场查验时，应全面收集、梳理相关证据资料，检查旅客车票，收集不少于两份同行人或见证人的证言、证据材料。

（2）列车员

经红十字救护员培训合格的列车员在“120”急救人员专业救治到来之前，对伤员进行初步救治；维护现场秩序，及时疏导旅客。

（3）站、车交接

列车长收集证据材料后，编写客运记录，与上海虹桥车站办理交接。

列车中断运行、旅客中暑

【案例描述】

2008 年 7 月 17 日上午 9 时 57 分，由上海开往南京的 D406 动车组在行至南京栖霞附近时突发故障抛锚，在高温中的车厢闷了将近 3h，部分旅客中暑，部分旅客在强行跳车求救中受伤（图 7-1）。

由于 D406 次动车组列车在栖霞山站停靠时间较长，且天气炎热，部分旅客不同程度地出现身体不适状况，铁路部门迅速将其送往附近医院，经诊治已无大碍，并先后离开医院。同时，上海铁路局安排后续的 D472 次动车组列车在栖霞山站临时停车，将受阻旅客带至南京站。

经过紧张抢修，D406 次动车组列车于 12 时 33 分开出，12 时 51 分到达南京站，晚点 2 小时 40 分钟。受此影响，D415 次动车组列车在南京站晚点 36 分钟开出，其他列车运行基本正常。

【事故处理分析】

(1) 铁路方面做得负责之处

作为紧急处理，上海局集团公司安排后续的 D472 次动车组等列车在栖霞山站临时停车，将受阻旅客带至南京站。而经紧张抢修，D406 次动车组列车于 12 时 33 分更换了车头重新牵引开出，于 12 时 51 分到达南京站。

对于列车中途故障停车、车厢闷热给旅客带来不适，上海局集团公司的相关负责人明确表示道歉。

接到报告后，上海局集团公司立即启动应急预案，局领导迅速赶往调度中心，现场指挥，而对于两名身体出现不适的旅客，铁路部门迅速将其送往附近医院。

(2) 铁路方面做得不足之处

①列车长隐瞒抛锚原因，列车一共“趴窝”近 3h，列车长先后给出了 3 个解释：“有点小故障，正在全力抢修；线路问题、沪宁线全线不能使用；马上换车头”。与此同时，其他动车依然正常从边上开过，而记者从列车班次查询了解到，当天沪宁全线，只有这一趟列车抛锚，所谓“沪宁线全线不能使用”之说不成立。由于 2h 内迟迟无法得到妥善安置和合理解释，列车上不少旅客的情绪非常激动，认为在这次动车组抛锚事件中，铁路方面没有设立相应的应急处理机制，而事发后信息不公开，导致旅客情绪失控。

提示：列车长应当合理解释列车停运原因，安抚旅客情绪，维持车内秩序。

②旅客跳车求救受伤，在被困的近 3h 中，有旅客求救道：“目前车厢温度很高，很多人不同程度地出现了中暑的现象”。据介绍，旅客认为此种情况应该使用应急锤敲碎车窗，但是从列车员到列车长再到乘警都拒绝敲碎车窗玻璃。直到旅客反复要求之后，车门终于可以打开，不少旅客跳车求救，跳车中有个别旅客受伤。

提示：列车工作人员应注意与旅客沟通，合理解释不能敲碎车窗的理由，及时联系上级后打开车门通风。打开车门后组织人员看好车门，不要让旅客自行下车。确实旅客需要在区间下车时，报告上级调度，在邻线列车停止运行的前提下，安装好乘降梯，安全有序的组织下车，避免旅客摔伤。

项目训练

【训练目的】

做到教、学、做一体化，提高学生运用理论知识解决实际问题的能力。

【训练内容】

分小组运用该任务相关知识进行角色扮演，模拟动车组安全管理情境进行训练，落实现场处理主要环节，各小组派代表进行总结汇报。

【考核标准】

小组互评，教师点评。评分标准为百分制（10 分一个等级，如 100 分、90 分、80 分等）。

复习思考题

1. 简述旅客人身伤害事故种类及等级。
2. 简述旅客发生急病或死亡的处理流程。
3. 简述旅客人身伤害事故的处理流程。
4. 简述列车中断运行、旅客中暑处理流程。

单元7.3 非正常情况的应急处理

相关知识

一 什么是应急?

应急是指为应对已经发生的突发事件，在某个范围内，组织各方力量，依据有关法律、法规和应急预案而采取的紧急措施。

二 应急情况的主要类型

（1）公共场所群体性突发事件应急情况。
（2）内部设备状态应急情况。
（3）恶劣天气应急情况。
（4）安全防范应急情况。
（5）服务焦点问题应急情况。

三 应急处理规定

（一）线路中断时列车停止运行的处理

当线路中断造成列车停止运行时，列车长应及时与司机或列车停留地车站、铁路局调度联系，随时掌握线路中断的原因、预计恢复时间等情况，做到心中有数。同时，及时向旅客做出解释，并通过广播向旅客表示歉意。

当列车停止运行且在短时间内不能继续运行时，列车员要加强车厢巡视，安抚旅客，向旅客做好解释工作的同时尽最大的努力为旅客提供生活服务，解决旅客困难，稳定车内秩序，保证车内治安秩序良好。

必要时，向地方政府报告请求援助。事故发生局还应向国务院铁路主管部门请求命令后向全路发出停办客运业务的电报；恢复通车时也照此办理。车站应将停办营业和恢复营业的信息及时向旅客公告。

列车长应积极与铁路局调度联系，汇报车内情况，尽早恢复开车。线路中断列车不能继续运行，对中途下车、退票、绕道运输的旅客，按《铁路旅客运输规程》办理相关业务。

（二）旅客列车发生火灾、爆炸事故的处理

1. 动车组列车发生火灾、爆炸事故的处理

（1）当动车组列车工作人员（含司机、随车机械师、公安乘警、列车员、餐服人员、保洁人员、安保人员等，下同）发现或接到旅客反映车厢内有爆炸、明火、冒烟或消防设施报警时，应立即处置并通知列车长。

（2）列车长接到通知后，应会同随车机械师、乘警（列车专职安全员）携带灭火器材进行现场确认和处置。经检查未发现异常情况时，列车长立即通知司机并做好记录。

（3）在确认火情或爆炸后，列车员应根据情况启动紧急停车装置（或按下火灾报警按钮），列车长（或随车机械师）应立即将火势情况通知司机，并报告客服调度。

（4）列车员应迅速通过口头宣传和广播宣传，稳定旅客情绪，同时组织事故车厢的旅客向安全车厢疏散。事故车厢旅客疏散完毕后，应立即关闭防火隔断门。

（5）险情消除后，列车长、乘警（列车专职安全员）、随车机械师要对险情发生部位进行全面检查，确认险情排除后，列车长应告知司机解除险情，并安排工作人员继续对险情部位观察直至终点站。

（6）当全部人员向安全车厢疏散完毕后，险情仍未得到有效控制，需向地面疏散时，列车长向司机请求在最近营业站停车向地面疏散。如确定在最近营业站停车时，客服调度应先通知前方停车站提前做好准备，组织旅客疏散。

（7）如需在区间疏散时，列车长向司机提出请求，由司机向列车调度员申请，并由列车调度员明确下车方向。原则上应扣停邻线列车后，打开列车运行方向右侧车门（靠邻线侧）进行下车疏散，列车长在接到司机转告列车调度员已扣停邻线列车及下车方向的通知后，立即指挥列车员打开列车指定方向侧车门，根据需要安装好疏散舷梯（安全渡板）或应急梯，组织旅客向地面安全地带疏散，同时做好安全宣传和防护，严禁旅客跨越线路。

如遇险情危及旅客安全须在区间疏散、又未能及时接到扣停邻线列车的命令，列车长应通知司机并会同随车机械师打开列车运行方向左侧车门（无线路一侧），结合现场实际，确定旅客疏散方向和疏散方式，列车员应做好旅客安全宣传和防护，严禁旅客跨越线路。

（8）在隧道群需停车疏散旅客时，应尽可能将事故列车拉到洞外明线段进行疏散。在着火列车行驶至救援站明线段后开展疏散救援，着火车厢应尽可能停靠于紧急救援站明线段中间。

紧急情况下需在长大隧道内疏散旅客时，列车长应提前通知客服调度需开启隧道照明，客服调度通知供电部门通过远动开关方式开启照明；停车发现无照明时，列车长应安排列车员（原则上为男性）携带通信、照明工具，手动解锁打开列车运行方向无线路一侧指定车门（单洞双线隧道位于运行方向左侧，双洞单线隧道位于运行方向右侧），并分别沿隧道内的疏散通道，到就近的开关箱开启照明。之后迅速前往最近的紧急出口、避难所等防灾救援设施处，并打开通道内防护门及防灾风机，以满足疏散人员的通风要求。其他列车员同时引导旅客通过该紧急出口逃生或进入避难所等待外部救援。列车长应在疏散队

伍最尾部，在其进入紧急出口或进入避难所前向所在局客调汇报具体人数及位置。

（9）旅客须下高架桥等待救援时，客运调度员应提前通知工务部门，并告知公安局指挥中心。工务部门提前打开指定疏散梯，同时将疏散梯的打开处置情况及时汇报调度所。调度所所根据工务部门反馈信息，将相关情况通知司机转告列车长与随车机械师，列车长接到高架桥疏散梯打开的通知后，组织旅客向指定疏散梯处有序疏散。

（10）列车员应维护好旅客疏散秩序，确保人员安全，防止旅客盲目敲破车窗玻璃跳车发生意外，紧急情况下停车后可使用安全锤击破无线路一侧的紧急逃生窗的玻璃，组织旅客爬窗逃生。旅客疏散后应立即关闭车门。

（11）在疏散旅客、处置险情的同时，列车员应对受伤人员开展紧急救护，并做好对重点旅客的服务工作，有需要时请求地方医疗机构支援。

（12）列车员应积极配合公安部门保护好事故现场，协助调查取证，为现场勘察、认定火灾原因创造有利条件。

2. 其他旅客列车发生火灾、爆炸事故的处理

当旅客列车发生火灾，爆炸事故时，全体列车员必须按照分工坚守岗位，不得擅离职守，要在列车长、乘警长的统一指导下，按防火、防爆有关规定，并根据实际情况，灵活、果断地采取得力措施，紧急处置，最大限度地减少伤亡损失。

（1）立即停车。在列车运行中发生火灾或爆炸时，发现火情（一时难以扑灭）的列车员，特别是本车厢和相邻车厢列车员应立即使用紧急制动阀，迫使列车停在安全地带（停车时应避开桥梁、隧道、人口稠密区、重要建筑物）。未停稳时，防止旅客跳车。

（2）疏散旅客。紧急制动后，列车员应迅速组织旅客疏散到临近车厢，同时向列车长、乘警长报告。

（3）迅速扑救。列车长、乘警长接到报告后，应立即组织指挥休班人员和旅客中的公安、解放军战士进行扑救，并通知各车厢列车员坚守岗位，严禁旅客下车、串车，防止发生意外事故。如因爆炸引起的火灾，对还未爆炸的物品，应协助公安民警排除爆炸物，消除隐患，使用灭火器扑压火势。

（4）切断火源。停车后，车辆、机车乘务员和运转车长要根据火势情况，迅速将起火车厢与列车分离，截断火源，防止火势蔓延。

（5）设置防护。列车分解后，运转车长和机车乘务员要迅速设置防护。运转车长负责指挥拧紧车辆手制动机。

（6）报告救援。列车长或运转车长和乘警要尽快向行车调度员报告事故情况，请求救援。报告内容要简明扼要，车次、时间、地点、火势情况等。必要时，还应向当地政府、公安机关和驻军请求救援。

（7）抢救伤员。在疏散旅客、迅速扑救的同时，积极采取各种措施抢救伤员。

（8）保护现场。在扑救火灾时，列车员要注意保护好现场，采取各种措施做好宣传工作，要安抚旅客的情绪，维持好秩序，妥善安排被阻旅客，以免发生混乱、出现现场破坏。

（9）协助查访。列车员要积极协助列车长、公安乘警提供线索、帮助查破。列车长、乘警长在上级领导到达前，要认真查访，了解发生事故的原因和经过，并对肇事者和嫌疑对象做好审查控制工作。

（10）认真取证。公安乘警在保护现场的同时，还要做好调查笔录，收取证据，以利于现场勘察、侦察破案和查明原因。

（三）旅客列车在车站发生滞留及晚点时的处理

1. 动车组列车发生晚点时的应急处理

（1）广播致歉

列车运行晚点超过 15min 时，列车长应及时联系列车运行地所在局客运（客服）调度或通过司机联系列车调度员，了解晚点原因和列车运行情况，代表铁路向旅客致歉，并通报晚点原因，每次致歉间隔时间不超过 20min。

（2）加强巡视

列车员应加强车厢巡视，掌握旅客动态，并做好宣传、解释、服务工作，稳定旅客情绪，维护好车内秩序。

列车晚点 1h 以上且逢用餐时间，列车长应提前统计列车上旅客人数，通过司机向列车调度员报告，列车调度员通知客运（客服）调度员，或直接向客运（客服）调度报告，客运（客服）调度员接到信息后，应安排前方停车站为列车提供饮食品，列车免费为旅客提供。

（3）报告情况

列车长要在第一时间向领导汇报，及时与所属局集团公司客服调度和停留站联系，报告车内情况和请求协助解决。

（4）了解需求

列车长要及时了解旅客的需求，对需中转换乘其他列车、民航航班以及有紧急公务、商务的旅客要认真详细、准确登记，并按规定与车站办理交接手续。

（5）反馈信息

列车长要将车内旅客动态和现场处理情况，随时与段领导保持联系，处理要谨慎。

（6）交站处理

当旅客提出赔偿和提出退票时，依照铁路规章做好解释工作，必要时，列车长可编制客运记录交站处理。

2. 旅客列车在车站发生滞留的处理

（1）列车长应立即通知全体列车员各就各位，维持秩序，做好工作。

（2）列车员要坚守岗位，加强巡视，做好宣传，防止旅客跳车。

（3）列车长应迅速编写列车广播词，广播员应反复广播宣传，避免旅客情绪激化。

（4）当发现车上旅客有异常情况时，列车长应立即报告所在车站，请求协助，并转告上级领导。

（5）列车长与乘警、车站值班员互相配合，做好宣传解释和旅客疏导工作。

3. 旅客列车临时停车及晚点的处理

（1）列车在中途站或区间临时停车时，列车员要认真做好车门瞭望，确认列车所在位置及方向，注意车外动态。

（2）坚守岗位，加强巡视，防止意外发生，严禁旅客从边门下车。

（3）加强列车广播及列车员口头宣传，劝说旅客不买、不吃围车叫卖的小商贩无证经营的食品及饮料。

（4）遇列车晚点，列车长要耐心地向旅客做出解释，因晚点给旅客带来的不便，要在广播中向广大旅客表示歉意。

（5）全面服务，重点照顾，加强列车服务工作，稳定旅客情绪。

（四）动车组列车车门故障的处理

1. 处置原则

列车车门到站的开启是由司机操作控制实施，当列车进站车门自动控制发生故障时，列车员应采取措施，使用手动操控装置及时开启车门，确保旅客乘降。

2. 处置预案

列车开车后出现车门故障，列车员通知随车机械师，应使用手动装置操控关闭车门，列车长、列车员应加强防护，通知随车机械师尽快修复。

列车到站时出现车门故障，列车员应采取措施，通知列车长、随车机械师，并使用手动操控装置及时开启车门，确保旅客乘降。

列车长对车门自动操控故障情况，应在“三乘联检”记录本上注明车门故障的原因、时间、车站、排除时间等，要有随车机械师的确认签字。

3. 处置程序

（1）始发站车门故障时的应急处置流程

①列车长立即通知车站车门故障情况。

②随车机械师在车内手动开启车门，列车员上车。

③列车长、餐服人员按照分工手动打开指定车门。

④通知车站具备旅客上车条件。

⑤旅客全部上车后，手动关闭故障车门，向列车长报告。

⑥列车长、随车机械师确认车门关闭状态，随车机械师通知司机车门关闭正常。

（2）中途站车门故障时的应急处置流程

①中途站到站时，餐服人员、列车员密切关注所负责区域车门开启情况，发生车门故障，立即使用对讲机通知列车长。

②列车长接到车门故障信息后，通知随车机械师并赶赴现场。

③列车长及时赶赴故障车门，组织列车员按照分工就近手动打开车门，引导旅客有序上下车。

④手动仍无法开启车门时，列车员组织旅客到就近车门下车。

⑤列车长通过广播告知旅客，提示旅客带好物品，不要拥挤，防止发生意外。

⑥旅客全部乘降完毕后，手动关闭故障车门，向列车长报告。

⑦列车长、随车机械师确认车门关闭状态，随车机械师通知司机车门关闭正常。

（五）动车组空调失效的应急处置

（1）当动车组发生空调失效时（具备应急通风功能的动车组遇断电时将自动启动应急通风装置；遇空调故障时，由随车机械师启动应急通风装置），随车机械师应及时将故障情况告知列车长、司机，列车长立即向客服调度报告。

（2）列车长向全体列车员传达，并通过广播向旅客通报情况并致歉。列车长组织列车员加强宣传解释、车厢巡视、旅客安抚等工作。公安乘警（列车专职安全员）负责维护车内秩序。司机、随车机械师做好故障处理工作。

（3）动车组列车空调失效（应急通风功能失效或无法满足需求）超过20min不能恢复或列车发生闷车，列车长应及时与司机、随车机械师沟通协商，根据现场情况做出打开车门决定，并通知司机转报列车调度员。

（4）列车长应根据列车员配置及客流情况，确定开门数量与位置，并组织列车员共同配合在列车运行方向左侧（无线路一侧）车门安装防护网。确认防护网安装稳固后，由随车机械师向司机确认运行速度是否可开门，达到开门条件时使用手动开门装置开启车门。车门打开后，列车长组织工作人员值守，严禁旅客靠近挂网处。

（5）在车站停留时，按规定开启车门，站车共同做好安全防护，等待救援或组织旅客改乘其他旅客列车。

（6）列车长按规定编制客运记录，交到站为旅客按章办理退还空调费手续。

拓展阅读

《规程》第十八章第403条：空调失效超过20min但列车能够正常运行时，列车长可视情况通知司机向列车调度员提出在前方最近客运站停车的请求，列车调度员安排列车在前方最近客运站停车。列车在停车站安装好防护网、打开部分车门后，列车调度员根据司机的报告，向司机（救援时还包括救援司机）及沿途各站发布打开车门限速60km/h（通过邻靠高站台的线路时限速40km/h）运行的调度命令。

（六）动车组列车故障需启用热备动车组时的应急处置

1. 动车组列车需区间换乘热备动车组时的应急处置

（1）列车长接到司机转达的组织旅客换乘热备动车组的调度命令时，应立即向列车员传达，列车员应检查车内情况，做好换乘准备工作。

（2）列车应向旅客通告换乘的决定，告知安全注意事项；对列车不能如期运行给旅客出行造成的不便，列车长应代表铁路部门向旅客致歉，并感谢旅客的配合，同时做好后续服务工作，取得旅客的支持与谅解。

（3）随车机械师准备好疏散舷梯（安全渡板）或应急梯，并预先放在指定车门处，检查疏散舷梯（安全渡板）或应急梯处于良好状态并组织安装好扶手，其他工作人员予以协助。故障车和救援车列车长应将列车员分成2组（重联时增加2组），各组分别负责一个疏散舷梯（安全渡板）或应急梯的安全防护。救援车未停靠指定位置前，严禁开启车门。

（4）本线换乘时，由司机向列车调度员申请，并请调度员明确下车方向。原则上应扣停邻线列车后，打开列车运行方向右侧车门（靠邻线侧）进行下车换乘，列车长在接到司机转告列车调度员已扣停邻线列车及下车方向的通知后，故障车和救援车都打开指定下车方向侧车门，并摆放和固定好疏散舷梯（安全渡板）或应急梯后，组织旅客有序下车、上车，车上、车下均安排人员防护，防止旅客摔伤。其他工作人员做好宣传引导，维持秩序。

（5）邻线换乘分两种情况：

①当同一车型动车组列车换乘时，救援车与故障车工作人员分别手动打开3、7号车厢（重联或长编组时同时开启11、15号）靠内端相对应的车门，共同架设疏散舷梯（或安全渡板），故障车在3号车厢架设，救援车在7号车厢架设（重联或长编组时故障车在3、11号车厢架设，救援车在7、15号车厢架设）。

故障车工作人员组织1～4号和5～8号车厢旅客分别从3号、7号车门（重联或长编组时9～12车和13～16号车厢旅客分别从11号、15号车门）向救援车进行转移；故障车列车长在3号（重联时在3、11号）车门组织旅客换乘，安排人员在地面进行防护；列车长安排工作人员在7号（重联或长编组时在7、15号）车门做好旅客换乘的组织及地面防护工作。

救援车列车长在7号（重联时在7、15号）车门接应换乘旅客，安排人员在地面进行防护；列车长安排工作人员在3号（重联或长编组时在3、11号）车门接应换乘旅客，并做好地面防护工作。同时，组织3号、7号车门上车的旅客到1～4号和5～8号车厢（重联或长编组时11号、15号车门上车的旅客分别到9～12号和13～16号车厢），并妥善安排旅客。

②当不同车型动车组列车换乘时，由救援车工作人员负责架设疏散舷梯（安全渡板）。动车组单列运行时，救援车视现场情况，手动开启前进方向第一个车门与故障车相遇的第一个车门对齐，组织旅客换乘。当动车组重联运行时，救援车前组车体换乘完毕后，由救援车随车机械师引导司机，移动停车位置，确定后组车底车门的对应位置后，再组织后组车底旅客换乘；必要时可采用应急梯组织旅客换乘。

疏散舷梯（安全渡板）安装平稳牢固后，组织旅客有序转乘；公安乘警（列车专职安全员）加强车内巡视和宣传，维护好车内秩序。

（6）旅客换乘完毕，故障车列车长安排列车员全列巡视，确保无旅客滞留和行李遗留后，与救援车列车长办理交接。列车长和随车机械师负责疏散舷梯（安全渡板）或应急梯的撤回、拆卸及存放工作，锁闭车门并向司机反馈信息。救援车列车长代表铁路部门向旅客致歉。故障车列车员跟随原车底返回，如故障车在最近营业站停车时，列车员可根据车队安排，携带备品备件下车退乘。

2. 动车组列车在长大隧道需换乘热备动车组时的应急处置

（1）列车长向客服调度报告需开启隧道照明，客服调度通知供电部门通过远动开关方式开启照明；无法远动开启照明时，列车长应安排列车员（原则上为男性）携带通信、照明工具，手动解锁打开运行方向无线路一侧指定车门（单洞双线隧道位于运行方向左侧，双洞单线隧道位于运行方向右侧），并分别沿隧道内的疏散通道，到就近的开关箱开启照明，开启后迅速返回列车。列车长（或随车机械师）负责车门开关和防护。

（2）遇单洞隧道，应急处置程序按照区间换乘办理。

（3）遇双洞隧道，即上下行线路不在同一洞内，分以下两种情况处置：

①在本线换乘时，开启隧道照明后，比照区间本线换乘办理，组织旅客从会车侧车门下车，但须安排人员做好防护，防止旅客误入疏散通道，进入邻线隧道。

②在邻线换乘时，故障车列车长首先确定列车临靠的最近救援通道编号（在救援车到达前不得打开救援通道门），由列车长通报司机，司机向列车调度员汇报，列车调度员据此安排救援车的停靠位置。故障车列车长根据救援通道位置，确定距救援通道最近的两个车门，通知列车员做好换乘准备工作。

救援车停稳后，救援车列车长安排人员打开救援通道门及距救援通道最近的两个车门，架设疏散舷梯或应急梯，做好换乘准备，完成后通知故障车列车长。

故障车列车长接到救援车列车长的通知后，立即安排打开车门，架设疏散舷梯或应急梯，组织旅客换乘。故障车列车长会同乘警全列巡视，确认旅客换乘完毕，并确认双侧隧道及救援通道内无滞留旅客及遗留行李，通知救援车列车长，双方办理交接，故障车列车长负责关闭两侧救援通道门和隧道照明，并通知本车司机，由司机向列车调度员汇报。

救援车旅客换乘完毕，列车员应将疏散舷梯或应急梯收好定位存放，锁闭车门并向司机反馈信息。救援车列车长代表铁路部门向旅客致歉。故障车列车员跟随原车底返回，如故障车在最近营业站停车时，列车员可根据车队安排，携带备品备件下车退乘。

（七）动车组列车运行中发生事故，旅客需紧急逃生时的处理

（1）列车停车后，在车门能正常开启时，列车长立即通知司机，由司机打开所有靠线路外侧的车门；在列车断电、司机无法操纵打开车门时，由列车长组织列车员手动解锁开门。

（2）列车长迅速组织工作人员按照分工，在每个车门处进行防护，组织旅客下车。

（3）在车门不能正常开启时，列车长迅速通过广播（因断电无广播时，由列车员在车厢中部位置）向旅客宣传疏散程序、安全注意事项，列车员迅速组织旅客使用安全锤击破紧急逃生窗，组织旅客撤离车厢。

（4）当事故中发生人员伤亡时，列车长要及时安排专人救助。

（5）所有旅客撤离车厢后，列车员组织旅客沿线路外侧向安全地带转移，将旅客安置在安全地带等待救援，同时做好安全宣传、引导。乘警负责在旅客疏散过程中的防护警戒工作。

（6）应急处置后，列车长应及时向客服调度、客运段汇报，客服调度、客运段接到事故报告后，立即组织开展后续救援工作。

（八）动车组列车发生旅客误按紧急制动阀或报警按钮的处理

（1）动车组列车发生旅客误按“紧急报警”按钮时，列车员应了解情况，根据乘车信息系统显示，及时将紧急阀复位。（吸烟报警时列车长第一时间到场确认并及时与司机沟通情况）

（2）通过车载电话与司机说明情况，说明停车原因。

（3）连同公安乘警了解当事旅客的姓名、地址、身份证号码、联系电话和事情经过，并形成详细的书面记录。

（4）及时了解列车停车后车厢旅客情况，发生旅客意外时按照因意外造成旅客伤害处理。

（5）及时向单位领导汇报。

提示：因吸烟引起报警应急处置同上。

（九）旅客列车上发生旅客突发性精神病肇事的处理

当列车上发生旅客突发性精神病肇事时，应做到"发现得早、控制得住、处置得当"，有效防止人员伤亡和财产损失。

（1）及时报告，稳定情绪。

公安乘警和列车员经常巡视车厢，发觉有精神异常人员应及时向列车长和乘警长报告，并采取妥善措施，安定其情绪。

（2）查堵管制刀具，防止发生危害。

要加强管制刀具的查堵工作，发现旅客携带管制刀具乘车时要坚决依法予以收缴。对于不在管制刀具之列但是又容易伤害旅客的其他危险性刀具，须指导携带人妥善保管，防止发生危害。

（3）配备非杀伤性警械和药品，以备急需。

对于可能发生旅客突发精神病肇事的列车，可配备一定数量的约束带和警绳（不得使用手铐）和缓解精神的药品，以备急需。

一旦发现肇事苗头，列车员要请旅客中的医务人员对其进行药物治疗，避免酿成事端。

（4）发生危及安全的情况时进行有效处置。

突发性精神病患者手持管制刀具或其他器具正在或准备伤害其他旅客、损毁公私财物、准备跳车或用其他方式自杀、玩火或准备纵火等有严重危及行车安全或其他旅客安全的行为时，列车长和乘警立即赶赴现场，组织列车员紧急疏散旅客。要在保证旅客安全的前提下，立即采取果断措施，设法接近并制服精神病患者。对不听制止危害他人安全的，公安乘警可采取保护性约束措施，包括使用约束带、警绳等约束性警械直至其精神恢复正常。同时做好相应疏导工作，稳定旅客情绪，维护良好秩序。

（5）一旦造成人员伤亡或财产损失，列车长要积极组织抢救，调查人员伤亡财物损失情况；将受伤人员交站送医院救治；列车乘警做好现场记录。

（十）旅客列车发生重大疫情时的应急处置程序

（1）当旅客列车发现疑似鼠疫、霍乱等重大疫情的病例或接到旅客列车上有疑似病例的通知时，列车长应立即向上级主管部门报告，并向列车调度员报告，列车调度员立即向值班主任报告，值班主任立即向铁路疾控部门报告。

（2）列车调度员根据局集团公司有关部门确定的处置方案，安排旅客列车在指定车站停车。列车长接司机指定站停车的通知后，做好疾控人员上车和疑似病例交站等相关准备工作，车站及铁路疾控部门做好接车紧急处置准备。

（3）列车长应组织隔离传染病人、疑似病人和密切接触者，紧急疏散其他旅客，并对有关人员进行登记。

（4）列车长应组织封锁已经污染或可能污染的区域，同时做好被隔离人员的交站准备。

（5）列车长在指定停车站将传染病人、疑似病人、密切接触者和其他需要跟踪观察的旅客及相关资料移交车站和铁路疾控部门。

（6）公安乘警应维护好车内秩序，确保区域封锁、旅客隔离、站车移交等工作正常开展。

（7）铁路疾控部门应上车对已经污染或可能污染的区域进行消毒。铁路疾控部门确认处置完毕后，方可解除区域封锁。

（8）站车应积极配合现场的医疗和疾控部门工作。

（十一）旅客列车发生旅客食物中毒事件时的应急处置程序

（1）当旅客列车发生旅客疑似食物中毒事件时，列车长应立即向司机、客服调度和段值班室报告（报告内容包括：日期、车次、时间、运行区段、中毒人数、危重患者人数、死亡人数以及患者车厢分布人数、主要症状表现、可疑食品；采取的急救、现场控制等措施）；司机向列车调度员报告，列车调度员立即向值班主任报告，值班主任立即向铁路卫生防疫部门报告。

（2）列车长应组织旅客列车上的红十字救护员对患者进行初步救治，同时通过列车广播在旅客中寻找医生一起对患者进行救护；列车员应对疑似中毒人员及其密切接触者进行登记，封锁现场，封存可疑食品、食具用具等。

（3）铁路卫生防疫部门应上车收集中毒人员的呕吐物、排泄物待查。如不能排除是列车供应食品所致，要立即停止列车食品供应，追回已售出的可疑食品，通知旅客停止继续食用，防止事态扩大。

（4）需停站处置时，列车调度员应安排旅客列车在最近具备医疗抢救条件的车站停车，并通知前方停车站做好抢救准备。

（5）列车长在指定停车站将疑似病人旅客及相关资料移交车站和铁路卫生防疫部门。

（6）站车应积极配合现场的医疗和防疫部门工作。

（十二）列车超员、弹簧压死的处理

1. 列车严重超员、弹簧压死的危害

（1）增加了车体所受的冲击力，给列车运行带来不安全因素，同时给旅客带来了不舒适感。

由于列车严重超员，造成弹簧超出弹性限度而不能回弹时，起不到枕弹簧的作用，相当于车体和轮对之间没有弹簧装置，同时液压减震器也失去了减震作用，则轮对与钢轨冲击时所产生的加速度会使车体产生很大的惯性力和振动力。不仅在行经钢轨接头处产生的

明显振动，更严重的是，行经道岔或小半径曲线时更为激烈，甚至可能造成车辆的脱轨。

因此，由于弹簧压死，不能缓冲和消减车辆在运行时的振动、冲击及平稳性，给旅客带来不舒适感，同时给旅客列车运行带来不安全因素。随着列车运行速度的不断提高，机车车辆与线路间的动力作用急剧增加，弹簧压死将进一步引起走行部零件与车体发生顶撞、磨碰，危及行车安全。

（2）影响旅客列车的运行速度。

弹簧的刚度与车辆的构造速度存在着一定的关系：刚度越大，车辆的构造速度越小。目前，我国普通客车和新型空调车的构造速度分别是120km/h或160km/h，这是与未被压死弹簧的刚度相适应的。弹簧被压死后，将增加弹簧的刚度，进而影响了列车的运行速度，如果强行按列车运行图规定速度行车，就会带来事故隐患。

（3）增加了车钩高差、易造成脱钩。

列车严重超员、造成弹簧压死主要发生在乘坐旅客较多的车厢，有时也有行李车，而餐车、软卧车、乘务员宿营车不受影响，就形成了有的客车车钩位置下降，有的不变。如果车钩高度差超过规定的范围（75mm），当列车运行至道岔、路基松软地段时，车辆上下颠簸，尤其陡坡线路上，容易发生脱钩而造成列车分离，并且高差过大时，使车钩钩舌牵引面变小，局部钩舌的拉力承受不了牵引力，造成断钩。

2. 列车严重超员、弹簧压死的防范

为避免旅客列车严重超员，列车长应及时填写“列车旅客密度表”，随时掌握车内旅客密度，一旦超员，及时向前方车站拍发超员电报。车站应严格按日班计划和售票系统信息进行售票，严禁无计划超售。站车密切配合，组织旅客均衡运输。在停车站组织旅客上车时，注意避免列车出现中部旅客多而两头少的现象，使旅客均匀分布，以免出现弹簧压死的现象。

3. 列车严重超员，弹簧压死时的处理

当列车严重超员时，由车辆检车员确认车辆转向架弹簧状态，发现弹簧压死时不准开车。

此时，列车长应做好以下工作：

（1）若个别车厢弹簧压死时，列车长应做好解释工作，组织列车员将旅客疏散到其他车厢。

（2）若多数车厢超员严重时，列车长应立即下车，与所在车站客运值班员联系，通过客运值班员找到客运主任，与其协商，动员并组织旅客下车，转乘其他列车。站车密切配合，对旅客进行耐心的劝导，做好旅客疏散工作。情况严重时，及时向客运调度员报告，请求上级处理。

（3）经车辆乘务员检查确认弹簧恢复后，在保证安全的情况下方可开车。列车开车后，列车长应立即向沿途各停点站（超员区段）拍发超员电报。为确保旅客和列车的安全正点，请各站大力协助，停售、停剪本次列车的车票；对已售出本次列车车票的车站，及时为旅客办理改签或退票。

拓展阅读

动车组客车的应急安全设施的使用

一、紧急破窗锤和紧急逃生窗

（一）紧急破窗锤

紧急破窗锤为外挂式，设置在紧急逃生窗旁边的墙壁上或行李架底下，每车厢4把。没有防护罩，仅限紧急逃生时使用。

使用方法：使用时，握住紧急破窗锤把手，用力向外侧拔出，拔出时铅封即开，对准紧急逃生窗红色圆圈提示位置用力击打，利用把手外侧保护框将未完全脱落的玻璃推向车体外侧，使用时注意手部安全。

（二）紧急逃生窗

数量及位置：每节客车车厢有4个紧急逃生窗，与紧急破窗锤位置相吻合。另外，列车两端司机操作室两侧位置上分别还有两个紧急逃生窗，利用手柄开启（图7-2）。

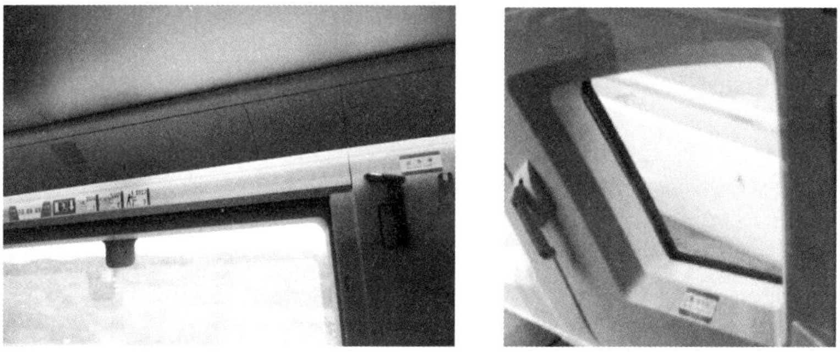

图7-2 动车组客车破窗锤和紧急逃生窗

使用方法：逃生窗玻璃有特殊涂料，可以避免敲击的时候四处溅射和尖角伤人，而且只会向车窗外侧倾倒、碎裂。使用紧急破窗锤向外用力击破紧急逃生窗玻璃即可，组织旅客按顺序逃生。

二、紧急按钮和紧急制动阀

（一）紧急按钮

分布位置：CRH_2 型客室两端通道的门框上，旅客信息显示屏左方（图7-3）。

使用方法：紧急按钮有2个，当列车发生火灾等紧急情况时按下左边的按钮，蜂鸣器报警且司机室和乘务员室的MON显示屏显示报警信息，司机根据情况进行停车处理；按下右边的按钮后列车即停车。

（二）紧急制动阀

设置位置：动车组客车型号不同，紧急制动阀式样和安装位置不同（图7-4）。

使用方法：紧急情况需要停车时，先打开防护罩（有的没有），不必先行破封，直接将手柄向下拉至底部（松手即回弹的不得松手，待至列车停稳），列车停稳后将紧急制动阀上提复位。

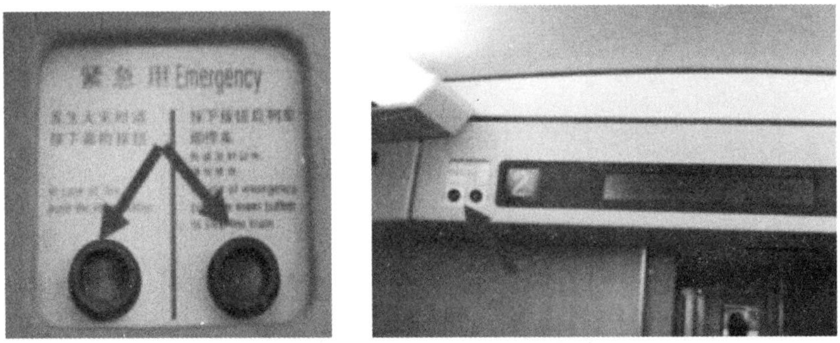

图 7-3　CRH_2 型动车组客车紧急按钮

a)

b)

c)

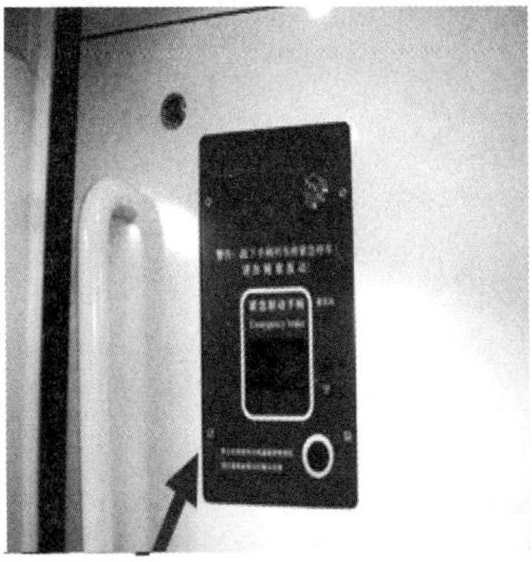

d)

图 7-4　各型动车组客车紧急制动装置

三、疏散舷梯和乘降梯

（一）疏散舷梯

数量及位置：CRH_2 型动车组列车 2 套，放在 1 号车和 8 号车内；CRH_3 全列有 1 套（2 架拼装式），位于 4 车二位端逃生梯室内。

主要性能：在动车组运行中途因故障不能继续运行时，将旅客从故障动车组上转移至相邻线路的列车上时使用。疏散舷梯使旅客可以在必要时从列车上下到站台上。它们既可用作一个桥来连接停靠在旁边的列车，也可用作一个梯子下到地面上（图 7-5）。

使用方法：梯身自带扶手，向上拉起，用套管将扶手固定即可。

（二）乘降梯

数量及位置：数量2架（均为拼装式），位于4车二位端逃生梯室内（图7-6）。

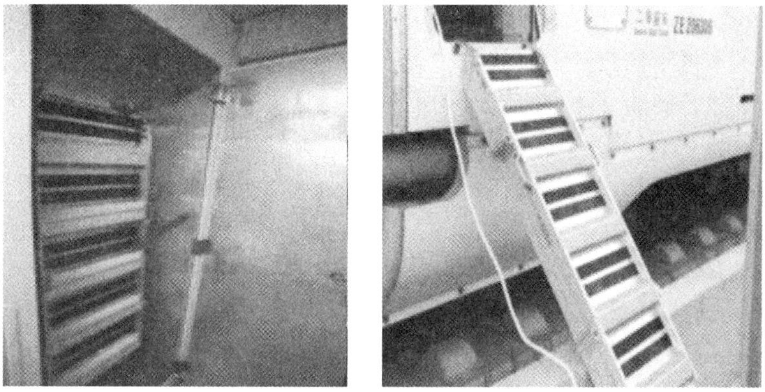

图7-5 动车组客车疏散舷梯

图7-6 动车组客车乘降梯

主要性能：在动车组运行中发生紧急情况，停车后需将旅客从动车组上转移到地面时使用。但旅客下车时，要确保其在地面上的安全。

使用方法：将梯身拼装好，即可使用。

四、车厢车门控制装置

（一）车厢外车门控制装置

安装位置：位于车厢外车门面板（图7-7）。

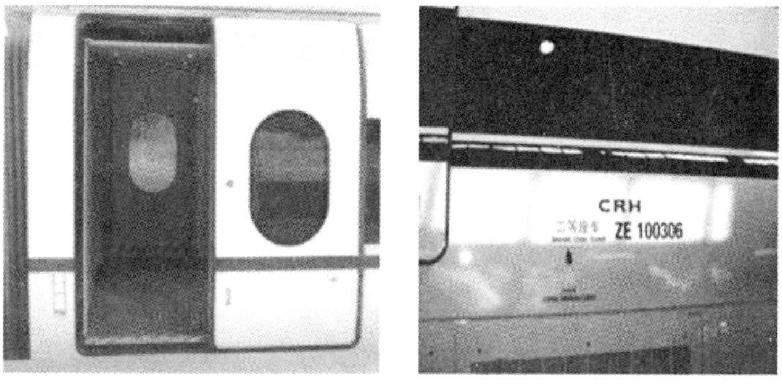

图7-7 动车组客车外车门控制装置

主要性能：包括手动开门扳手、触摸式开门按钮、手动车门锁，在车厢外操作开启车门时使用。

使用方法：在车门外开门时，将手动开门扳手板至90°位置不要松手，同时拉动车门即可开启车门；车门中间处的触摸式开门按钮，应在司机释放按钮后方可使用，司机释放后按钮内部灯呈亮灯状态，未释放为灭灯状态。

注意：在操作之前，必须先确认手动车门锁未被锁闭；若手动车门锁被锁闭，用钥匙解锁后方可操作。

（二）车厢内车门控制装置

安装位置：位于车厢内车门一侧电控挡罩上（图7-8）。

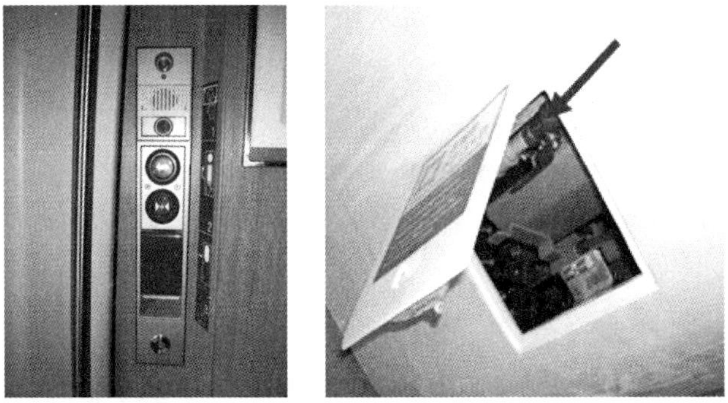

图7-8　动车组客车内车门控制装置

主要性能：由上至下分别为上解锁、蜂鸣器、紧急开门按钮（外侧有保护罩，是旅客在紧急情况下使用的紧急开门装置）、绿色开门按钮（为触摸式开门装置）、红色关门按钮（为触摸式关门装置）、下解锁、红色手动扳手，用于车厢内操作开、关车门。

使用方法（以图7-8中左图为例说明其使用方法）：上解锁为开门锁，使用钥匙向任意一侧拧动，将红色手动扳手向上搬动至90°位置后拉动车门即可打开；使用紧急开门按钮时，直接将按钮外部防护罩按破后，按下按钮，将红色手动扳手向上搬动至90°位置后拉动车门即可打开；绿色开门按钮和红色关门按钮必须在司机释放按钮后方可使用，司机释放后开关门按钮内部灯呈亮灯状态，未释放时为灭灯状态；下解锁为关门锁，用钥匙向内侧拧动则关闭除当前操作的车门外的一侧其他车门。

注意：在操作之前，必须先确认车门右侧下方的手动车门锁未被锁闭；若被锁闭，用钥匙解锁后方可操作。

五、防火隔断门

安装位置：位于车厢连接处（图7-9）。

使用方法：特殊情况下，可手动操作门板侧面拉手将隔断门拉出，将相邻两辆车隔断。

六、灭火器

配备数量：动车组列车每个车厢配备2kg干粉灭火器和2kg水型灭火器各2具（带餐台的客车为4具4kg灭火器），头、尾车厢在司机室内各增加1具灭火器，共计34具。

图 7-9　动车组客车防火隔断门

设置位置：设于车厢通过台走廊的开放式壁柜上，需要时向外拉开挡板即可拿出灭火器（图 7-10）。

使用方法：

（1）干粉灭火器的使用方法：提取灭火器，拔下保险栓，握住喷嘴，用力压下手柄压把，对准燃烧物着火根部直接喷射。

注意：使用灭火器时，尽量接近燃烧物 5m 左右喷射，使用灭火器前先上下颠倒数次使筒内干粉松动，最好站在上风方向操作。

（2）水型灭火器的使用方法：提取灭火器，拔下保险销，一只手握住开启的压把，另一只手握住喷枪，距离燃烧物 6～10m 处，对准火势最旺处喷射。

注意：使用灭火器时要与地面保持垂直状态，不可横卧或倒置。

图 7-10　客车灭火器设置位置

案例分析

一、火灾、爆炸应急事故处理

【案例描述】

2011 年 09 月 24 日，D7628 次小榄站开车后，郑某（持 6 号车无座票，票号：B047628）携带的编织袋底部被烟头烫穿，引起了编织袋里的棉被点燃。

【应急处理】

（1）当动车组列车员发现或接到旅客反映车厢内有爆炸、明火、冒烟或消防设施报警时，应立即处置并通知列车长。列车长接到通知后，应会同随车机械师、乘警进行现场确认。经检查未发现异常情况时，列车长立即通知司机并做好记录。

（2）信息报告列车员应迅速通过口头宣传和广播宣传，稳定旅客情绪，同时组织事故车厢的旅客向安全车厢疏散。事故车厢旅客疏散完毕后，应立即关闭通道隔断门。

（3）险情消除后，列车长、乘警、随车机械师要对险情发生部位进行全面检查，确认险情排除后，列车长应告知司机解除险情，并安排工作人员继续对险情部位观察直至终点站。

（4）列车员应积极配合公安部门保护好事故现场，协助调查取证，为现场勘察、认定火灾原因创造有利条件。

二、区间邻线同车型转乘应急组织

【案例描述】

2013 年 5 月 29 日 17 时 25 分，由福建厦门开往上海虹桥方向的 D3206 次列车在行经沿海铁路浙江台州至临海间突发故障无法运行，造成 D378、D3114 等部分列车晚点。期间多位网民通过微博爆料，D3206 次列车因故停在台州段某隧道里数小时之久。

【应急处理流程】

1. 了解情况

用对讲机向司机了解原因、停车地点，召开碰头会通报情况，报告国铁集团客运调度员、段值班室。

2. 宣传巡视

停车 15min 后通过广播向旅客致歉，并说明停车原因，之后每 30min 广播致歉一次，加强巡视，安抚旅客。

3. 开门通风

遇空调故障或断电超过 20min 时，组织开启运行方向左侧（反方向运行为右侧）的 1、3、5、7 号车门安装防护网，通知随车机械师开门。

4. 关门拆网

（1）接到转乘命令时，向“六乘”通报，做好换乘准备工作。

（2）向旅客通告换乘的决定。司机在救援列车到达前 15min 通知列车长，列车长通知随车机械师手动锁闭车门、通知列车员拆除防护网。

5. 安装渡板

（1）故障列车：在救援列车到达 10min 前，组织随车机械师、列车员从工具柜取出安全渡板并安装摆放在 3 号车厢靠近临线侧车门处。

（2）救援列车：到达 10min 前，组织机械师、列车员从工具柜取出安全渡板并摆放在 7 号车厢靠近临线侧车门处。救援列车未停靠指定位置前，严禁开启车门。

6. 有序转乘

（1）故障列车：通过广播告知旅客转移事项：1～4、5～8 号车厢的旅客分别从 3、7 号车厢车门处向救援列车转移。

（2）救援列车：通过广播告知旅客到相应车厢对号入座。

7. 巡视检查

故障列车：组织列车员巡视全列，确认无旅客和行李滞留后，与救援车列车长办理交接，撤回安全渡板后报告司机关门。

8. 确认开车

救援列车：清点上车旅客人数，与故障车报告的人数相符时，报告司机关门。

三、列车大面积晚点、停运事故处理

【案例描述】

2012 年 7 月 4 日，受台风“韦森特”影响，为确保旅客列车运行安全，广珠城际动车组停运。

【列车晚点应急处置领导小组】

1. 运力协调组：运输处

负责发布旅客列车晚点预警信息，组织与落实旅客列车加开、停运、赶点等行车具体工作。

2. 客运协调组：客运处

负责组织实施旅客列车晚点情况下的应急处理，做好站车滞留旅客的组织疏导、安抚解释和相关服务工作。

3. 治安维稳组：公安局

负责与地方公安部门建立日常联系机制，负责行车重点部位看护、现场秩序的维护及人员疏散工作，负责现场违法犯罪人员的查处工作。

4. 新闻处置组：党委宣传部

协调组织宣传报道和对外新闻发布工作。

5. 交通接驳组：客运处

负责与地方公交部门建立日常联系机制，负责协调和落实列车晚点情况下的交通接驳方案，对滞留旅客进行有效、快速的疏导。

6. 后勤保障组：客运处

负责制订旅客列车晚点情况下的旅客饮食供应方案，组织相关站段、非运输企业做好旅客饮食供应工作。

【应急处理程序】

（1）动车组晚点 15min 及以上，站车广播每次间隔不超过 30min，有条件的车站应提供实时电子显示、电话、语音系统查询。

（2）调整售票组织，广播宣传引导揭示，做好改签、退票工作。

（3）车站组织晚点列车的旅客乘坐其他列车时，同方向、同到站的其他后续列车有能力时，车站应在取得旅客同意的前提下做好车票改签工作。

（4）旅客来不及改签时，车站应提前联系列车，编制客运记录做好站车交接，列车应配合车站妥善安排旅客。

（5）高席别旅客乘坐低席别时，列车应编制客运记录，到站退还票价差额。对终止旅行的旅客，按规定迅速为旅客办理退票。

（6）旅客列车大面积晚点时，车站要合理安排进出站口、地道、天桥等旅客通道处力量，加强引导，防止旅客对流和发生挤伤、踩踏事故；加强现场组织，采取分段截留、提前预剪、专人带队、分批乘降等组织方式，做到乘降有序。

（7）遇紧急情况时，车站应迅速将旅客和列车滞留的情况向地方政府汇报，请求支援，采取异地候车或汽车疏运等方式妥善处置。

【应急备品】（图 7-11）

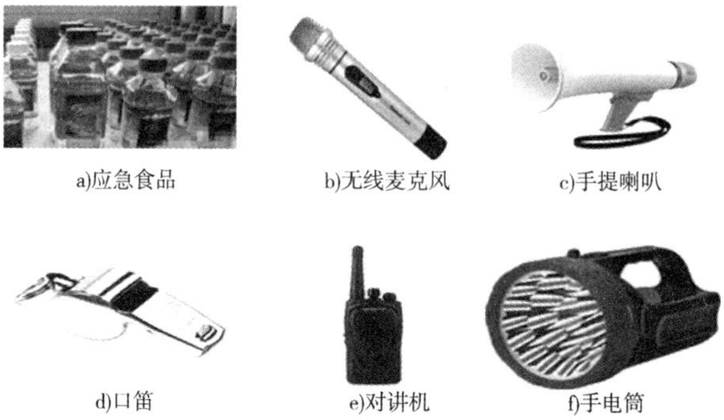

a)应急食品　b)无线麦克风　c)手提喇叭

d)口笛　e)对讲机　f)手电筒

图 7-11　应急备品

【注意事项】

（1）列车晚点后，综控员应及时联系列车长，掌握车上中转旅客的情况，提前准备汽车、既有线和高速铁路的改签票额，安排人员组织转乘，减少耽误旅客时间。

（2）中转高速铁路的旅客处理：

①有运能办理改签时应引导旅客到售票处办理改签手续。

②没有运能但餐座未发售的情况下应与列车长办理交接手续，尽量为旅客安排餐座。

③在餐座已发售完毕的情况下要向旅客说明情况，对愿意改签较晚列车的办理改签，对同意无座乘车的尽快安排，减少晚点给旅客带来的不便。

四、动车组列车发生空调故障的处理

【案例导读】

2010 年 7 月，上海—北京南 D30 次列车 1 号车厢前半部空调在列车运行中发生故障，致使车内温度一度达到 29.5℃。该车厢乘坐的为上海市十余所重点中小学赴京参加桥牌比赛的学生选手及带队教师，共 55 人。由于车内温度较高，带队教师情绪激动、言辞激烈，要求给予补偿、给出说法，并声称到站后不下车。

【现场处置】

（1）列车长接到列车员报告后，与随车机械师立即赶到现场，一方面积极做好解释和安抚工作，另一方面对空调故障全力进行抢修。

（2）集中列车所有矿泉水，使用一次性纸杯，逐人送到每位旅客手中；后经客运调度员协调，分别于泰山站和沧州站补充 20 箱冰冻矿泉水，向每位旅客发放；同时，列车员始终做好致歉、解释，使旅客情绪得到一定稳定。

（3）列车长随时将车内状况及旅客情况向段派班室、车队汇报，并按客运调度员要求于沧州站拍发空调故障电报。

（4）当接到旅客表示到站不下车的信息后，主管段长、乘务科长、车队干部于列车到达杨柳青站时上车，与带队教师进行直接接触，表明诚意，沟通感情，准确说明铁路相关规定，使旅客感受到我们的诚意，增强了对我们的信任。

经多方反复努力，列车终到北京南站后，55 名旅客全部顺利下车。

五、紧急停车按钮的使用

【案例导读】

2012年5月11日19：33分，G1024次列车正准备韶关站开出，3号车厢一名两岁的男孩突然冲向车外，结果右手臂被车门夹住。一名铁路职工发现险情上前抱着他，跟着列车一起跑。孩子的父亲救子心切，用安全锤砸碎车门玻璃。列车员按“紧急停车”按钮后随即停车，所幸男孩仅皮外伤并无大碍。

【应急处理程序】

（1）紧急呼叫。列车停站或初起动，站车工作人员发现危及旅客人身安全或行车安全时，需紧急呼叫司机停车。呼叫用语：“××次司机，请立即停车。”“××次列车长报告。”

（2）立即停车：司机在接到紧急呼叫时，如列车没起动则不起动，如列车已起动要立即紧急停车，同时应答呼叫者：“××次司机明白”，停车后呼叫者告知司机停车事由。

（3）重新开车：紧急事件处理完毕后，呼叫者通知列车长，列车长通知司机紧急事件处置完毕，同时按规定程序通知司机（随车机械师）关闭车门，司机按规定程序开车。

六、精神病旅客乘车的处理

【案例导读】

2014年3月10日肇庆客运段广成车队第三包乘组值乘K827次列车，肇庆开车后，列车值班员项明全列巡视车厢时发现9号车厢32号座位旅客曾思敏（持佛山—资中，票号：F088995）行为异常，有同行旅客。列车值班员项明向同行旅客叮嘱注意事项后，并且要求9号车厢列车员进行重点监护。

【应急处理程序】

（1）列车员发现精神异常旅客要立即向列车长汇报。

（2）对于无同行人的突发性精神障碍旅客，列车长要指派专人看护，广播找医进行救治，并认真收集旁证材料，编制客运记录交三等以上车站处理。

（3）对于有同行人的突发性精神障碍旅客，列车长要向其同行人提供“温馨提示卡”，宣传安全常识，将其安排在靠乘务间一端（不能安排在餐车、休息车、隔离车），本车厢列车员协助同行人进行看护，并做好交接工作。

（4）当列车在运行中发现有暴力倾向精神障碍旅客肇事、行凶时，应立即疏散周围旅客，并向列车长汇报，列车长会同公安乘警及时赶到现场，采取果断措施加以制服，如肇事者不停止危及他人安全时，公安乘警可采取保护性约束措施，同时稳定其他旅客情绪，维护好车厢秩序。

（5）当发生旅客伤害时，列车长应积极组织救治，列车长、公安乘警及时收集书面旁证材料（要注明旅客的身份证号码、住址、姓名、有效车票的区间、票号等信息），当旅客需下车治疗时应编制客运记录，连同伤亡者的车票和遗留物品交前方县、市辖区所在地和有医疗能力的车站处理。

项目训练

【训练目的】

做到教、学、做一体化，提高学生运用理论知识解决实际问题的能力。

【训练内容】

分小组运用该任务相关知识进行角色扮演，模拟动车组非正常情况下的情境进行训练，落实现场处理主要环节，各小组派代表进行总结汇报。

【考核标准】

小组互评，教师点评。评分标准为百分制（10分一个等级，如100分、90分、80分等）。

复习思考题

1. 简述应急情况的主要类型。
2. 简述线路中断时列车停止运行的处理流程。
3. 简述动车组列车发生火灾、爆炸事故的处理流程。
4. 简述动车组列车发生晚点时的应急处理流程。
5. 简述动车组列车车门故障的处理流程。
6. 简述动车组空调失效的应急处置流程。
7. 简述动车组列车故障需启用热备动车组时的应急处置流程。
8. 简述动车组列车运行中发生事故，旅客需紧急逃生时的处理流程。
9. 简述动车组列车发生旅客误按紧急制动阀或报警按钮的处理流程。
10. 简述列车上发生旅客突发性精神病肇事的处理流程。
11. 简述动车组列车发生重大疫情时的应急处置程序流程。
12. 简述动车组列车发生旅客食物中毒事件时的应急处置程序流程。

参考文献

[1] 马海漫. 高速铁路动车乘务实务［M］. 成都：西南交通大学出版社，2016.

[2] 李飞，梁伟昭. 动车组认知与常用操作［M］. 北京：北京交通大学出版社，2018.

[3] 王越. 铁路旅客运输服务［M］. 北京：人民交通出版社股份有限公司，2015.

[4] 闫莹娜，王慧，王珏. 高速铁路客运乘务实训教程［M］. 成都：西南交通大学出版社，2017.

[5] 蓝志江，雷莲桂. 高速铁路乘务工作实务［M］. 北京：北京交通大学出版社，2015.

[6] 谢立宏，范先云，孟毅军. 动车组列车实务［M］. 成都：西南交通大学出版社，2015.

[7] 邓岚，罗斌. 旅客列车客运乘务［M］. 成都：西南交通大学出版社，2016.

[8] 铁路旅客运输服务质量规范（列车部分）［M］. 北京：中国铁道出版社. 2014.

[9] 应夏晖，陈锦生. 高速铁路基本知识［M］. 北京：中国铁道出版社. 2015.

[10] 尹珊波，吴春发. 高速铁路动车组［M］. 北京：中国铁道出版社. 2019.

铁路客运乘务工作实务课程标准

二维码